EUROPAVERLAG

KLAUS-RÜDIGER MAI

DIE KOMMUNISTIN

Sahra Wagenknecht: Eine Frau zwischen Interessen und Mythen

EUROPAVERLAG

MIX
Papier | Fördert gute Waldnutzung
FSC® C014889
FSC
www.fsc.org

Der Umwelt zuliebe
- produzieren wir zu über 90 % in Deutschland
- achten wir auf kurze Transportwege
- drucken wir auf Papier aus verantwortungsvollen Quellen

Umschlaggestaltung und Motiv: Hauptmann & Kompanie Werbeagentur, Zürich, unter Verwendung eines Fotos von © Marzena Skubatz/laif
Layout & Satz: Robert Gigler, München
Redaktion: Franz Leipold
Druck und Bindung: Pustet, Regensburg
ISBN 978-3-95890-618-1

INHALT

»Die Philosophie aber muss sich hüten,
erbaulich sein zu wollen.«

Georg Wilhelm Friedrich Hegel

VORSPIEL AUF DEM THEATER

»So gib mir auch die Zeiten wieder,
Da ich noch selbst im Werden war,
Da sich ein Quell gedrängter Lieder
Ununterbrochen neu gebar,
Die Nebel mir die Welt verhüllten,
Die Knospe Wunder noch versprach,
Da ich die tausend Blumen brach,
Die alle Täler reichlich füllten.«

Johann Wolfgang von Goethe

1. EINE AUSNAHME-ERSCHEINUNG

»Wenn es um Europa und Flüchtlinge geht, ist oft unklar, ob Sahra Wagenknecht links oder rechts ist.«
Die ZEIT[1]

Es könnte die Stunde der Sahra Wagenknecht werden, wenn sie sich nicht am Ende selbst im Weg steht. Darin besteht ihre Lebensfrage. Vielleicht auch ihre Tragik. Muss sie nicht etwas leisten, was sie am Ende nicht leisten kann, aber leisten muss, wenn sie das, was sie für notwendig hält, durchzusetzen wünscht?

Für die PDS und für die Partei der Linken war Sahra Wagenknecht Glück und Ärgernis zugleich. Was jeweils überwiegt, liegt selbstverständlich im Auge des Betrachters. Was sie für ihre Partei »Bündnis Sahra Wagenknecht – Vernunft und Gerechtigkeit« sein wird, weiß man noch nicht. Eine Zumutung ist sie sicherlich für jede Partei. Dabei kann man der hochintelligenten Frau eines nicht absprechen, nämlich dass ihre Analysen das Wesen der Themen treffen. Einige stimmen vollkommen, andere müssen zumindest als seriöse Diskussionsangebote, die aus der Betrachtung der Wirklichkeit entstehen, ernst genommen werden. In jedem Fall regen sie zur Diskussion an. Im linken Spektrum fällt sie zwischen den vielen postmodernen Schwätzern auf, zu denen sie häufig im krassen Widerspruch steht. Letztlich jedoch vermag sie nicht, die Ideologie des Marxismus hinter sich zu lassen, denn auch ein kreativer Sozialismus bleibt ein Sozialismus.

Sahra Wagenknecht ist die Zauberin, die die Vergangenheit zur Zukunft verklärt. Der orthodoxe Marxismus gewinnt wieder an Boden – und Sahra Wagenknecht ist seine Lichtgestalt. Mit ihrer konsequenten Anti-Establishment-Rhetorik, ihrem sozialen Engagement und ihrer klaren Haltung gilt sie vielen als Jeanne d'Arc der Erniedrigten, der Beleidigten, der Enttäuschten, aber auch derjenigen, die sich nicht zu Unrecht Sorgen um ihre Zukunft und um die Zukunft ihrer Kinder machen. Ihre Anhänger finden sich auf linker wie auf rechter, auf sozialistischer und auf konservativer Seite des politischen Spektrums, selten übrigens bei wirklich Liberalen, die nichts mit den Lindner-Liberalen gemein haben. Dies ist auch der Grund, weshalb Wagenknechts Parteigründung von den Mainstreammedien anfangs mit Milde, mit unterschwelliger Sympathie betrachtet wird. Im September 2018 war das noch ganz anders, als ein Grüppchen aus Linken und Grünen sich zur Bewegung »aufstehen« zusammenfand. »Mit ursozialdemokratischen Forderungen nach mehr sozialer Gerechtigkeit sollte gesellschaftlicher Druck auf die drei bestehenden Parteien des ›linken Lagers‹ entwickelt werden, um diese zu entsprechenden Kurskorrekturen und zur Entwicklung einer gemeinsamen Machtperspektive für eine umfassende soziale Reformpolitik zu drängen. Gleichzeitig sollte ›aufstehen‹ als linkspopulistische Bewegung ein Gegengewicht zum Vormarsch der Rechtspopulisten darstellen«,[2] urteilte über die gescheiterte Bewegung im Jahr 2019 die *taz.* Ein Jens Schneider giftete in der *Süddeutschen:* »Der Erfolg wird davon abhängen, ob aus der Idee mehr erwächst als ein virtueller Zusammenschluss von Leuten, die ihre Sahra lieben. Wagenknecht ist dabei auch ein Hindernis. Zwar wäre das Projekt ohne sie schwer vorstellbar, aber mit ihr funktioniert es vielleicht gar nicht.« Dass eine linke Politikerin sich nicht auf postmoderne Linie zwingen lässt, war einer Zeitung wie der *Süddeutschen,* die sich in dem von ihr angezettelten Latte-Macchiato-Putsch gegen Hubert Aiwanger nicht nur jämmerlich blamierte, sondern auch noch demonstrierte, dass journalistische Standards diesem inzwischen aktivistischen Kampagneblatt fremd sind, vollkommen unverständlich. Und auch Heribert Prantl drängelte der Bewegung am 4. September den Rat auf: »Sahra Wagenknecht ist die ›Patin‹ von ›aufstehen‹; das Patent für eine Sammlungsbewegung hat sie nicht. Der Erfolg dieser Sammlungsbewegung wird daher auch davon abhängen, ob es ihr gelingt, sich von ihrer Patin zu emanzipieren.« Doch was wäre »aufstehen« inhaltlich ohne Sahra Wagenknecht gewesen? Eine weitere grüne Bewegung wie beispielsweise die Evangelische Kirche? Und vor allem: Wer braucht eine weitere grüne Bewegung? Und wer braucht die Ratschläge Heribert Prantls?

Der Gegensatz zwischen den westdeutschen Kaviar-Linken oder wie Wagenknecht schrieb: »Lifestyle Linken« war manifest, der Graben zwischen ihnen tief. Sollte »aufstehen« die Linke und die SPD wieder sozialpolitischer machen, haben indes die Reaktionen gezeigt, dass Sozialpolitik innerhalb der deutschen Linken keinen Platz mehr hat. Die Postmodernen, worunter die identitätspolitisch Getauften der Linken und der Linksliberalen, der Parteilinken, der SPD und der Grünen zu verstehen sind, attackierten Wagenknecht genau genommen für zwei Dinge: dafür, dass sie politisch agieren wollte, und dafür, dass sie von einem linken, von einem sozialpolitischen Standpunkt ausging. Darin witterten sie Ketzerei.

Vollkommen anders wird Ende 2023 Wagenknechts erneuter Versuch einer Parteigründung bewertet. Was also hat sich in der kurzen Zeit so grundlegend geändert? Eines ist sicher, nicht Wagenknechts Ansichten. Die nimmt man zähneknirschend in Kauf. Weshalb plötzlich, da man sie doch immer noch nicht teilt, diese penetrante Milde? Man könnte verkürzt antworten: Seit 2021 besitzt Deutschland keine Regierung mehr, sondern eine

Ansammlung von Ministern, deren professionelle Performance erbärmlich ist und von denen ein jeder sein ideologisches Projekt für so wichtig hält, dass es, und wenn darüber das Grundgesetz gebeugt wird, durchgesetzt werden muss. Deshalb ist der Krisenmodus der Regierung ihr Normalzustand. Das Ausland schüttelt nur noch den Kopf über Deutschland. Den Managern der Volkswirtschaften, die mit der deutschen eng verflochten sind, bricht der kalte Angstschweiß aus, wenn sie die deutsche Wirtschaftspolitik betrachten, und sie beginnen umzusteuern, sich aus der deutschen Abhängigkeit zu lösen, denn Deutschland ist nicht mehr der Garant für Zuverlässigkeit und Sicherheit, sondern wird zunehmend, wie der britische *Economist* feststellte, als der kranke Mann Europas gesehen, als der taumelnde Riese, der alle anderen mit in den Abgrund reißen könnte. Um Deutschland herum wird ein wirtschaftlicher Cordon sanitaire gebildet. Unauffällig mit Augenmaß und Vorsicht, dafür aber umso zielstrebiger.

Doch je deutlicher sich der wirtschaftliche Ruin abzeichnet, desto bunter sind die Farben, mit denen die Regierung und vor allem ihr Wirtschaftsminister paradiesische Zukunftsbilder pinseln lassen.

Dabei findet sich der eigentliche Widersacher dieser Regierung nicht bei den sozialpolitischen Linken um Sahra Wagenknecht, auch nicht in der AfD, nicht im sogenannten Populismus, sondern in der Wirklichkeit. Der eigentliche Grund für Deutschlands Niedergang findet sich im Kampf der Regierung gegen die Realität, die die Ampel-Leute und ihre Medien in der Art der Verschwörungstheoretiker für eine rechte Verschwörung halten. Deshalb wird nur fünf Jahre später die Parteigründung von Sahra Wagenknecht von den gleichen Medien mit erstaunlichem Wohlwollen begleitet. Nach zwei Jahren Ampel-Chaos steht die Union bei ca. 30 % in den Wahlumfragen, gefolgt als zweitstärkste Partei von der AfD mit 20 %, mit Abstand kommen danach die Ampel-Parteien, die Linke wäre nicht mehr im Bundestag vertreten, und die FDP übrigens auch nicht. Würde Anfang Februar 2024 gewählt, könnten die Ampel-Parteien nur noch 28 % der Wähler von sich überzeugen. Sahra Wagenknechts Partei läge aus dem Stand bei 7 %. Schließt man aus, dass die Union mit der AfD koaliert, käme nur eine Koalition aus Union, Grüne und SPD infrage. Allerdings würde eine Koalition der Verlierer, eine Koalition von Union, Grünen und SPD, zu dem führen, was Lenin als revolutionäre Situation bezeichnet hatte. Also besteht die große Hoffnung beim postmodernen Establishment, dass die Wagenknecht-Partei der AfD vor allem im Osten Wähler in beträchtlicher Zahl abwerben könnte. Allein aus diesem Grund wird dem neuen Versuch einer Parteigründung Sympathie entgegengebracht, freilich eine rein taktische Sympathie, denn man setzt darauf, dass Sahra Wagenknecht, nachdem ihre Partei ihre Schuldigkeit getan und die AfD minimiert hat, an inneren Widersprüchen, die mit der von ihnen diagnostizierten Unfähigkeit Wagenknechts zur Parteiführerin zusammenhängt, zerbrechen würde. Sie setzen darauf, dass Sahra Wagenknecht letztlich doch keine Politikerin ist, sondern eine Intellektuelle; sie spekulieren, dass an Wagenknechts Unfähigkeit für die Abteilung Hinterzimmer die Partei schließlich wieder zerbrechen wird. Doch das ist das Wissen der sich wissend Dünkenden, derjenigen, die ihre politischen Spielchen für die Wirklichkeit halten, aus der sie sich längst in die steuerfinanzierten Gefilde der Parteiapparate geflüchtet haben. Hingegen – und das dürfte für Wagenknecht die politische Notwendigkeit ausmachen, eine Partei zu gründen – besteht das Hauptmerkmal der Ampel-Koalition in ihrer Unwirklichkeit. Das meint nicht nur, dass sie selbst jeden Kontakt zur Wirklichkeit verloren hat, sondern im hegelschen Sinne, dass sie selbst unwirklich geworden ist, denn Hegel hat in seiner Rechtsphilosophie tiefsinnig bemerkt: »Was vernünftig ist, das ist wirklich; und was wirklich ist, das ist vernünftig.«[3] Dabei verband er den Gedanken der Wirklichkeit mit dem der Notwendigkeit, denn so heißt es im dritten Abschnitt *Der Staat*: »Die wahrhafte Wirklichkeit ist Notwendigkeit. Was wirklich ist, ist in sich notwendig.«[4] Der Hegel-Kennerin Wagenknecht dürfte daher mit Blick auf den Grünen-Staat Hegels Satz in den Kopf kommen: »Ein schlechter Staat ist ein solcher, der bloß existiert, ein kranker Körper existiert auch, aber er hat keine wahrhafte Realität.« Denn die Wirklichkeit des Staates besteht in der Einheit von Allgemeinheit und Besonderheit, darin, dass er die Interessen des Ganzen in seinen besonderen Zwecken realisiert, dass er also im Dienste der Mehrheit steht, im Dienste derer, die schließlich den Staat ausmachen. Und nicht darin, die Träume und Vorstellungen einer kleinen Gruppe nebst den Interessen ausländischer Mächte gegen die Mehrheit der Bevölkerung, gegen das Verfassungssubjekt, gegen das »deutsche Volk« durchzusetzen.[5] Ist die Einheit des Ganzen und der Besonderheit nicht mehr gegeben, besitzt der Staat für Hegel keine Wirklichkeit mehr. Dann ist es Zeit zu handeln; dann ist es, um mit Hegel zu sprechen, notwendig zu handeln, um wieder wirklich zu werden. Denn dass es nicht vernünftig ist, die wirtschaftlichen Grundlagen eines Landes und dessen Wohlstand zu zerstören, dürfte selbst dem schlichtesten Gemüt auffallen, weil ein jeder weiß, dass man nicht an dem Ast sägen darf, auf dem man sitzt. Dass es nicht vernünftig ist, Politik gegen das eigene Volk zu treiben, Steuern und Abgaben immer weiter zu erhöhen und wie der schlimmste Hasardeur, der Spielsüchtigste aller Spielsüchtigen, für den Hasard der irrationalen Klimapolitik Schulden zu machen, als gäbe es kein Morgen, als existierte kein Zahltag, die Enteignung der Bevölkerung durch den digitalen Euro, der nebenbei die fiskalpolitische Leitplanke für den Weg in die Diktatur abgeben wird, voranzutreiben, dürfte jedem klar sein, wenn er nicht Mitglied der oder gar für die Grünen im Bundestag oder in einem Landesparlament sitzt. Dass es nicht vernünftig ist, die innere Sicherheit zu vernachlässigen und die Infrastruktur von der Bahn über die Kommunikationsnetze, das Gesundheitswesen bis hin zu Straßen und Brücken zerfallen zu lassen, um in Peru Fahrradwege zu bauen und Millionen nach Afrika und Asien zu transferieren, weiß auch jeder. Es ist nicht vernünftig, Migranten in Millionenzahl in die deutschen Sozialsysteme zu holen und die Nachsichtigkeit jedem gegenüber, der das Wort Asyl ausspricht, jedem gegenüber, der ein deutsches Kalifat gründen will und die Palästinenser-Flagge am Berliner Neptunbrunnen hisst, zur Staatsdoktrin zu erheben. Es ist nicht vernünftig, eine islamistische Landnahme zu befördern, anstatt sie zu verhindern. Und eine Politik, deren Konsequenz darauf hinausläuft, Frauen und Mädchen aus dem öffentlichen Raum, der immer weniger ein deutscher Raum ist, bei Strafe ihres Lebens oder ihrer Gesundheit zu verdrängen, ist nicht nur unvernünftig, es ist ein Verbrechen, es ist antiaufklärerisch und gegen die universellen und natürlichen Menschenrechte gerichtet. Hegel hatte in einer Vorlesung auch gesagt: »Was vernünftig ist, muss geschehen.«[6] Dieses Wissen, diese Philosophie dürfte Wagenknecht nach langem Zaudern doch zur Gründung einer Partei gedrängt haben.

Die sich wissend Dünkenden haben eine Grundtatsache nicht begriffen, dass die Welt und auch Europa sich im radikalen Wandel befinden, dass ihre Vorstellung von Politik, die sich lediglich in politischen Spielchen erschöpft, nicht mehr für die neue Welt, für das Reüssieren Deutschlands in der Zeit der Wirren und der Welt im Wandel taugen. Olaf Scholz hatte im Februar 2022 das große Wort von der »Zeitenwende« bemüht, ohne als Bundeskanzler auch nur zu ahnen, welchen Ton er da anschlägt und welche Konsequenzen er aufruft. Man sollte deshalb wohl etwas schlichter und genauer formulieren, dass tiefgreifende und weitreichende Veränderungen anstehen, die an Dramatik aufgrund des subjektiven Versagens in einer ohnehin objektiven Krise noch zunehmen werden. Die objektive Krise löst aber nicht der

Kapitalismus aus, wie alle Linken von Wagenknecht über Habeck bis Scholz glauben, sondern der Paradigmenwechsel, der grundlegende Wechsel der Wirtschaft, der Lebensverhältnisse, der Weltanschauungen, des Übergangs von der analogen zur digitalen Welt, ein Wechsel, der in seiner Radikalität und Universalität nur mit dem Übergang von der Spätantike zum Mittelalter oder vom Spätmittelalter zur Neuzeit zu vergleichen ist. Vor dieser objektiven Krise, den tatsächlichen Anforderungen desertieren die Ampel-Leute in das Reich von Traum und Fantasie, von Utopie und Selbstbeglückung – und erfüllen damit nur ein deutsches Muster, das Heinrich Heine bereits in der großen Dichtung *Deutschland. Ein Wintermärchen* verspottet hatte:

»Franzosen und Russen gehört das Land,
Das Meer gehört den Briten,
Wir aber besitzen im Luftreich des Traums
Die Herrschaft unbestritten.«[7]

Es mangelt an Pluralität, es existiert ein wahrer Repräsentationscanyon. CDU, CSU, SPD, Die Grünen und die Partei Die Linke, haben sich in der postmodernen Mitte versammelt und schließen dort die Augen vor diesem fundamentalen Wechsel, den sie mit ein paar Windrädern und ein paar Wasserstoff-Träumen zu bewältigen meinen. Deshalb drehen sich ihre politischen Auseinandersetzungen nicht mehr um Konzepte, um Richtungen gesellschaftlicher Entwicklung, die wurden bereits von den Grünen definiert und kanonisiert, denen die anderen mehr oder weniger willig, mehr oder weniger konsequent folgen, sondern sie resultieren lediglich aus dem banalen Umstand, dass man sich in der Enge der postmodernen Mitte abseits der Realität bei jeder Mikrobewegung gegenseitig auf die Füße tritt. Daraus resultiert auch die Heftigkeit, mit der Rote und Grüne auch noch auf die leiseste Kritik an dem Desaster, das sie anrichten, reagieren.

Wenn die SPD-Vorsitzende Saskia Esken statt politischer Analyse, statt Argumenten, statt überhaupt einer Idee von Politik, die nicht zur De-Industrialisierung, zur Überschuldung und letztlich zum Ende des Sozialstaates über die Turbomigration in selbigen führt, zu entwickeln, nur noch poltern kann: »Ebenso gefährlich ist es, wenn CDU und CSU Begriffe in die Debatte bringen, die davor ausschließlich von der AfD verwendet wurden.« Wenn dann noch, um das Dutzend voll zu machen, zu der falschen Schlussfolgerung kommt: »Für die politische Kultur und für den gesellschaftlichen Zusammenhalt ist das brandgefährlich«,[8] dann befindet sie sich auf dem Niveau Otto Grotewohls nach dem 22. April 1946 und nicht im Jahr 2023 und erst recht nicht im Jahr 2024.

Gleichzeitig werden die Interessen von immer mehr Bürgern, von immer größeren Wählerschichten, nicht nur nicht mehr vertreten, sondern es wird gegen sie handfest und rücksichtslos Politik gemacht. Regierende Politiker fragen nicht mehr, regierende Politiker belehren die Bürger. Auf der Suche nach Repräsentanten ihrer Interessen bleibt diesen Bürgern, nach dem auch die Politik der Partei der Linken wie auch die der SPD sich im grünen Postmodernismus aufgelöst hat, nur noch die AfD, nicht jedoch als Alternative, sondern als schlichte Notwehr. Weder das Parteiestablishment der SPD als die einstige Arbeiterpartei, noch das der Linken als frühere Ostpartei besitzen ein Gespür für die Interessen der Arbeitnehmer, geschweige denn für den Osten. Sie interessieren sich nur noch für Migranten und für Bürgergeldempfänger. Ihre früheren Funktionen übernimmt nun die AfD, ohne sie freilich abdecken zu können.

Dass aber die Gründe für den wachsenden Zuspruch zur AfD von den Parteien der Ampel-Koalition in immer höherer Geschwindigkeit selbst hervorgebracht werden, haben die Berufsfunktionäre in ihren Apparaten nicht verstanden – und sie werden es auch nicht begreifen, deshalb verfallen sie in ihrer

Hilflosigkeit immer mehr auf die Mittel der Beschimpfung, der Desinformation und sogar bisweilen der Hetze und beginnen überdies, darüber nachzudenken, in einem ersten Schritt die Thüringer Landesverfassung als Blaupause für eine Veränderung des Grundgesetzes zu verändern. Damit wäre man in der Sowjetischen Besetzungszone (SBZ) des Jahres 1949 angekommen und würde sich auf die Volkskammerwahlen des Jahres 1950 zubewegen, in der statt freien Wahlen der gemeinsame Wahlvorschlag der Parteien, die sich damals demokratisch nannten, präsentiert wurde.

In dieser Ausnahmesituation, in der die SPD, Die Grünen und die FDP nur immer größere Probleme in immer kürzerer Zeit produzieren, anstatt auch nur ein einziges Problem zu lösen – selbst sozialdemokratisch geführte Landesregierungen sprechen inzwischen schon von der De-Industrialisierung – und die Union bisher emsig und beflissen Brandmauern errichtet, anstatt die Opposition anzuführen, wird plötzlich nicht nur Raum für andere Parteien als Interessenvertreter der Mehrheit der Deutschen frei, sondern neue Parteien werden auch kräftiger. Indem die Union lieber die Opposition gegen die Opposition im deutschen Bundestag zelebriert und die inzwischen zerfallene Fraktion der Linken eigentlich mit zur Regierung gerechnet werden muss, in dieser Ausnahmesituation, in der sich die traditionellen Parteien in der linken Mitte derweil beständig auf die Füße treten, müssen klassisch linke Positionen und klassische Mitte-rechts-Positionen wieder besetzt werden – und sie werden besetzt, einmal von der AfD, zum anderen von der Gruppe um Sahra Wagenknecht, die eine neue, wahrhaft linke Partei gegründet hat.

Scheiterte Wagenknechts erster Versuch 2018 noch, dem grassierenden Postmodernismus der »Bionade-Bourgeoisie« eine sozialpolitische Linke entgegenzustellen, auch an der damals noch vorhandenen Stabilität des politischen Gefüges als Erbschaft der alten Bundesrepublik, so sollte nach 18 Jahren schwarz-rot-grün-gelber Herrschaft diese Stabilität unwiederbringlich verloren sein, denn, wenn eines Angela Merkel gelungen ist, dann dies, politisch die alte Bundesrepublik spätestens seit 2015 zu beerdigen. Eine Conditio sine qua non bestand in der Meinungsvielfalt, der Streitkultur und der Ausbalancierungsmöglichkeit von links und rechts. Seitdem all das dem »Kampf gegen rechts« geopfert wurde, wobei »rechts« alles das ist, was nicht postmodern ist, werden zunehmend die demokratischen Mechanismen beschädigt. Institutionen, auch die Parteien, gerieten und geraten zunehmend in Treibsand. Das eben könnte die Stunde der Sahra Wagenknecht sein. Die alten Parteien sind nicht mehr sakrosankt, auch der in die Jahre gekommene Parvenü der Grünen nicht. Mit dem »Kampf gegen rechts« hat sich die Linke angreifbar gemacht und verliert zusehends an Autorität. Es gibt ein schönes Wort dazu von Martin Luther über Ketzerei, was – spöttisch formuliert – die rechte Position im Mittelalter und der frühen Neuzeit war: »Denn Ketzerei kann man nimmer mit Gewalt wehren. Es gehört ein anderer Griff dazu, und es ist hier ein anderer Streit und Handel als mit dem Schwert. Gottes Wort soll hier streiten; wenn's das nicht ausrichtet, so wird's wohl von weltlicher Gewalt ausgerichtet bleiben, wenn sie auch gleich die Welt mit Blut füllte. Ketzerei ist ein geistlich Ding, das kann man mit keinem Eisen zerhauen, mit keinem Feuer verbrennen, mit keinem Wasser ertränken.«[9]

Wie immer man es sieht, eines steht jedenfalls fest: Die deutsche Demokratie braucht eine Erneuerung, sie muss und sie wird in Bewegung kommen. Für die alten Parteien und ihren vorzeitig ergrauten Parvenü müssen schon regelrechte Spukgestalten als Erklärung dafür herhalten, dass die deutsche Konsensdemokratie Geschichte ist, dass sich die deutsche Demokratie nach der allzu langen Merkel-Lähmung in eine konfrontative Demokratie verwandelt. Das überkommene Parteienestablishment wittert in jeder Dynamisierung, in jeder Erneuerung unserer Demokratie einen Angriff auf die Demokratie – und es stimmt, es sind auch Angriffe, nicht aber auf die Demokratie, sondern auf ihre Herrschaft, auf ein Establishment, das eher die Demokratie aufgeben würde, als von der Herrschaft zu lassen. Es ist fest entschlossen dazu, den Status quo, die Alternativlosigkeit, die Zeit ohne Uhren mit allen Mitteln zu verteidigen.

Ob Wagenknecht und ihre Partei Neues ermöglichen oder helfen, Altes zu retten, wird die spannende Frage der nächsten Monate sein. Feind ist dem postmodernen Establishment, das sich dementsprechend als postpolitisch empfindet, das Politische. Doch das Politische, das einst Angela Merkel und ihre Gefolgsleute mit den demokratiefeindlichen Konzepten der Alternativlosigkeit und der asymmetrischen Demobilisierung unter großem medialem Getöse vertrieben hatten, kehrt zurück. Der Zustand des Interregnums, der gebrochenen und diffundierenden Wirklichkeit wird noch von der Ungleichzeitigkeit des zurückgekehrten Politischen und der noch abwesenden Politik aufrechterhalten. Die Parteien trifft Schockwelle nach Schockwelle durch das Parteienbeben, das diese Ungleichzeitigkeit, die Rückkehr des Politischen – allerdings vorerst noch ohne die Rückkehr der Politik – auslöst. Psychologisch erklärt sich der Schock daher, dass die sich demokratisch nennenden Parteien das Management von Krisen nicht mehr beherrschen, schon gar nicht, wenn sie die Krisen, ohne es zu wissen, selbst verursacht haben und sie eher dem Quacksalber und Gesundbeter ihr Ohr leihen als dem Arzt. Der marxistische Theoretiker Antonio Gramsci hat die Zeit des Interregnums, in der sich Deutschland und Europa befinden, recht einleuchtend so definiert: »Wenn die herrschende Klasse den Konsens verloren hat, d.h. nicht mehr ›führend‹, sondern einzig ›herrschend‹ ist, Inhaberin der reinen Zwangsgewalt, bedeutet das gerade, dass die großen Massen sich von den traditionellen Ideologien entfernt haben, nicht mehr an das glauben, woran sie zuvor glaubten usw. Die Krise besteht gerade in der Tatsache, dass das Alte stirbt und das Neue nicht zur Welt kommen kann: In diesem Interregnum kommt es zu den unterschiedlichsten Krankheitserscheinungen.«[10] So heißt die Autoimmunerkrankung des Westens, die all diese pathologischen Erscheinungen hervorruft, Postmodernismus.

Die Fortschrittskoalition ist übrigens nicht nur semantisch von vorvorgestern, eben das »Alte«, sie ist es auch inhaltlich. Sie ist politisch, wirtschaftlich und kulturell in den Siebzigerjahren stecken geblieben. Die Progressivität der Siebziger verwirklicht sich nun als Repressivität der 2000er-Jahre. Man könnte auch Wagenknechts Hausheiligen Karl Marx zitieren: »Wollte man an den deutschen Status quo selbst anknüpfen, wenn auch in einzig angemessener Weise, d.h. negativ, immer bliebe das Resultat ein Anachronismus. Selbst die Verneinung unserer politischen Gegenwart findet sich schon als bestaubte Tatsache in der historischen Rumpelkammer der modernen Völker. Wenn ich die gepuderten Zöpfe verneine, habe ich immer noch die ungepuderten Zöpfe.«[11] Blickt man auf die politische Bühne, glaubt man indes, Schwarz-Weiß-Fernsehen zu schauen.

Auch Sahra Wagenknecht dürfte nicht an der fundamentalen Einschätzung vorbeikommen: Die Realität der Classe politique ist nicht die Wirklichkeit Deutschlands, und die Wirklichkeit Deutschlands ist nicht die Realität der Classe politique. Doch Politik wird jeden Tag dringender benötigt, wohl gemerkt, keine politischen Spielereien, die die Funktionäre in der politischen Blase mit Politik verwechseln. Alle Versuche, die Merkel-Zeit, die Zeit ohne Uhren, die bleierne Zeit der Alternativlosigkeit nicht zu verlassen, in die sich die Classe politique so blendend eingerichtet hat, alle noch so harsche Behinderung des demokratischen Wettstreits, des Wettbewerbs der Konzepte und Argumente, werden zwar die Demokratie beschädigen, aber nicht jedoch die Rückkehr der Politik abwenden können. Anstatt sich an eine Analyse zu wagen, werden derweil Verschwörungstheorien von willigen Medien in die Öffentlichkeit getragen, eine obskurer als die andere, eine lächerlicher und intellektuell bemitleidenswerter als die andere, weil die Classe politique reden mit handeln verwechselt, den Sprechzettel mit der Wirklichkeit. Ihr Handeln erinnert an die Geschichte eines BMW-Fahrers, der über die Fährrampe bei Caputh hinunter in die Havel gefahren war. Statt der Fähre hatte das Navigationssystem eine Brücke angezeigt.[12] Der Fahrer soll unter Hinweis auf das Navigationssystem, auf das er geachtet hatte, Schadensersatz von BMW verlangt haben. Doch BMW antwortete wohl dem Vernehmen nach, dass auch die Benutzung des Navigationssystems nicht von der Verpflichtung enthebt, beim Fahren hin und wieder auf die Straße zu schauen. Die Classe politique ist dieser BMW-Fahrer, das Navigationssystem ihre postmoderne Ideologie.

Was Sahra Wagenknecht hingegen von vielen Politikern in der Trostlosigkeit ihrer politisierenden Geschäfte unterscheidet, ist: Sie ist eigenwillig und sie hat Substanz – übrigens in dieser Reihenfolge. Sie ist letztlich ein originär ostdeutscher Beitrag zur westdeutschen Politik – und das ist höchst selten. Ihre Originalität findet sich in ihrem Realitätssinn. Die Dinge sind eben, wie es in weiten Teilen inzwischen die parteiübergreifende Sichtweise ist, nicht, wie sie sein sollen, sondern sie sind, wie sie sind.

Man kann wirklich sagen, dass zur deutschen Classe politique endlich außerordentliche Leute, von denen Sahra Wagenknecht sich wie der Tag von der Nacht unterscheidet, gehören, intellektuelle Langweiler, Oberlehrer, die in jedem Tag, der anbricht, nur den Tag ihrer Apotheose wittern, sprachpolizeiliche Erbsenzähler, gesinnungsethische Dampfplauderer und woke Tartuffes, deren gemeinsame Befähigungen lediglich darin bestehen, einen Sprechzettel vollkommen zu verkörpern und selbst tausendmal gehörte Phrasen als eigenen spontanen Einfall wiederzugeben. In ihrer instinktiven Veranlagung zum Betroffenheitskitsch übertreffen sie jeden landläufigen Trauerredner und in ihrer Lust zur moralischen Empörung jeden ertappten Dieb. In diesen Künsten haben sie eine so ausdifferenzierte Meisterschaft erreicht, dass sich der Verfassungsschutz sogar gezwungen sah, einen Beobachtungsbereich »Delegitimierung des Staates« einzurichten, und damit nicht nur den Paragraf 220 des Strafgesetzbuches der DDR plagiiert,[13] sondern Anspruch erhebt, statt Verfassungsschutz Regierungsschutz zu sein, denn die Verfassung ist das Widerstandsrecht der Bürger gegenüber dem Staat. Die Rolle der verfolgten Unschuld gehört jedoch inzwischen zum kanonisierten Vorsprechrepertoire für ein politisches Amt.

Es ist eine Art politisierender Zirkus, der die Politik abgelöst hat. Was Wagenknecht auszeichnet, ist, dass sie nicht zu diesem Zirkus gehört, auch wenn sie in ihm auftritt. Doch kann sie die ewigen Clownerien beenden?

Die eigentliche Frage lautet eben längst nicht mehr, ob man rechts oder links ist, das sind nur Sprenkel für die Drosseln, Schlageroldies fürs Publikum. Die eigentliche Frage lautet, ob man über das deutsche Mittelmaß mit oder ohne Migrationshintergrund hinausragt. Eines kann man jetzt schon sagen: Sahra Wagenknecht ragt über dieses Mittelmaß hinaus. Doch wer herausragt, zeigt zumindest bedenklich rechte Tendenzen und schwebt in der Gefahr, nach rechts »abzudriften«, weil Kritik an der Ampel-Regierung per se rechts ist, auch wenn sie von links kommt, dann nicht minder. »Rechts« lässt sich daher leicht als das definieren, was nicht Ampel, was nicht postmodern ist. Wer schließlich eindeutig als rechts identifiziert wurde, wird erst verwarnt, dann angegriffen, hernach gesellschaftlich marginalisiert und schließlich medial boykottiert. Schließlich ist Deutschland eine »wehrhafte Demokratie«, obwohl hinter dem angestrengten Klingklang des Begriffs das laute Scheppern der Futterschüsseln zu vernehmen ist. Denn die reife Demokratie in Deutschland wurde überreif und ging so in die Mediokratie über. Man könnte es mit einem vor Jahrzehnten erschienenen Bestseller auch platt das Peter-Prinzip nennen.

In dem Hochseilakt, Realitäten beispielsweise in der Migrationspolitik zu benennen, das unweigerlich das Verdikt, »rechts« zu sein, nach sich zieht, und dennoch Politikerin der Linken zu bleiben, brilliert Sahra Wagenknecht seit nunmehr acht Jahren. Dabei mischen sich echte Überzeugung und ein sicheres Gespür für ihr Marketing auf osmotische Weise. Und ihr Marketing zielt darauf ab, eine Ein-Frau-Opposition zu sein, so vollkommen, dass sie hierbei zugleich ihr eigener rechter und linker Flügel ist, weil sie das Unangepasste, das Sperrige, das Intellektuelle und das Politische zur Symbiose erhob, mehr noch, indem sie die hochkultivierte Außenseiterposition ihrer Selbstmystifikation zu ihrem Markenzeichen veredelte, und – darin besteht ihre größte Leistung bisher – in der Mitte der Gesellschaft platzierte. Das konnte ihr allerdings nur gelingen, weil die farblosen Politikbeamten zuvor die wirklich Mitte freigegeben haben.

Vielleicht ist Sahra Wagenknecht unter den Bundespolitikern der sich selbst demokratisch nennenden Parteien eine Ausnahme, eine Politikerin, die über das Mittelmaß, die Mediokratie des allzu lange allzu reichen Juste Milieus der Bundesrepublik hinausreicht, die als schwarzes Schaf in der Abgeordnetenherde hervorsticht. Ein Grund dafür findet sich in dem einfachen Umstand, dass sie biografisch die Blüte des Reichtums in den Siebziger- und Achtzigerjahren in der Bundesrepublik nicht miterlebt hatte, die Zeit, als der lange Marsch der 68er besonders in der Kultur, in den Medien, im Bildungswesen und an den Hochschulen und Universitäten zum Sieg geführt hatte, parallel dazu linkes und linksliberales Denken vollends in den Postmodernismus stürzte und postmoderne Positionen die Diskursherrschaft übernahmen. Wer ab den Achtzigerjahren in der Kultur, in den Geisteswissenschaften, in den Medien in der Bundesrepublik

Karriere zu machen wünschte, tat gut daran, sich erkennbar linksliberal zu verorten. Die Konservativen haben Mauerzinne um Mauerzinne aufgegeben und sind – zumeist widerwillig – dem rotgrünen, den immer postmoderner werdenden Zeitgeist hinterhergetrottet. Das war nicht die Zeit und das sind auch nicht die Kämpfe der Sahra Wagenknecht.

Allerdings empfand die junge Sahra Wagenknecht wie die westdeutschen Linken und Linksliberalen die Friedliche Revolution in der DDR als Sieg der Konterrevolution – und dürfte es – gewählter ausgedrückt inzwischen – immer noch so sehen. Darin stimmt sie mit den Postmodernen überein, die eben die Friedliche Revolution als Beleidigung und die Wiedervereinigung als narzisstische Kränkung wahrgenommen hatten. Was sie als Marxistin von den Postmodernen hingegen unterscheidet, ist, dass sie die Vielgestalt linken Denkens nicht im gefälligen und selbstzerstörerischen Postmodernismus, der Chimäre, die sich mal identitätspolitisch, dann wieder postkolonial ausgibt oder sich in den Räuschen der Critical Race Theory, der Social Justice Bewegung, der Gender Studies oder der Queer Theory rekelt, nicht gegen ihren Marxismus eintauscht, einen Marxismus, der sehr stark von Georg Lukács und daher auch von Georg Wilhelm Friedrich Hegel geprägt ist.

Und natürlich nicht zu vergessen von Johann Wolfgang von Goethe, und immer wieder Goethe. Doch könnte ihre Goethe-Rezeption vollständig an dem Dichter Goethe vorbeigehen – und das würde mehr über die Politikerin Sahra Wagenknecht aussagen, als man meinen mag.

Zuweilen regt sich die Vermutung, dass Wagenknecht letztendlich Hegel tiefer beeindruckt hat als Marx. Das mag auch daran liegen, dass sie von Lukács Hilfe und Anleitung für das Studium der Werke Hegels erhielt. Über Georg Lukács schrieb Michael Franz im Nachwort zu dessen spätem Essay *Über die Besonderheit als Kategorie der Ästhetik:* »Sein Weg vom desillusionierten bürgerlich-antibürgerlichen Intellektuellen zum entschiedenen Kommunisten, dessen Übergang auf die weltanschaulichen Positionen des Marxismus-Leninismus erst Anfang der dreißiger Jahre abgeschlossen war, war langwierig und widerspruchsvoll; ob er sich jemals vollständig von seinen neukantianischen und neuhegelianischen Ursprüngen lösen konnte, steht dahin.«[14] Aus Sicht des orthodoxen Marxismus-Leninismus stand es natürlich nicht dahin, denn Lukács verstand Marx ausdrücklich über Hegel und nicht Hegel über Marx, und hierin sollte ihm die junge Sahra Wagenknecht folgen.

In der Vorrede der *Phänomenologie des Geistes* finden sich die so klaren wie instruktiven Worte über die »neue Zeit«, die an Aktualität gewinnen und auch Wagenknecht in ihrer politischen Arbeit und der Gründung der Partei antreiben: »Es ist übrigens nicht schwer zu sehen, dass unsere Zeit eine Zeit der Geburt und des Übergangs zu einer neuen Periode ist. Der Geist hat mit der bisherigen Welt seines Daseins und Vorstellens gebrochen und steht im Begriffe, es in die Vergangenheit hinab zu versenken, und in der Arbeit seiner Umgestaltung. Zwar ist er nie in Ruhe, sondern in immer fortschreitender Bewegung begriffen ... so reift der sich bildende Geist langsam und stille der neuen Gestalt entgegen, löst ein Teilchen des Baues seiner vorhergehenden Welt nach dem andern auf, ihr Wanken wird nur durch einzelne Symptome angedeutet; der Leichtsinn wie die Langeweile, die im Bestehenden einreißen, die unbestimmte Ahnung eines Unbekannten sind Vorboten, dass etwas anderes im Anzuge ist. Dies allmähliche Zerbröckeln, das die Physiognomie des Ganzen nicht veränderte, wird durch den Aufgang unterbrochen, der, ein Blitz, in einem Male das Gebilde der neuen Welt hinstellt.«[15]

Die »vorhergehende Welt« ist die postmoderne der »Bionade-Bourgeoisie«. Der postmoderne Zeitgeist, gegen den Wagenknecht geradezu wie David gegen Goliath ankämpft, ist allerdings nicht nur eine Autoimmunerkrankung linken Denkens, er ist, indem linkes oder linksliberales Denken die Diskursherrschaft in der westlichen Welt, namentlich in Deutschland, errungen hat, zur Autoimmunerkrankung unserer gesamten deutschen Kultur geworden. Sahra Wagenknecht hat es in ihrer viel beachteten Streitschrift *Die Selbstgerechten. Mein Gegenprogramm – für Gemeinsinn und Zusammenhalt* porträtiert. Im Vorwort zur Taschenbuchausgabe schreibt Wagenknecht: »Die Denkströmung des modernen *Linksliberalismus*, die Linkssein in erster Linie über Lifestyle-Fragen und moralische Haltungsnoten definiert und dabei die Privilegien gut situierter Großstadtakademiker mit persönlichen Tugenden verwechselt, ist ein zentraler Gegenstand dieses Buches.« Für die Autorin ist der »moderne Linksliberalismus weder *links* noch *liberal.*«[16] Mit diesen Worten skizziert sie kurz die Patchwork-Ideologie des Postmodernismus, die eindeutig links verortet ist. Was Wagenknecht hier so vornehm umschreibt, hat die Marxistin Nancy Fraser im Gespräch mit Rahel Jaeggi so auf den Punkt gebracht, dass nämlich genau diese »Strömungen emanzipatorischer Bewegungen« – und damit meinte Fraser expressis verbis »Feminismus, Multikulturalismus, Antirassismus, LGBTQ-Rechte«, also die Spielarten des Postmodernismus – »in einem direkten Gegensatz zu Menschen« stehen, »die unter ihren wichtigsten Verbündeten sein könnten (und sollten!), um eine linke Antwort auf die gegenwärtige Krise zu entwerfen«. Fraser meint damit die »Verfechter altmodischer Familienwerte und Lebenswelten, von denen viele auch die Verlierer des ersten Kampfes waren und Groll gegen den ›kulturellen‹ Kosmopolitismus hegten, der mit einer globalisierenden Wirtschaft verbunden war«.[17] Man kann es auch kürzer formulieren: Die Linke hat sich derer, für die sie früher Politik gemacht hatte, entledigt und sich eine neue Klientel gesucht. In diese Lücke stößt nun die AfD. Linke Politiker wie Sahra Wagenknecht und Oskar Lafontaine haben das zwar frühzeitig erkannt, doch konnte sich Sahra Wagenknecht auch nicht gegen den postmodernen, den identitätspolitischen Furor, der auch in der Partei der Linken wütet, durchsetzen.

Eines kann niemand, der wachen Auges in die Welt schaut, übersehen, dass Deutschland in einer zum großen Teil selbst verschuldeten Krise zerfällt, die politisch von den Regierungen der Großen und ihr folgend der Ampel-Koalition verursacht wurde. In einer seltsamen und zugleich dekuvrierenden Wendung sah sich der Bundeswirtschaftsminister, der sich gern Vizekanzler nennen lässt, zu dem Ausruf genötigt, dass er »von Wirklichkeit umzingelt«[18] wäre. Wer aber »von Wirklichkeit umzingelt« ist, befindet sich nicht in der Wirklichkeit, für den zeigt sich die Wirklichkeit nur als Zumutung und Aufdringlichkeit, wie jede Umzingelung eben. Wie für jeden Träumer die Realität eine Beleidigung seiner Kreativität darstellt. Für Wagenknecht ist Wirklichkeit Konkretheit, die konkrete Erscheinung des Allgemeinen. Oder wie es in Hegels Enzyklopädie heißt, die sie sehr gut kennt: »Die Wirklichkeit ist die unmittelbar gewordene Einheit des Wesens und der Existenz, oder des Inneren und des Äußeren.«[19]

Doch Europa ist schwach, Europas Staaten sind schwach, und ihnen gelingt nur noch das Paradoxon, zusammen noch schwächer als jeder für sich allein zu sein. Einst gab Europa den Ton in der Welt an, weil Europa wissenschaftlich, wirtschaftlich, technisch, kulturell mit Blick auf die Künste und das Konzept der Freiheit, der Bildung, der Demokratie und der Menschenrechte führte. Demokratie und die Vorstellung der Freiheit beginnen in der Neuzeit nicht erst mit der konstitutionellen Monarchie Englands nach der Glorious Revolution, sondern bereits mit den Ständischen Vertretungen, den Reichs- und Landtagen in Deutschland zum Beispiel, intellektuell seit dem späten Mittelalter mit dem *Defensor pacis* des Marsilius von Padua und mit den Schriften Martin Luthers, so in *Von der Freiheit eines Christenmenschen*, der Obrigkeitsschrift, der Ratsherrenschrift und der Schrift *Ob Kriegsleute im seligen Stand sein können.*

Im technikversessenen 15. Jahrhundert beginnt der Aufstieg Europas. Nicht umsonst greift Johann Wolfgang von Goethe für seine große Dichtung, den *Faust*, den Wagenknecht als Teenager auswendig gelernt hatte, auf das Volksbuch von der *Historia von Dr. Johan Fausten/dem weitbeschreyten Zauberer vnd Schwartzkünstler/Wie er sich gegen dem Teuffel auff eine benandte zeit verschrieben/Was er hierzwischen für seltsame Abenthewr gesehen/selbs angerichtet vnd getrieben/biß er endlich seinen wol vedienten Lohn empfangen*[20] zurück. Der erste erhaltene Druck erschien 1582, doch wurde die Faust-Sage wohl von einem der Wundermänner der Renaissance gleichen Namens, der um 1480 in Knittlingen geboren wurde, inspiriert. Dass übrigens der Faust-Stoff weit über die deutschen Lande reüssierte, belegt das großartige Stück *Die Tragische Geschichte von Dr. Faust*, das Christopher Marlowe, dessen Schicksal in der Überlieferung darin besteht, ewig im Schatten William Shakespeares zu stehen, 1588 oder 1599 verfasste. Verblüffend übrigens, wie ähnlich Goethes Einstieg in *Faust. Eine Tragödie*, wie abhängig er hier noch von Marlowe ist, wenn es heißt: »Settle thy studies, Faustus, and begin/To sound the depth of that thou wilt profess.«[21]

Wird Europa noch einmal ein Aufbruch wie in der frühen Neuzeit gelingen, eine Restitutio ad integrum? Ob eine neue Zeit anbricht oder unser Kontinent nur im Übergang ist, lässt sich derzeit nicht sagen, doch dieser Übergang bedeutet die Wiederkehr von Politik und die Entstehung neuer Parteien, wenn wirklich etwas Neues kommen soll und der Übergang sich eben nicht nur im Zerfall erschöpft. So wohnt der wagenknechtschen Parteigründung eine innere Notwendigkeit inne. Ob es freilich glücken wird, bleibt fraglich, nicht fraglich jedoch ist die Notwendigkeit, dass neue Kräfte, Bewegungen oder Parteien die politische Bühne betreten. Denn die alten Kräfte sind nicht reformierbar, sie vermögen nur noch, Deutschland in der sich vor unseren Augen wandelnden Welt an den Katzentisch zu manövrieren, anstatt in einer neuen Renaissance, einer neuen Aufklärung Deutschland zu einem der vornehmsten und ersten Player in der sich wandelnden Welt zu machen. Goethe, der Wagenknecht tief geprägt hat, sagte das, worum es immer ging und immer gehen wird, in einfachen, doch umso kunstvolleren Versen:

»Geh! gehorche meinen Winken,
Nutze deine jungen Tage,
Lerne zeitig klüger sein:
Auf des Glückes großer Waage
Steht die Zunge selten ein;
Du mußt steigen oder sinken,
Du mußt herrschen und gewinnen
Oder dienen und verlieren,
Leiden oder triumphieren,
Amboß oder Hammer sein.«[22]

Das Phänomen Sahra Wagenknecht wird zum einen nur verständlich aus den Auseinandersetzungen in den letzten Jahren der DDR und der Friedlichen Revolution und zum anderen aus der ungelösten Frage der repräsentativen Demokratie in Deutschland, deren Lösung in einer Demokratiereform u.a. zugunsten des Direktkandidaten und zuungunsten der Listenkandidaten besteht, in einer Demokratisierung der Demokratie. Es stellt sich überhaupt die Frage, wenn man etwas Optimismus wagen wollte, ob das Erbe der DDR, die Erfahrung der DDR für Deutschlands Entwicklung existenziell bedeutsam werden könnte. Infrage steht der repräsentative Charakter, der ja nicht nur darin besteht, dass die Bürger ihre Abgeordneten durch Wahlen in die Volksvertretungen schicken, sondern in der Parteien-Demokratie auch darin, ob die zur Wahl stehenden Parteien noch die fundamentalen Interessen größerer Wählerschichten vertreten oder ob sich die Classe politique von den Bürgern verabschiedet hat.

Aus welchem Denken kommt Sahra Wagenknecht? Was hat sie geprägt? Welchen Grundüberzeugungen und Denkweisen blieb sie treu, welche hat sie verändert, welche abgelegt? Und was hat das Denken der späten DDR mit der Bundesrepublik im Jahr 2024 zu tun?

ANMUTIGE GEGEND

»So ist es also, wenn ein sehend Hoffen
Dem höchsten Wunsch sich traulich zugerungen,
Erfüllungspforten findet flügeloffen.«

Johann Wolfgang von Goethe

2. DIE ERFINDUNG DER SAHRA WAGENKNECHT

Es dürfte außer Frage stehen, dass sich Sahra Wagenknecht selbst erfunden hat. Die Erfindung seiner selbst, die wir Selbstmystifikation nennen wollen, unterscheidet sich grundsätzlich von dem nur allzu häufig anzutreffenden Phänomen der Selbstdarstellung, die allerdings dort nötig zu sein scheint, wo das eigene Leben, die eigene Biografie, das Selbst als Bestandteil der Öffentlichkeit und des öffentlichen Lebens klingende Münze wird. Oder es zumindest werden soll. Wenn das Selbst öffentlich wird, gehört es nicht länger dem Bereich des Privaten an, der sich ohnehin in der sich digitalisierenden Welt im Schwinden befindet, wie Shoshana Zuboff analysiert hat,[23] sondern wird zum Mittel auch in der politischen Auseinandersetzung. In diesem Fall ist Selbstdarstellung ein Selbstschutz, weil nicht das Selbst selbst, sondern eine Darstellung eines Anderen als Selbst im öffentlichen Raum wie eine Art Avatar agiert. Diese Tatsache ist deshalb nicht übermäßig interessant, weil sie häufig auftritt und auch zum Handwerk des Politikers gehört. Das Glücken oder Misslingen der Selbstdarstellung entscheidet über die Glaubwürdigkeit, die Glaubwürdigkeit über den Erfolg. Man muss demjenigen auch abnehmen, was er sein will oder vorgibt zu sein. Bei einigen hat notgedrungen die Selbstdarstellung allerdings das Extrem erreicht, dass sie zu einer Darstellung ohne Selbst wurde.

Sahra Wagenknecht hingegen ist keine Selbstdarstellerin. Sie wirkt nicht nur authentisch, sie ist es auch. Die Authentizität resultiert aus einem viel komplexeren Vorgang. Nur wenige Menschen wählen statt der Selbstdarstellung etwas anderes, äußerlich zwar Ähnliches, aber in Wahrheit Grundverschiedenes: die Selbstmystifikation oder Selbsterfindung – und ob man sie freiwillig wählt oder eben nicht anders kann, weil sie eine zutiefst persönliche Technik im Umgang mit der Welt ist, macht im Effekt keinen großen Unterschied. Der russische Dichter und Homme de lettres Maxim Woloschin war berühmt für seine Selbstmystifikation, auch Daniil Juwatschow, der sich als Dichter Daniil Charms nannte, oder paradigmatisch geradezu Leonardo da Vinci und Oscar Wilde.

Selbstmystifikation beschreibt ein artifizielles Verhältnis zur Welt, eine Art, sich selbst zu erfinden, die eigene Biografie zu bauen, die Legendenbildung um die eigene Person bewusst zu initiieren, zu befördern und zu steuern, weil man auch gelernt hat, sich selbst so zu sehen, so zu sein, wie man sein möchte.

Zur Selbstmystifikation gehört die Auswahl und die Stilisierung von Besonderheiten aus der eignen Biografie, auch das bewusste Weglassen – und das konstant. Diese Disziplin beherrscht Sahra Wagenknecht meisterhaft, auch weil sie in ihrer Biografie tatsächlich auf Besonderheiten zurückblicken kann. Nichts muss sie erfinden oder aufbauschen, sie muss nur verstehen, dieselben biografischen Details immer wieder zu äußern und andere konsequent wegzulassen. So gesehen, erklärt sich die auf den ersten Blick erstaunliche Tatsache, dass in den vielen autobiografischen Reminiszenzen in den zahlreichen Interviews immer dieselben Details und Episoden wie Bausteine eines Lebensbildes zur Sprache gebracht werden; mehr noch, diese fast schon standardisierten Episoden aus ihrem Leben wirken wie kanonisierte Bausteine einer Biografie, wie sie dann auch widerspruchslos von den Biografen ohne kritische Nachfragen übernommen werden.

Wagenknecht setzt den biografischen Rahmen, und sie legt die Elemente fest, an denen sich der Biograf abarbeiten kann – und das geschieht fast wie durch Zauberhand, ohne offensichtliche Manipulation, weil es ihr gelingt, die intellektuelle Eitelkeit zu interessieren. Der Türöffner jeder Manipulation ist die Eitelkeit. Liest man das Interview, das Wagenknechts späterer Biograf Christian Schneider auf der Grundlage eines Interviews mit der Politikerin im Jahr 2014 in der *taz* publiziert hat, so fallen zwei Besonderheiten des Textes auf: erstens, dass er sich wie eine Bewerbung des Autors liest, ihre Biografie zu schreiben, und zweitens, dass das Porträt bereits alle Bausteine einer Prophetengeschichte enthält, die Schneider im Jahr 2019 veröffentlichen sollte.[24] Was Wagenknecht subjektiv äußert, wird schon im Moment der Äußerung zur objektiven Wahrheit, die im Weiteren brav ausgedeutet wird. Halten wir uns also an die Fakten.

Sahra Wagenknecht wächst nicht nur ohne Vater auf, was leider nicht wenigen Kindern widerfährt, es ist auch ein besonderer Vater, der fehlende Vater. 1967 lernt die Mutter in Ostberlin einen Studenten aus Westberlin kennen. Der Student kommt aus dem Iran, studiert in Westberlin und ist, was man zu dieser Zeit an der Freien Universität so ist, ein Gegner des Schahs. So häufig er kann, kommt er nach Ostberlin; sie hingegen kann ihn nicht in Westberlin besuchen. Am 16. Juli 1969 wird ihre Tochter in Jena geboren. Angeblich schwanken ihre Eltern, ob sie das Kind Sarah oder Rosa nennen sollen, entscheiden sich dann aber doch für Sarah. Später wird Sahra Wagenknecht dafür sorgen, dass sie nicht die geläufige Schreibweise Sarah, sondern eben die dem Persischen nachempfundene Sahra führen darf.

Der Mutter wird ein Studienplatz in Berlin zugewiesen, nicht Kunst, wie sie es sich gewünscht hat, sondern Ökonomie. Doch der Studienplatz in Berlin bringt es mit sich, dass der kleinen Familie eine Art von Zusammenleben gelingt. Schließlich kann der Vater über den kleinen Grenzverkehr nach Ostberlin kommen. Doch dann reist der Vater in den Iran, da ist Sahra zweieinhalb Jahre alt – und kehrt nicht mehr von dort zurück. Nicht nur, dass er nie wieder aus dem Iran zu seiner deutschen Familie zurückkommt, sondern Sahra hört auch nichts mehr von ihm und vermutet, dass er im Iran umgekommen ist. Es scheint so, dass Sahra Wagenknecht später nicht nach ihm gesucht hat. Sie habe darüber nachgedacht, aber sie fürchtet, Gewissheit über das Schicksal des Vaters zu erlangen. Die Ungewissheit über das Schicksal des Vaters eignet sich besser als Material für die Gestalt, die sich Sahra Wagenknecht zu geben wünscht. Schon weil es ein Geheimnis ist.

Das Kind wächst zunächst bei den Großeltern in der Thüringer Gemeinde Göschwitz auf. In einem Interviewbuch erzählt Sahra Wagenknecht: »Lesen und Schreiben hat mir vor allem meine Oma beigebracht. Bücher waren für mich das Tor zur Welt. In Büchern habe ich Dinge erfahren, die mein Leben reicher machten, die ich spannend fand. Ich war wissbegierig, wollte einfach immer etwas Neues erfahren. Natürlich habe ich als Kind auch im Sandkasten gespielt. Aber das war nicht aufregend. Deshalb habe ich meine Großeltern gedrängt, mir lesen beizubringen. Ich bin von da an in die Bibliothek in Jena gegangen und habe mir Stapel von Büchern geholt. Bibliotheken waren für mich damals so etwas wie für andere Kinder die Süßwarenabteilung im Supermarkt, an dem es unheimlich viel Schönes zu entdecken gab.«[25] Und das Lesen beginnt mit Märchen, mit den Kinder- und Hausmärchen der Brüder Grimm oder der berühmten Sammlung der Märchen aus Tausendundeiner Nacht, die sie schon deshalb interessiert, weil sie aus dem Kulturkreis des verschollenen Vaters stammt. Aber auch die DDR-Comics der »Mosaik«-Reihe gehören zur Lektüre des Kindes. Wagenknechts Einschätzung dürfte mit der Erinnerung vieler Ostdeutscher übereinstimmen, deren Kindheit vor allem in den Sechziger- und Siebzigerjahren stattgefunden hat: »Ich hatte die ganz alten

Hefte noch von meiner Mutter aus den 60er-Jahren. Die waren wirklich lehrreich und haben auf sehr einfache Weise die Evolution oder die Weltgeschichte für Kinder verständlich illustriert. Sie hatten einen echten Unterhaltungs- und Bildungswert. Ich kann mich noch ganz gut erinnern, dass ich die Hefte verschlungen habe, sie waren richtig spannend.«[26]

1955 erschien das erste Mosaik-Heft des Grafikers Johannes Eduard Hegenbarth, der sich als Künstler Hannes Hegen nannte. Im Mittelpunkt standen drei Figuren, die Digedags, nämlich Dig, Dag und Digedag, die es durch die Weltgeschichte trieb, in ferne Zeiten und ferne Länder – und die bei so ziemlich allen weltgeschichtlichen Ereignissen zugegen waren. Witz, Unterhaltung und unterschwellige Belehrung machten den Reiz des Mosaiks aus. Nach einem Streit zwischen Verlag und Künstler wurde das Mosaik 1975 mit Heft 223 eingestellt. Da der Comic aber erfolgreich war, wurde das Mosaik von dem Team fortgeführt, allerdings standen nun aus urheberrechtlichen Gründen nicht mehr die Digedags, sondern drei andere Figuren im Mittelpunkt: die Abrafaxe, und zwar Abrax, Brabax und Califax. Doch konnten die Abrafaxe mit dem legendären Ruf der Digedags, die sich tatsächlich, wie sich Sahra Wagenknecht erinnert, einer größeren, fast schon legendären Beliebtheit erfreuten, nicht konkurrieren. Die alten Hefte wurden gern und oft getauscht und besaßen einen festen Platz im kleinen Tauschhandel der Kinder in der DDR.

Das Kind Sahra wehrt sich letztlich erfolgreich dagegen, in den Kindergarten zu gehen, weil es dort auf den Spielplatz gesetzt wird oder andere Sachen machen muss, die es ebenfalls als langweilig empfindet. »Und natürlich war ich als Einzelkind auch den Umgang mit anderen Kindern nicht gewohnt. Das fiel mir schwer, und ich habe irgendwie auch nie richtig Anschluss gefunden ... plötzlich in einer Gruppe mit zehn oder fünfzehn Kindern, damit kam ich nicht klar. Und oft wurde ich dann noch wegen meines fremdländischen Aussehens gehänselt. Das waren alles Gründe, warum man mich nicht für den Kindergarten begeistern konnte. Dann war ich lieber allein zu Hause und habe ich mich selbst beschäftigt. Dabei ist mir eigentlich nie langweilig geworden.«[27] Wagenknechts Biografen haben die Erfahrung, dass die anderen sich über sie lustig machten, gern zeitgeistgetrieben zu rassistischen Angriffen hochstilisiert, denn in Ostdeutschland konnte es ja nur rassistisch zugehen, doch ist Wagenknechts Beschreibung wohl nicht ohne guten Grund zurückhaltender. Einer ihrer Biografen, der Wagenknechts Lebensgeschichte unter dem Pseudonym Hans M. Feher veröffentlichte, schloss kurz: »Resultat: täglicher Rassenkrieg.«[28] Hier wird allerdings das Klischee noch zum Klischee des Klischees. Kinder hänseln einander – und sie nutzen dazu das Nächstliegende, das Aussehen, eventuell einen besonderen Sprachgestus, die Kleidung, eine langsame Auffassungsgabe oder den Namen. Doch was sich an diesen »Rassismus-Vorwürfen« tatsächlich verifizieren ließe, sei dahingestellt; wichtiger ist, dass Sahra Wagenknecht anscheinend kein geselliges Kind mit großer Freundesschar gewesen war, sondern sich am liebsten mit sich, mit ihren Büchern, mit Büchern aus der Bibliothek, mit ihrer Fantasie beschäftigt hat. Denkbar, dass, wenn sie nicht wegen ihres fremdländischen Aussehens gehänselt worden wäre, die anderen Kinder etwas anderes gefunden hätten, womit das Mädchen, das sich so gar nicht eingemeindete, mit anderen Dingen aufgezogen worden wäre. Denn das scheint der eigentliche Grund für die »Hänseleien« gewesen zu sein, dass sich das Kind nicht in die Gemeinschaft fügte, sich anders verhielt.

1976 holt die Mutter sie jedenfalls zu sich nach Berlin in den Prenzlauer Berg. Zu dieser Zeit ist der Prenzlauer Berg noch nicht der hippe Stadtbezirk der Bionade-Bourgeoisie, sondern ein Arbeiterviertel, in dem auch Künstler, Schriftsteller, Philosophen und Bohemiens unterkamen. Die Häuser sind heruntergekommen, nicht selten befindet sich die Toilette eine halbe Treppe höher oder tiefer. Der Prenzlauer Berg war insofern auch der Stadtbezirk mit der höchsten Dichterdichte, die allerdings jenseits des Stadtbezirks schon niemand mehr kannte, und in dem selbst die Hunde einen Dreitagebart trugen.

In Berlin wird Sahra auch eingeschult – und langweilt sich, obwohl sie sich auf die Schule gefreut hat, erst einmal gewaltig, weil sie das, was sie lernen soll, nämlich Rechnen und Lesen, bereits beherrscht. Das dürfte nicht zu ihrer Beliebtheit in der Klasse beigetragen haben. Auch nicht ihre Distanziertheit. Die Ursache für die Hänseleien, die ihr auch hier widerfahren, könnte an ihrem abweisenden Wesen, an der Distanz, die das Kind wahrt, liegen, was sich dann natürlich am Äußeren festmacht. Sie ist keine Anführerin – und das wird sie auch nicht, neben ihrer Klugheit vielleicht ihr größtes Hindernis als Politikerin.

Drei Jahre später ziehen Mutter und Tochter nach Berlin-Marzahn in den Murtzaner Ring um, und in Marzahn besucht Sahra schließlich auch die Erweiterte Oberschule »Albert Einstein«, an der sie 1988 das Abitur ablegt. In ihrem zehnten Lebensjahr beschließt Sahra Wagenknecht, nicht mehr dick sein zu wollen, und fastet, sodass sie mit viel Selbstdisziplin schlank wird. Mit dreizehn Jahren probiert sie das Punk-Sein aus, macht ihre »ersten Alkoholerfahrungen«, geht zur Disco, ist aber schnell davon gelangweilt. Sie diskutiert lieber, als dass sie tanzt. Letztlich war die kurze Zeit als Punk nur »so eine Art Rebellion gegen alles und hatte mit der eigentlichen Punkkultur wenig zu tun«.[29] Das Mädchen sucht nach sich und nach seinem Weg, seinem Sinn von Sein.

Als Goethes *Faust* im Literaturunterricht behandelt wird, führt das zu einem initiatorischen Erlebnis, eröffnet die Beschäftigung mit der Dichtung, an der Johann Wolfgang von Goethe sein ganzes Leben lang gearbeitet hatte, und darüber hinaus den Weg zu dessen Werk und Welt. Sie lernt den *Faust* auswendig, seltsamerweise geht aber immer nur von *Faust I* und vor allem von *Faust II* die Rede, nicht explizit vom *Urfaust*. In Goethes *Faust*, vor allem aber in der *Tragödie Zweiter Teil* gelingt dem Dichter, die tiefe und zugleich detailreiche Durchdringung von Dichtung, Philosophie und Naturkunde oder Naturphilosophie. In dem Text voller Unabgeschlossenheit wird eine fantastische Welt heraufbeschworen, deren Labyrinthe und deren Landschaften niemals ganz zu erkunden sind; immer bleibt etwas verborgen, das noch der Entdeckung harrt. Die Dichtung wird wie Dantes *Divina Commedia* zum Vexierspiel der Existenz und Existenzen. Aus der Sicht des Philosophen, der sie bald schon anleiten wird, prägen zwei Werke von Weltbedeutung die klassische Epoche, mit denen sich die junge Sahra Wagenknecht intensiv auseinandersetzen wird, Goethes *Faust* und Hegels *Phänomenologie des Geistes*.

Goethes Werk erweist sich geradezu als geschaffen für ein junges Mädchen, das es liebt, sich von der Welt zu separieren, für das die Welt der Bücher wirklicher ist als die Welt der Schule, die Welt ihrer Mitschüler. Sie tritt in Goethes Kosmos ein. In einem Interview erzählt Wagenknecht: »Als Kind wollte ich gar nicht anders sein. Ich habe ja zunächst darunter gelitten. Nur: Wenn man dann merkt, dass man von anderen nicht angenommen wird, dann – zumindest war es bei mir so – fängt man an, das auch ein bisschen zu kultivieren. Man sagt sich: Na gut, die sind doof. Die lehnen dich ab, weil du etwas kannst, was die nicht können. Vielleicht auch deshalb habe ich mit vier Jahren lesen gelernt. Letztlich war das der Weg, um mein Selbstbewusstsein zu erhalten.«[30]

Für Wagenknecht stellt sich sehr früh die Welt des Innen und die Welt des Außen, Ich und die Anderen und die Frage nach einer möglichen Vermittlung. Das ist aber die Grundfrage der deutschen Philosophie des Idealismus, besonders die von Kant und Hegel, Philosophen, die sie Ende der Achtzigerjahre intensiv zu studieren beginnt. Woher kann ich wissen, dass die Dinge, die ich wahrnehme, so sind, wie ich sie wahrnehme? Wie komme ich zu Erkenntnissen? Wie funktioniert die Vermittlung zwischen Außenwelt und meiner Erkenntnis? Man könnte es auf die Spitze treiben und die Frage stellen, wie real ist das, was ich als Außenwelt wahrnehme. Sie ist nicht in etwas, sondern sie steht etwas gegenüber. In der Philosophie des deutschen Idealismus begegnet die junge Sahra Wagenknecht ihrer Lebensfrage auf hochabstraktem Niveau. Obwohl sie anfangs wenig versteht, hält sie das Gefühl, mehr noch Gespür und Ahnung, dass es um sie geht, dass über sie gesprochen wird, bei der Lektüre. Mutatis mutandis treibt sie in dieser kühl-rauschhaften Rezeption die Gewissheit vorwärts, die der römische Dichter Horaz in den *Sermones* in der Sentenz formuliert hat: »de te fabula narratur«,[31] die Geschichte handelt vor dir.

3. PREUSSISCHER LUSTGARTEN

Hatte sie sich bis zum Beginn der *Faust*-Lektüre an ihr »Außenseitertum« gewöhnt, ja sogar begonnen, es zu stilisieren, als Haltung dem Anderen und den Anderen gegenüber gepflegt, so eröffnet sich mit Goethes Werk eine neue Welt, die Welt des Geistes und der Dichtung, die ein wenig auch die Flucht aus der eigenen Realität, aus ihrem Alltag und den Aufbruch in die wirkliche Welt, in die Welt hinter den Schemen oder unter der Oberfläche, ermöglicht. Die *Faust*-Dichtung zu lesen bedeutet auch, und das ist nicht kritisch gemeint, etwas zu können, »was andere nicht können«.[32] Im Grunde schafft sie sich eine Parallelwelt. Sich über die anderen zu erheben, über die Mediokrität der Masse, zählt andererseits immer wieder zu den notwendigen Schritten auf dem Wege zu sich selbst, wenn das erwachende Denken und Fühlen sich nicht an die Gewöhnlichkeit anpassen können. Im Sozialismus, in allen totalitären Gesellschaftsformen ist Individualismus objektiv subversiv und eine Form des Protests, ganz gleich, ob man sich selbst dessen bewusst ist. In den Achtzigerjahren kam in oppositionellen Kreisen auch der Satz auf, dass der Sozialismus der Klassenkompromiss auf der Basis des Eintopfes sei. Eintopf ist nahrhaft, niemand verhungert, aber das Problem beginnt dort, wo man nicht jeden Tag Eintopf essen möchte, sondern Lust auf ein Schnitzel hat und sie dennoch mit der großen

Terrine und der Kelle daherkommen. Jenseits von rechts oder links gehört die Ablehnung des »Eintopfes« zum Grundimpuls für die Distanz und für die Kritik an der Spießbürgerlichkeit der DDR.

Wie viele junge Menschen in ihrer Adoleszenz sucht auch Sahra Wagenknecht nach sich. Man könnte das Gefühl mit Hyperions Gedanken im Brief an Bellarmin so umschreiben: »Alt zu werden unter jugendlichen Völkern, scheint mir eine Lust, doch alt zu werden, da wo alles alt ist, scheint mir schlimmer, denn alles.«[33] Eine greise Parteiführung, die zu jedem Parteitag mit altersbrüchiger Stimme ihrer lange schon verlorenen Jugend mit dem Lied »Dem Morgenrot entgegen«, das in den begeistert geschmetterten Refrain gipfelt: »Wir sind die junge Garde des Proletariats«, hinterhersingt, Wartezeiten von zehn Jahren für ein Auto, Wohnraumzuteilung nach vorgegebener Bedürftigkeit – all das liefert weithin sichtbare Belege für die Staatsdemenz. Es wird zuweilen gespottet, dass man mit fünfzig Jahren noch als junger Autor gilt. So suchen die Wacheren, die Sensibleren nach Lebensmöglichkeiten außerhalb des verordneten Kollektivismus.

Es verwundert daher nicht, dass Sahra Wagenknecht bald schon in die Parallelwelt eines anderen, eines wesentlich älteren Mannes eintreten wird, der zu diesem Zeitpunkt wie sie ein Außenseiter ist, nur mit dem Unterschied, dass er seine »beste« Zeit, die Zeit des Ruhms, bereits hinter sich hat, während ihre Zeit noch kommen wird. Was ihr bevorsteht, sind, um mit Faust zu sprechen, Krise und Walpurgisnacht. Doch vorerst tritt die Oberschülerin in die Goethe-Gesellschaft ein. Sie sucht nach Gleichgesinnten, nach Austausch mit anderen Goethe-Begeisterten in einer Zeit, in der die jungen Leute, die sich für Literatur und Dichtung begeistern, sich eher weniger mit dem Dichterheros von Weimar beschäftigen, und wenn, dann am ehesten noch mit dem *Werther* und dem *Urfaust*. Andere Themen, aufregende Themen stehen im Mittepunkt der Aufmerksamkeit. 1986 erscheint bei Reclam in Leipzig der Sammelband *Surrealismus in Paris*, in Berlin findet vom 3. September bis zum 16. November 1986 die große Expressionismusausstellung »Expressionisten. Die Avantgarde in Deutschland 1905 bis 1920« statt, die zum Ereignis wird. Der Verlag Volk und Welt bringt als Lizenzausgabe 1985 einen Sammelband der Werke des deutschen Dadaisten Kurt Schwitters heraus: *Kurt Schwitters: Anna Blume und andere. Literatur und Grafik*. 1988 verlegt Reclam Leipzig Carl Einsteins *Kunstgeschichte des 20. Jahrhunderts*. Carl Einstein gehörte zu den Wortführern und Theoretikern des deutschen Expressionismus. Unbedingt zu erwähnen ist auch eine verlegerische Großtat wiederum von Reclam Leipzig. Der Verlag veröffentlicht 1985 *Kokain, Lyrik, Prosa, Briefe* des Spätexpressionisten Walter Rheiner im für Reclam ungewöhnlichen A3-Format mit Illustrationen von Conrad Felixmüller, ein Jahr später druckt Reclam wieder im gewohnten Format den Sammelband *Der blaue Reiter*, nachdem der Verlag bereits 1982 21 expressionistische Erzähler unter dem Titel *Sekunde durch Hirn* auf den Buchmarkt gebracht hat. Ebenfalls 1982 erscheint endlich eine zweibändige Kafka-Ausgabe bei Rütten und Loening in Berlin. Der französische Schriftseller Louis Aragon wird zwar als Kommunist eifrig in der DDR verlegt, doch Ende der Siebzigerjahre wagt man sich auch an das dadaistische und surrealistische Frühwerk des Autors. Diese wenigen Facetten zeigen, dass Ende der Siebzigerjahre in der DDR eine verstärkte Entdeckung der europäischen, vor allem der deutschen Moderne erfolgt. Andererseits wird seit den Siebzigerjahren der Freiheitsdiskurs verstärkt über das Medium der Aufklärung geführt. So erscheinen beispielsweise 1982 der Roman von Fritz Rudolf Fries *Alexanders neue Welten. Ein akademischer Kolportageroman aus Berlin* und 1985 *Neue Herrlichkeit* von Günter de Bruyn.

Von alldem scheint die junge Sahra Wagenknecht in ihrer Vertiefung in die deutsche Klassik unberührt geblieben zu sein. Sie erwähnt jedenfalls nichts davon. Goethe und die Klassik gelten lange in der DDR als normsetzend, Fausts Schlussmonolog wird im Literaturunterricht als »Fausts Vision einer künftigen Gesellschaft« behandelt – und welche Gesellschaft damit gemeint ist, dürfte keine Überraschung sein. Zur Norm zählen lange die Klassik, der bürgerlich-kritische und der sozialistische Realismus. Verpönt sind in den Fünfziger- und Sechzigerjahren in der DDR die Romantik, der Expressionismus, das Werk Franz Kafkas, verpönt, aber nicht verboten. Hier wirken sehr stark die ästhetischen Vorstellungen des Philosophen Georg Lukács, vor allem mit Blick auf die Romantik und die deutsche Philosophie des 19. und 20. Jahrhunderts. Es ist paradox, obwohl Georg Lukács nach dem Ungarnaufstand 1956 in Ungnade fällt, bestimmt seine Sicht auf Klassik und Romantik, auf Schelling und Nietzsche weiterhin die Rezeption in der DDR. Es lohnt, hierauf einen Blick zu werfen, weil letztlich Lukács die literaturgeschichtlichen, ästhetischen und philosophischen Ansichten Sahra Wagenknechts formt, die noch heute in ihr nachwirken.[34] Der »Stoff« seines verhängnisvollen Buches *Die Zerstörung der Vernunft* besteht darin, »den Weg Deutschlands zu Hitler auf dem Gebiet der Philosophie« darzustellen.[35] Mithilfe einer sehr weiten Definition des Irrationalismus, die man eher Sammelsack statt Definition nennen sollte, nach der der Irrationalismus gekennzeichnet ist durch die »Herabsetzung von Verstand und Vernunft, kritiklose Verherrlichung der Intuition, aristokratische Erkenntnistheorie, Ablehnung des gesellschaftlich-geschichtlichen Fortschritts, Schaffung von Mythen«,[36] erklärt Lukács im Grunde die halbe Literatur- und Philosophiegeschichte von der Romantik und dem Philosophen Friedrich Wilhelm Joseph Schelling über Friedrich Nietzsche bis hin zu Wilhelm Dilthey, Martin Heidegger und Karl Jaspers zu Wegbereitern des Nationalsozialismus. Adorno repliziert heftig: »Am krassesten wohl manifestierte sich in dem Buch *Die Zerstörung der Vernunft* die von Lukács' eigener.«[37]

In den Siebzigerjahren wird die Kulturpolitik der DDR liberaler, und die Erbekonzeption weitet sich. Dichter wie Friedrich Hölderlin spielen eine größere Rolle, auch durch den populären Hölderlin-Film »Hälfte des Lebens« mit Ulrich Mühe und Jenny Gröllmann in den Hauptrollen, der 1985 in die Kinos der DDR kommt. Christa Wolf stellt mit ihrer Novelle *Kein Ort. Nirgends*, die 1979 erscheint, die Romantiker Karoline von Günderode und Heinrich von Kleist in den Mittelpunkt. Dem ging 1967 die Erzählung von Anna Seghers *Das wirkliche Blau* und vor allem 1972 ihre Novelle *Die Reisebegegnung* voran. 1985 folgt bei Aufbau Christa Wolfs Sammelband *Ins Ungebundene gehet eine Sehnsucht. Gesprächsraum Romantik, Prosa, Essays*, den sie gemeinsam mit ihrem Mann Gerhard Wolf herausgibt. Caroline Schelling, vormals Caroline Schlegel, wird wiederentdeckt. Mit dem Luther-Film von 1983 mit Ulrich Thein in der Hauptrolle hat die DDR sichtbar in ihrer Geschichtspolitik von Thomas Müntzer auf Martin Luther umgestellt. 1979 bringt der Theaterregisseur Christoph Schroth an einem Abend »Faust I und II« in Schwerin auf die Bühne. Schroth gelingt eine geniale Inszenierung, übrigens mit einer Frau als Mephistopheles, der großartigen Lore Tappe. Die Inszenierung wird 1981 vom Fernsehen der DDR aufgezeichnet. Sahra Wagenknecht ist zwar zu diesem Zeitpunkt zehn, elf Jahre alt und zu jung, auch beginnt ihre intensive Beschäftigung mit Goethe erst Mitte der Achtzigerjahre, doch wird diese Inszenierung zur Legende – und noch Jahre später pilgern u. a. Schauspielstudenten zu dieser Inszenierung. Und nicht nur das. 1986 sorgt Alexander Lang mit seiner Inszenierung der »Trilogie der Leidenschaft« am Deutschen Theater in Berlin für Furore. Die zweite Inszenierung der Trilogie nach der »Medea« des Euripides ist übrigens Goethes Stück »Stella«, in der es Alexander Lang glückt, die Schwächen von Goethes Drama durch eine geniale Inszenierung aufzulösen.

All das spielt in den zahlreichen autobiografischen Reminiszenzen Sahra Wagenknechts keine Rolle, und die stete Erwähnung von Goethe, Hegel, Kant oder der Philosophie des deutschen Idealismus bleiben seltsam summarisch und unkonkret und beziehen sich auf die intensive Lektüre zu Hause. Sie allesamt sind, um mit Goethe zu sprechen: Studierzimmer. Doch ist bei diesem Hexenkessel, der sie umgibt, ihre Einsiedelei, die sie immer wieder betont, glaubhaft?

Über zwanzig Jahre später, am 19.01.2020, wird die Politikerin Sahra Wagenknecht in einem anscheinend zwanglosen und lockeren Gespräch nach ihrer Biografie, die im Vorjahr im Campus Verlag erschienen war, vom Interviewer mit der Bemerkung angesprochen: »Ich kenne Ihren Biografen Christian Schneider. Wenn der einen anschaut, denkt man: Der weiß was über mich, das ich selbst nicht weiß oder bei dem ich auf keinen Fall möchte, dass es jemand weiß.« Wagenknecht antwortet so locker wie kontrolliert: »Er hat eine geniale Begabung, Menschen zu durchschauen und sich nichts vormachen zu lassen. Wäre ich jemand mit einem großen Lebensgeheimnis, hätte ich nicht mit ihm geredet. Es gab ja von mir wirklich viele Porträts in allen möglichen Zeitungen. Sein Text damals in der *taz* am Wochenende war mir in Erinnerung geblieben, weil ich verblüfft war, wie er mich nach nur einer Stunde Gespräch so authentisch beschrieben hat. Er wunderte sich, dass ich es auf meine Website gestellt habe, weil es durchaus kritisch war. Ich fand aber weitgehend: So bin ich.«[38] Nicht eher: So will ich, dass man mich sieht? Die Anspielung des Journalisten und die Antwort der Politikerin sind in mehrfacher Hinsicht bemerkenswert. Sie erheben im Zusammenspiel Schneiders Text zur offiziellen Hagiografie der Politikerin Sahra Wagenknecht. Ihr ist es bravourös gelungen, ihren Biografen zum Herold ihrer Selbstmystifikation zu machen, ohne dass er es bemerkt zu haben scheint.

Vom literarischen Genre her wird strukturell eine Prophetengeschichte erzählt – und sie wird dadurch beglaubigt, dass der

Verfasser als über jeden Zweifel erhaben gilt, eine Art Evangelist. Prophetengeschichten setzten sich aus den folgenden Bestandteilen zusammen: besondere Kindheit, Andersheit, Einsamkeit, Erkenntnis der Andersheit, Erwählung, Wanderjahre (bzw. Initiation), Berufung und Wirken. So kann man es in den einschlägigen Viten von Moses über Jesus, Mani, Buddha bis zu Mohammed finden, diese Struktur organisiert auch Schneiders biografischen Text. Zwischen den Stationen steckt dann jede Menge Sigmund Freud für Anfänger in der Biografie.

Auch in Prophetengeschichten findet man übrigens Kritisches, es muss ja etwas kosten, Prophet zu werden, sonst könnte es ja jeder. Es muss ein innerer Reifungsprozess stattfinden. Die Herren und Damen Propheten müssen vor allem gegen den eigenen Dämon, den Dämon in sich, kämpfen. Zu den größten Schwächen des Menschen – und zugleich zu seiner Existenzbedingung – zählt der Wunsch, geachtet und geliebt zu werden. Zu dem, was man im Leben lernen muss, gehört deshalb, sich vom Urteil der anderen über einen selbst so weit als möglich freizuhalten.

Man bleibt bei Sahra Wagenknecht im Genre der Prophetengeschichte, wenn sie im selben Interview ihre Mission erläutert: »Gerade wenn man selbst Glück hatte im Leben und wenn man geprägt ist durch Karl Marx und die Ansprüche linker Theorie, muss man sich an der heutigen Gesellschaft reiben. Warum schreibe ich denn über Fragen einer anderen Wirtschaftsordnung? Weil ich die Lebenssituationen, in die viele Menschen heute kommen, demütigend finde. Und weil ich überzeugt bin, dass sich das ändern lässt. Wenn mir das kein echtes Anliegen wäre, dann wäre mein ganzes Engagement ja hohl und leer.« Die Begegnung mit Karl Marx wird zur Erwählung. Sahra Wagenknecht lässt sich von ihrer Mutter die 44-bändige Ausgabe der Marx-Engels-Werke (MEW), die sogenannte blaue Reihe, zum 18. Geburtstag schenken. Es folgt die Lektüre als Wanderjahre, dann die Initiation durch Peter Hacks.

Warum sollte die Politikerin auch nicht mit Schneiders Biografie zufrieden sein, hat doch der Biograf genau das Bild von Sahra Wagenknecht gezeichnet, das sie von sich sehen möchte. Nichts im Buch weist darauf hin, dass der Sozialpsychologe ehemalige Mitschüler Sahra Wagenknechts befragt hat, wie sie auf sie gewirkt hat, welche Erfahrungen sie mit ihrer Mitschülerin Sahra Wagenknecht gemacht haben. Für jemanden, der ein so übersteigertes Interesse an psychologisierenden Mustern hat, wäre das Pflicht gewesen. Aus dem Tochter-Vater-Drama wird das Anderssein begründet, das Anderssein führt dazu, dass sie mit vier Jahren Lesen lernt und am liebsten für sich ist, später die Mitschüler meidet, von denen sie aufgrund ihres Äußeren gemobbt worden sei. Das entspricht der Zeit der Einsamkeit in den Prophetengeschichten. Doch auch das alles wäre noch nicht der Erwähnung wert, würfe das nicht die Frage auf, ob der Biograf seiner Heldin nicht auf den Leim gegangen ist, denn ab einem bestimmten Zeitpunkt hat Sahra Wagenknecht ein Bild von sich kultiviert: das der Intellektuellen, der Unnahbaren, der Einzelgängerin, der Unbeirrbaren, der Außenseiterin, die trotzdem sozial engagiert ist. Im Interview wendet der Journalist ein: »Ich habe aus der Biografie den Eindruck gewonnen, dass Sie sehr von Ihrem Individualismus und Anders-als-andere-Sein geprägt sind. Gleichzeitig wollen Sie die Anliegen eines beträchtlichen Teils der Gesellschaft prägen, repräsentieren und voranbringen.« Wagenknechts Antwort darauf: »Das widerspricht sich ja nicht.« Vollkommen richtig beschreibt sie: »Der normale Weg nach oben in Parteien ist – das fängt schon beim Bundestagsmandat an –, dass man vor Ort die Parteimitglieder pflegt, mit ihnen essen geht oder im schlimmsten Fall sogar Bier trinken, dass man mit jedem redet und jeden anruft.« In diesem landläufigen Sinn wäre sie nach ihrer Einschätzung und nach dem Urteil ihres Mannes Oskar Lafontaine keine gute Politikerin: »Das ist klassische Politik: Gruppen bilden, der Eitelkeit schmeicheln und so

Gruppen anführen. Eben nicht intellektuell inhaltlich, sondern ganz praktisch, strukturierend. Wenn man das als Kern von Politik ansieht, dann bin ich keine Politikerin.« Aber in einem anderen Sinne, in anderer Art, im Anderssein zum landläufigen Politiker-Typ, gewissermaßen als Propheten-Politiker sei sie dann doch eine gute Politikerin, nämlich über und durch ihre Besonderheit, die sie pflegt: »Andererseits ist ja die Aufgabe von Politik, nicht nur die nächste Wahl zu überleben, sondern Gesellschaft zu gestalten, langfristige Ziele zu haben und auch das Rückgrat dafür. Ich will mich ja nicht selber loben, aber ich glaube, in dem Sinne bin ich dann doch Politikerin: Ich habe zumindest Ziele, für die ich in die Politik gegangen bin.« Das alles hebt sie heraus, macht sie besonders, einzigartig, für viele vertrauenswürdig, weil »authentisch«. Die Frage lautet nur: Ist diese Haltung ihrer frühesten Kindheitserfahrungen geschuldet oder wird das Besondere der Politikerin Sahra Wagenknecht in die Kindheit zurückprojiziert? Politikerin oder Prophetin? Die Wahrheit liegt in der Mitte. Kein Detail, keine Episode wird erfunden, aber Details und Episoden werden weggelassen und dieselben Details immer wieder betont.

Eines steht jedoch fest: Jemand, der sich so bewusst, so intellektuell durchdacht inszeniert, ist klug genug, auch die Vergangenheit, die eigene Lebensgeschichte zu inszenieren. Nicht zu erfinden, aber zu gestalten. Im Grunde hat irgendwann einmal Sahra Wagenknecht begonnen, Sahra Wagenknecht zu erfinden, wahrscheinlich beginnend in der Adoleszenz, als Sahra Wagenknecht für sich herausfinden musste, wer sie ist und was sie will – und diesen Prozess scheint sie eher mit sich und mit großen Vorbildern anstatt in einer großen Gruppe von Freunden vorangetrieben zu haben. Das macht sie schon zu etwas Besonderem, auch die Vorbilder, die sie erwählt.

Wann genau Sahra Wagenknecht Sahra Wagenknecht erfand, lässt sich nicht sagen: wann der Prozess der Findung zunächst als

Selbstfindung einsetzt, weit eher. Menschen können ihre Grundüberzeugungen und ihre Weltanschauungen ändern, auch in ihr Gegenteil verkehren. Doch nur wenigen gelingt es, die Weise ihres Denkens, die Modi ihres Welt-Anschauens, den speziellen Gang, mit dem sie ihre Denkwege verfolgen, völlig umzubilden. Sahra Wagenknecht gehört nicht zu ihnen, die Art und Weise ihres Herangehens, der Grundschule des Denkens, geprägt von Karl Marx, Wladimir Iljitsch Lenin, Georg Wilhelm Friedrich Hegel, Rosa Luxemburg und Georg Lukács bleibt sie treu, auch wenn sie heute wohl nicht mehr Josef Wissarionowitsch Stalin loben würde wie noch 1992.

Was als verbürgt gelten darf, ist, dass ihr Hang zur Selbstmystifikation, der Wille, sich nicht in der Welt definieren zu lassen, sondern sich selbst zu setzen, sich schon früh ausgeprägt hat. So kann man sagen, dass Sahra Wagenknecht zu einem hohen Maß ihre eigene Schöpfung ist, ihre Biografie zugleich die Chronik ihrer Selbsterschaffung dokumentiert; wenn man so will, ist sie deshalb ihr eigenes Kunstwerk, eine Schöpfung, die allerdings der Vorbilder, Lehrer und Förderer bedurfte. Will man sich nicht an der Distanz abarbeiten, an der Sphinx, oder ins Gegenteil verfallen und sie psychologisierend zu einer Prophetin verklären, will man verstehen, was sie bis heute nicht nur so oder so handeln lässt, sondern welches Denken ihre Handlungen bestimmt, dann wird die Sphinx plötzlich zu einer analysierbaren Theoretikerin, die Unnahbare zu einer Politikerin, die um ihre Handicaps weiß.

Man muss um die DDR, um ihr intellektuelles Klima wissen, um zu verstehen, in welchen Sog sie geraten ist, vor allem in eine merkwürdige Andersheit, vollkommen unmodern, zeitweise auch spießbürgerlich und ein wenig reaktionär. Vielleicht ist das ein Markenzeichen der Sahra Wagenknecht, anfangs nicht modern, jetzt nicht postmodern zu sein, nicht den Weg zu gehen, den andere gingen und gehen. Man dürfte jedenfalls unter den kritischen Jugendlichen in den letzten Jahren der DDR kaum einen finden, der Walter Ulbricht verehrte – Wagenknecht tat es. Für honeckerkritische Wandzeitungstexte bekam sie Ärger, doch ging es glimpflich ab, weil sie Honecker von links kritisierte. Man darf ihr durchaus glauben, wenn sie sich erinnert: »Nein, aber ich fand ja auch die DDR nicht so toll. Also das war beidseitig. Marx' Vision und die DDR-Realität hatten in meinen Augen relativ wenig miteinander zu tun.«[39] Das wiederum ging vielen so. Die marxistische Theorie passte nicht zur gesellschaftlichen Praxis, der durchaus künstlerische Stil von Karl Marx nicht zur Banalität der Parteiprosa, Che Guevaras Barett nicht zu den Hüten der Politbüromitglieder. Die Revolutionshelden der Filme und Bücher hatten nichts mit den langweiligen Politbürokraten gemein, deren Bildung und sprachlicher Stil den Charme einer Gebrauchsanweisung zum Aufstellen eines Campingstuhls atmeten.

Der Dichter Heiner Müller schrieb 1979 das Stück, das den Zusammenbruch der DDR vorwegnahm. Es hieß »Der Auftrag« und trug den wichtigen Untertitel: »Erinnerung an eine Revolution«. Und das war es, in der DDR hatte man sich längst von der Revolution verabschiedet. Der Utopie-Überschuss, mit dem man die DDR gegründet hatte, war längst aufgebraucht. Aber das besaß auch eine historische Logik, denn die DDR ging nicht aus einer Revolution hervor, sondern aus der Anwesenheit der sowjetischen Panzer. Die banale Wahrheit lautet, dass die DDR durch die sowjetischen Panzer entstanden war, dass sie durch die Anwesenheit der sowjetischen Panzer am Leben erhalten wurde, siehe den 17. Juni 1953, und sie endete, als Gorbatschow befohlen hatte, dass die Panzer in den Kasernen bleiben und nicht mehr fahren werden. Heiner Müller hatte diese Entwicklung in den Achtzigerjahren in dem fünfteiligen Lehrstück »Wolokolamsker Chaussee« skizziert. Er sah die Tragödie des deutschen Kommunismus in seiner Stalinisierung, die Mitte der Zwanzigerjahre mit der Wahl Ernst Thälmanns zum Parteivorsitzenden der KPD rasant vorangetrieben wurde. Die Straße von Moskau nach Berlin beschrieb Heiner Müller in dem fünfteiligen Lehrstück als Panzerstraße.

Zwar stellt sich die Schülerin Sahra Wagenknecht die Frage, die auch die DDR-Opposition, die sich im beträchtlichen Maße links von der SED verortet, bewegt: »Warum ist die DDR so, wie sie ist? Was hat das noch mit den Ansprüchen zu tun, die die Arbeiterbewegung einst hatte? Und so bin ich dann dazu gekommen, Marx zu lesen.« Sie tat das, weil sie, wie viele andere auch, herausfinden will, was schiefläuft, weshalb, um mit Heiner Müller zu sprechen, von der Revolution nicht mehr als eine Erinnerung existiert und Anspruch und Realität nicht übereinstimmen. Weshalb ist das Volkseigentum nicht des Volkes Eigentum?

Eine Erinnerung – und eine Geschichtsfälschung. Eine Ahnung von der großen Geschichtsfälschung, die mit Stalins *Kurzer Lehrgang der Geschichte der KPdSU (B)* beginnt und bis zum Ende der DDR letztlich die Leitplanken setzt, kann man bekommen, wenn man aufmerksam Aragons *Spiegelbilder* oder Christa Wolfs *Kindheitsmuster* liest – oder natürlich Brechts *Svendborger Tagebuch*. Nur lesen andere dann nicht nur Marx und nicht nur Lenin, sondern unter großen Schwierigkeiten auch Leo Trotzki, Nikolai Bucharin, Louis Althusser, Isaac Deutscher oder Jacques Derrida, Frantz Fanon, den ganzen marxistischen und postmarxistischen Ketzer-Zirkus. Hingegen darf man nicht vergessen, dass Sahra Wagenknecht damals zwischen 15 und 20 Jahre alt ist, als sich die Umwälzungen vollziehen – und sie bildet sich in dieser Zeit, wie auch später, autodidaktisch. Sie geht nicht einfach so in eine Welt hinein, sie baut sich ihre Welt. Und sie sucht jemanden, der sie anleiten könnte, jemanden, der ihr auch erklärt, was sie bei Goethe nicht versteht. Bei Goethe nicht, und auch nicht bei Hegel.

4. LABORATORIUM

Es ist erstaunlich: Obwohl Sahra Wagenknecht in vielen autobiografischen Statements Goethes Werk rühmt und ihm eine zentrale Position in ihrem Bildungsweg einräumt, obwohl sie das Werk des Dichters, allen voran die *Faust*-Dichtung, für einzigartig oder – wie Hans Mayer formuliert hat – für inkommensurabel hält, lässt sie es doch merklich an Engagement und Verve vermissen, dafür zu kämpfen, dass den deutschen Schülern in der heutigen Bundesrepublik im Bereich des Literaturunterrichts die gleichen Chancen geboten werden wie den Schülern in der DDR. Vieles am Bildungssystem der DDR ist kritikwürdig, vor allem die Ideologisierung oder genauer die ideologische Ausrichtung der Bildungsinhalte und teilweise auch Bildungsformen. Doch bei nüchterner Betrachtung ist das Bildungssystem der demokratischen Bundesrepublik in den Inhalten inzwischen ideologischer als das der totalitären DDR. Klimaapokalyptik und postmoderne Ideologie beherrschen inhaltlich die bundesdeutsche Schul- und teilweise Hochschuldbildung. Ziel postmoderner Bildungspolitik ist nicht der mündige Bürger, sondern der Gläubige postmoderner Ideologien, dessen staatsbürgerliche Verantwortung im Haltung-zeigen und vor allem im Glauben an die Maßnahmen der Regierung besteht. Stellvertretend für diese Vorstellung forderte der Steinmeier-Biograf Torben Lütjen in der *FAZ* Vertrauen in postmoderne Regierungen, schließlich seien (post-)»moderne Demokratien auf eine gänzlich unmoderne Ressource angewiesen«, weil »ohne einen gewissen Vertrauensvorschuss seitens der Regierten eine repräsentative Demokratie wohl nicht funktionieren kann«.[40] Dagegen stehen die einfache Wahrheit und die historische Lehre, dass Demokratien das Misstrauen der Bürger, ihr kritisches Nachfragen, Wägen und Überprüfen benötigen, Diktaturen aber Vertrauen und Gehorsam brauchen und einfordern. Oder in der eleganten Formulierung von Ernst-Wolfgang Böckenförde: »Der freiheitliche, säkularisierte Staat lebt von Voraussetzungen, die er selbst nicht garantieren kann. Das ist das große Wagnis, das er, um der Freiheit willen, eingegangen ist. Als freiheitlicher Staat kann er einerseits nur bestehen, wenn sich die Freiheit, die er seinen Bürgern gewährt, von innen her, aus der moralischen Substanz des Einzelnen und der Homogenität der Gesellschaft, reguliert. Andererseits kann er diese inneren Regulierungskräfte nicht von sich aus, das heißt mit den Mitteln des Rechtszwanges und autoritativen Gebots zu garantieren suchen, ohne seine Freiheitlichkeit aufzugeben und – auf säkularisierter Ebene – in jenen Totalitätsanspruch zurückzufallen, aus dem er in den konfessionellen Bürgerkriegen herausgeführt hat.«[41] Doch die Methodiken und Didaktiken des Deutsch- und des Geschichtsunterrichts feiern die inhaltliche Versenkung beider Fächer. Schulen und Lehrer wenden sich von der weltanschaulichen Neutralitätspflicht ab. Sie wollen nicht bilden, sondern indoktrinieren. Der Grund dafür liegt darin, dass sich der lange Marsch der 68er im Bildungssystem als besonders erfolgreich gestaltete. Das Resultat dieses Erfolges dokumentieren im Übrigen die Ergebnisse der PISA-Studien. Deutschland befindet sich bezüglich der Bildung im freien Fall. Zu diesem Erfolg kann man der informellen Koalition aus GEW-Funktionären, sozialdemokratischen und grünen Bildungs-politikern, Didaktikern der verschiedenen Fächer und Erziehungswissenschaftlern wirklich gratulieren. Das Problem, was erstaunlicherweise auch Sahra Wagenknecht, sonst eine gute Analytikerin, verkennt, besteht nicht darin, dass sich zu wenig Geld im Bildungssystem befände oder die Digitalisierung nicht voranginge oder keine »Bildungsgerechtigkeit« existieren würde, sondern in den Inhalten. Kein Politiker, auch kein Bildungspolitiker, spricht über Inhalte, über Rahmenpläne und verbindliche Kanons. Im Extremfall wird es beispielsweise Deutschlehrern überlassen, die nie im Studium Goethes *Faust* gelesen haben, ob sie mit ihren Schülern Goethes *Faust* im Unterricht behandeln. Schließlich kann man in Deutschland im Gegensatz zu China ein Germanistikstudium absolvieren, ohne Goethe je gelesen zu haben. In Brandenburg bestehen Schüler das Abitur, ohne jemals etwas von Goethes *Faust* vernommen zu haben. In Niedersachsen wurde der »Essay« *Politische Partizipation und soziale Marktwirtschaft* von Luisa M. Neubauer im Fach »Politik und Wirtschaft« als Thema zum Abitur angeboten. Im Geschichtsunterricht in Brandenburg scheint Chronologie ein Fremdwort zu sein. Es kann durchaus vorkommen, dass die Schüler in diesem Bundesland zunächst die Reformation durchnehmen, dann zur Französischen Revolution springen und zwischendurch noch das Thema Migration besprechen, das sich auf die Einwanderung der Hugenotten am Ende des 17. Jahrhunderts, auf die Flucht aus den deutschen Ostgebieten 1945 und auf Merkels Grenzöffnung 2015 bezieht. Man braucht nicht allzu viel Fantasie, um sich die Quintessenz dieses Unterrichts vorzustellen. Der Dreißigjährige Krieg, der Westfälische Friede und die Glorious Revolution können einfach übersprungen, nicht im Unterricht behandelt werden, also die Anfänge der Demokratie in Europa und der modernen europäischen Staatenordnung. Wozu sollen die Schüler auch lernen, dass das Wesen von Verfassungen im bürgerlichen Rechtsstaat darin besteht, Widerstandsrecht der Bürger gegen die Übergriffigkeit des Staates, der Bürokratie zu sein, und dass das Königsrecht des Parlaments das Budgetrecht ist? Doch das fundamentale Problem besteht darin, dass den Schülern keine Orientierung mehr in der Geschichte angeboten wird, dass die Fähigkeit, in Zusammenhängen zu denken, nicht vermittelt wird, wie es in den Schulen der DDR geschah. Gerade das müsste im Geschichtsunterricht methodisch gelehrt werden, indem die Fertigkeit vermittelt wird, zu erkennen, was nacheinander geschieht, was auseinander hervorgeht und was sich gleichzeitig und parallel ereignet und sich auch gegenseitig beeinflusst. Man nennt es übrigens Kausalnexus. Aber linke und postmoderne Bildungspolitiker scheuen das Denken in Zusammenhängen wie der Teufel das Weihwasser, denn so gebildete Bürger nehmen nicht einfach ideologische Botschaften hin, sondern hinterfragen sie. Was sie am meisten fürchten, ist in des Kants mündiger Bürger.[42] Die Genderideologie beispielsweise lässt sich nur durchsetzen, wenn man die Kenntnisse aus dem Biologieunterricht reduziert, der Postkolonialismus, der die Kolonialgeschichte revidiert, nur, wenn es keinen wirklichen Geschichtsunterricht gibt, sondern stattdessen die Konstruktion einer Schuld. Klimaapokalyptik fällt nur bei defizitären Kenntnissen in der Erdgeschichte und in der Mathematik auf fruchtbarem Boden. Fakten werden in pseudoethische Ideologeme aufgelöst oder in Rechenmodellen infrage gestellt, die allerdings aus einem anderen Bereich stammen und für das, was sie errechnen sollen, vollkommen ungeeignet sind. Wie sollen humanistische Werte vermittelt werden, wenn im Deutschunterricht kein literarischer Kanon mehr existiert? Statt Goethes *Faust* lesen die Schüler Texte mit fragwürdigem literarischem Wert wie *Auerhaus* von Bov Bjerg oder statt den *Buddenbrooks* von Thomas Mann *Corpus Delicti. Ein Prozess* von Julie Zeh.

Wer in der DDR Germanistik studierte – auch für das Lehramt, wie man heute sagen würde – musste nachweisen, dass er die Leseliste abgearbeitet hatte – und die wurde in einem Büchlein mit mehreren Seiten aufgelistet. Der Literaturunterricht bestand in einem chronologischen Curriculum vom *Hildebrandslied* über Lessings *Hamburger Dramaturgie*, Goethes *Faust* bis zu den Werken Bertolt Brechts und Anna Seghers, Franz Fühmanns und Erwin Strittmatters. Auf die Bildungsinhalte der Volksbildung in der DDR hinzuweisen ist aus zwei Gründen wichtig: erstens, weil Sahra Wagenknecht in ihren autobiografischen Reminiszenzen sehr gern über ihre autodidaktischen Bemühungen spricht, sie aber das, was ihr die Schule an historischer, literarischer und philosophischer Bildung doch sehr solide vermittelt hat, wenig erwähnt. Dass sie die Anregung zur Lektüre von Goethes *Faust*, der dann zu ihrem zentralen Bildungserlebnis wird, aus dem Deutschunterricht erhält, wird zwar mitgeteilt, nicht aber dass dramaturgisches Rüstzeug ebenfalls im Deutschunterricht vermittelt wird, indem Auszüge aus Lessings *Hamburgische Dramaturgie* gelesen werden, die sich auf Aristoteles' *Poetik* beziehen und grundsätzlich für das Verständnis jedweder Dramaturgie sind, inklusive der Drehbuchdramaturgie.

Im Staatsbürgerkundeunterricht erhält die Schülerin Sahra Wagenknecht neben aller Ideologie vor allem eine Einführung in die Philosophie, allerdings auf marxistischer Grundlage. Selbst wenn der Eindruck entsteht, vielleicht auch entstehen soll, dass alles in ihrem Leben aus der Einsamkeit geschöpft ist, geht die Schülerin Sahra Wagenknecht keineswegs in völliger Naivität an die Lektüre der Philosophie, an die Beschäftigung mit Goethes Werk und mit Marx' Theorien heran. Sie kann bei aller autodidaktischen Erweiterung und Vertiefung verlässlich auf eine solide Bildung zurückgreifen. Was an ihr aber offensichtlich völlig vorbeigeht, sind die kulturpolitischen, aber auch politischen Auseinandersetzungen der Achtzigerjahre – und die haben es in sich. Das kann an ihrem Alter liegen, denn 1985 ist sie erst 16 Jahr alt. Allerdings äußert sie in einem Interview im Jahr 2010: »Unser Bekanntenkreis, das war so Künstlerszene. Es ging ziemlich locker zu, meine Mutter hat mich auch früh zu Künstlerpartys mitgenommen.«[43]

In der Künstlerszene existiert nicht nur ein politisches Interesse, sondern es machen auch stets Gerüchte die Runde über die Entwicklungen im kulturpolitischen Bereich, besonders in Berlin. Zu den Zäsuren gehört der 5. November 1985. An diesem Tag wird der mächtige Parteichef von Berlin abgesetzt: Konrad Naumann, ein kommunistischer Hardliner. Seine Fronde gegen den Kulturchef Kurt Hager und letztlich gegen Erich Honecker, weil ihm deren Politik im Allgemeinen und in der Kulturpolitik im Besonderen zu liberal erscheint, scheitert. Dem ging voraus, dass Naumann am 17. Oktober eine Rede in der Akademie für Gesellschaftswissenschaften des ZK der SED vor handverlesenem Kreis gehalten hat. Gerüchte über den Inhalt der Rede verbreiten sich schnell. Auch in Berlins Künstlerszene. Naumann soll den Künstlern den Kampf angesagt haben, indem er drohte, den Schweinestall der Akademie der Künste ausmisten zu wollen.[44] Der Tonbandmitschnitt der Rede wurde meines Wissens bisher nicht aufgefunden. Als Dokument existiert nur der Brief des Rektors der Akademie, Otto Reinhold, den dieser über die Naumann-Rede auf Bitten Honeckers Tage im Nachhinein verfasst hat. Unter anderem soll Naumann laut Reinhold in der Rede gesagt haben: »Zumindest die Mehrzahl der Künstler und Schriftsteller sind im Grunde Dummköpfe, und so müsse man sie auch behandeln, leider geschieht das bei uns zu wenig.«[45] Interessanterweise hat der handverlesene Kreis über Naumanns Rede geschwiegen, und Honecker erhielt erst Kenntnis über Naumanns Invektiven anlässlich seines Besuchs in Budapest durch eine Bemerkung des ungarischen Parteichefs János Kádár. Im Ausland von der Fronde gegen ihn zu erfahren dürfte Honecker nicht amüsiert haben, zumal der Ungar damit demonstriert hat, dass er mehr über interne Vorgänge in der DDR wisse als der Staats- und Parteichef Honecker. Naumann wird zum Rücktritt genötigt und bekommt eine Sinekure als wissenschaftlicher Mitarbeiter der Potsdamer Archivverwaltung. Er fällt sehr weich, aber er fällt. Literarisch schlägt allerdings der Machtkampf zwischen Hager und Naumann hohe Wellen, denn der Dichter Volker Braun publiziert kurz vor Naumanns Entmachtung 1985 seinen *Hinze-Kunze-Roman* im Mitteldeutschen Verlag. In der Tradition von Denis Diderots Roman *Jacques le fataliste et son maître* schickt Braun statt Herrn und Knecht einen SED-Funktionär und dessen Fahrer durch die DDR, wobei Hinze der Fahrer, Kunze der Funktionär ist. Das Vorbild für die Romanfigur Kunze gibt – für jeden Insider erkennbar – ebenjener Konrad Naumann ab. Der Verkauf des Buches wird sofort eingeschränkt, und in der *Berliner Zeitung* verreißt die Literaturwissenschaftlerin Anneliese Löffler, eine treue Bannerträgerin Naumanns, den Roman. Doch Naumanns Sturz reißt auch sie mit, und auch sie fällt weich.

Volker Braun gehörte zu den wichtigen Autoren der DDR, seine Stücke werden an den Theatern gespielt, vor allem das Parabelstück »Der Große Frieden«. Seine Gedichtbände, beispielsweise *Gegen die symmetrische Welt* und *Training des aufrechten Gangs*, erregen wegen ihrer Qualität und wegen ihrer kritischen Haltung Aufsehen. Volker Braun, Heiner Müller und Peter Hacks gehören zu den wichtigsten Dramatikern, auch wenn Hacksens Stern allmählich verblasst. Die Kämpfe um Brauns Roman und die Vorgänge um Naumanns Absetzung sind Thema bei den Germanisten, den Schriftstellern, bei den Künstlern allzumal.

Wichtige Debatten der Siebziger- und Achtzigerjahre drehen sich um das Erbe, vor allem um die Aufklärung, um die Einschätzung Martin Luthers und die Rolle Preußens in der Geschichte. Das Bild Preußens als militaristisches Schreckgespenst, als Hort der Reaktion macht dem Bild Preußens als aufgeklärter Monarchie, als Vernunftstaat Platz. Die DDR sieht sich als Erbin der deutschen Geschichte. 1979 erscheint die Biografie Friedrichs des

Großen von Ingrid Mittenzwei,[46] ein Jahr später wird das Reiterstandbild Friedrichs des Großen wieder Unter den Linden in Berlin aufgestellt. Diese sichtbare Veränderung im Stadtbild bleibt auch dem Kind Sahra nicht verborgen. Die Veränderung des Preußen-Bildes zeigt sich auf allen Ebenen. Der Lustspielautor Claus Hammel verfasst die Komödie »Die Preußen kommen«, die 1981 am Volkstheater Rostock uraufgeführt wird und 1986 am Maxim Gorki Theater reüssiert. In der Theaterkritik zur Berliner Aufführung heißt es: »Die tragende Idee und der Reiz der Komödie liegen im Gegeneinander-Abwägen der Verdienste und des Kritikwürdigen der großen Geschichtsfiguren.«[47]

Doch noch etwas anderes wird Sahras Welt erschüttern, eine Hoffnung, die plötzlich im Ostblock entsteht. Am 11. März 1985 wird Michail S. Gorbatschow zum Generalsekretär des ZKs der KPdSU gewählt. Sein unverkrampftes Auftreten, seine Reformvorstellungen, die auf den Prinzipien von Glasnost (Offenheit und Transparenz) und Perestroika (Umbau von Staatsapparat und Gesellschaft) gründen, haben zum Ziel, den Leninismus wiederherzustellen, zu den leninschen Normen zurückzukehren. Das begeistert auch Sahra Wagenknecht, zumal Lenin bald schon eine wichtige Rolle für sie spielen wird. Gorbatschows Erklärung für die Diskrepanz von Ideal und Wirklichkeit des real existierenden Sozialismus, dafür, weshalb auch die DDR so ist, wie sie ist, weshalb sie nichts »mit den Ansprüchen ..., die die Arbeiterbewegung einst hatte«, mehr gemein hat, weshalb »Marx' Vision und die DDR-Realität« laut der Oberschülerin Sahra Wagenknecht »relativ wenig miteinander zu tun«[48] hatte, lautet, dass die herrschenden kommunistischen Parteien den Leninismus vergessen haben und für die Reform des Sozialismus die Wiederherstellung der leninschen Normen unabdingbar sei. Wie sich jedoch bald schon herausstellen wird, ist es für eine Reform des Sozialismus, für einen zweiten Prager Frühling, der Gorbatschow geprägt hat,[49] längst zu spät. Doch das ahnen im Osten nur wenige. Auch die junge Sahra Wagenknecht verbindet mit dem Generalsekretär Hoffnungen. Zu den skurrilen Episoden dieser Jahre gehört, dass plötzlich der geheimste Mann der DDR, der Chef der Hauptabteilung Aufklärung des Ministeriums für Staatssicherheit, Markus »Mischa« Wolf, ins Licht der Öffentlichkeit gerät und wohl auch drängt, mit dem sich bald schon Hoffnungen verbinden. Gerüchte machen die Runde, dass zwei Männer am Sterbebett von Gorbatschows Vorvorgänger Juri W. Andropow standen, Michail S. Gorbatschow und Markus Wolf. Ein Ladenhüter, der *Sputnik*, der *Readers Digest* der sowjetischen Presse, wird auf einmal zur »Bückware«, man bekommt ihn plötzlich nur noch, wenn man rechtzeitig am Zeitungskiosk ist oder Beziehungen hat. Verbotene Bücher erscheinen, wie Anatoli N. Rybakows *Die Kinder des Arbat*, in der Sowjetunion, und Filme wie »Und morgen waren Krieg« finden plötzlich ein großes Publikum. Es kommt dazu, dass der sowjetischer Film »Die Reue« von Tengis Abuladse, der 1984 gedreht, dann aber verboten wird und erst auf Betreiben Schewardnadses 1987 seine Uraufführung erlebt, in Ostdeutschland nicht vorgeführt werden darf. Dafür strahlt ihn das ZDF im Oktober 1987 aus, sodass ihn jeder in der DDR sehen kann, wenn er nicht in Dresden lebt. Absurd, geradezu surreal ist, dass als Reaktion auf diese Ausstrahlung im *Neuen Deutschland* ein Verriss erscheint, eine Rezension also über einen Film, den die DDR-Bürger nach offizieller Ideologie hätten eigentlich gar nicht sehen können, weil ihnen das Hören und Sehen von Westsendern untersagt ist. Die Rezension entwickelt sich zum klassischen Eigentor.

Nachdem der *Sputnik* in Artikeln über Stalin die kanonisierte Geschichte der Arbeiterbewegung, besonders der Stalinzeit, und schließlich die Lügen in der offiziellen Geschichtsdarstellung in einem Artikel über den Hitler-Stalin-Pakt von 1939 bloßstellte, wurde die Auslieferung des *Sputniks* am 18. November 1988 verboten. Das Verbot des *Sputniks* steigert die wachsende Verbitterung. Es kommt zu Protesten.

5. STUDIERZIMMER

In dieser Situation möchte Sahra Wagenknecht Mitglied der SED werden, um für Reformen im marxistischen Sinne zu sorgen. Sie ist zum Ende der DDR erst 20 Jahre alt und als sie 1985 beginnt, sich mit der DDR, mit Goethe, dann etwas später mit Marx und Hegel auseinanderzusetzen, ein junges Mädchen von 15 Jahren. Die entscheidende Begegnung in ihrer Entwicklung findet im letzten Jahr der DDR statt. Sie hat den gesamten *Faust* gelesen und nach eigenen Angaben auch auswendig gelernt, und nicht nur ihn, sondern auch den *Werther* rezipiert. Goethe wird zu ihrem Koordinatensystem, zu ihrem Halt im Treibsand der politischen Entwicklung. Das erste philosophische Werk, das sie sich erarbeitet, ist Spinozas *Die Ethik*, das sie im Bücherschrank der Mutter findet. Möglicherweise die Reclam-Ausgabe aus den Siebzigerjahren, die von dem marxistischen Philosophiehistoriker Helmut Seidel, der übrigens die Rosa-Luxemburg-Stiftung mitbegründen wird, herausgegeben, von Jakob Stern 1888 übersetzt worden war und bis in die Achtzigerjahre mehrere Neuauflagen erlebt. Spinoza interessiert sie, weil sie auf den Namen des Philosophen in ihrer Goethe-Beschäftigung gestoßen ist. Auch in Wagenknechts Literatur- oder Staatsbürgerkundeunterricht kann durchaus der Name Spinoza gefallen sein, wenn der Lehrer so weit gegangen ist, die Schüler auf Goethes Weltanschauung, auf den Pantheismus aufmerksam zu machen oder wenn er den Unterschied zwischen Theismus, Deismus und Pantheismus erläutert hat. Der Zündstoff zur Zeit des Philosophen im 17. Jahrhundert, aber auch für Goethe noch im ausgehenden 18. Jahrhundert liegt in der Vorstellung Spinozas, die Natur mit Gott gleichzusetzen als Namen für ein unendliches Wesen, das in jeder Beziehung unendlich ist, zeitlich, räumlich und in seinen Erscheinungen, der eine Ordnung innewohnt. Ordnung ist für Goethe und für Wagenknecht ein zentraler Begriff. Gemäß dieser göttlichen oder natürlichen Ordnung zu handeln, nennt Spinoza Freiheit, zu tun, wofür man bestimmt ist. Für Spinoza ist die Freiheit an die Ordnung der Natur gebunden: »Dasjenige Ding wird frei heißen, das bloß vermöge der Notwendigkeit seiner eigenen Natur existiert und bloß durch sich selbst zum Handeln bestimmt wird.«[50] Im Beweis zum Lehrsatz 4 im vierten Teil schreibt der Amsterdamer Philosoph: »Das Vermögen, womit die Einzeldinge und folglich auch der Mensch sein Sein erhält, ist das Vermögen Gottes oder der Natur selbst [...], nicht insofern er unendlich ist, sondern sofern er durch das wirkliche menschliche Wesen ausgedrückt werden kann.«[51] Dass für Spinoza Gott letztlich nur ein anderer Name für Natur ist, definiert er gleich zu Beginn seiner Ethik: »Unter Gott verstehe ich das absolut unendliche Wesen, d. h. die Substanz, welche aus unendlichen Attributen besteht, von denen ein jedes ewiges und unendliches Sein ausdrückt«.[52] Diese Vorstellungen bringen dem sephardischen Philosophen den Vorwurf des Atheismus ein und führen zu seiner Verstoßung aus der jüdischen Gemeinde in Amsterdam. Mag auch später für Goethes Pantheismus die auf Spinoza zurückgehende Formulierung »deus sive natura« eine große Rolle, gerade für den zweiten Teil des *Faust*, gespielt haben, die Vorstellung der Allbeseeltheit, das berühmte »hen kai pan«, Spinozas Pantheismus, den Goethe sich anverwandelt, bietet Spinoza ihm aber am Anfang eine ganze andere Hilfe, die auch der jungen Sahra Wagenknecht in ihrem Studierzimmer gute Dienste leistet, und zwar dabei, sich selbst zu finden. Im 14. Buch von *Dichtung und Wahrheit* erinnert sich Goethe an den Beginn seiner Beschäftigung mit Spinoza: »Die alles ausgleichende Ruhe Spinozas kontrastierte mit meinem alles aufregenden Streben, seine mathematische Methode war das Widerspiel meiner poetischen Sinnes- und Darstellungsweise, und eben jene geregelte Behandlungsart, die man sittlichen Gegenständen nicht angemessen finden wollte, macht mich zu seinem leidenschaftlichen Schüler, zu seinem entschiedenen Verehrer … Noch war aber alles in der ersten Wirkung und Gegenwirkung, gärend und siedend.«[53] Es ist die Ordnung durch die Mathematik, die Kontrolle und auch Selbstkontrolle anbietet. Sie leuchtet Sahra Wagenknecht ein, die sich als Schülerin gern mit mathematischen Problemen beschäftigt; auch wird später ihre wirtschaftswissenschaftliche Dissertation[54] nicht ohne eine Neigung und ohne ein Talent für Mathematik auskommen. Allerdings wird dieser Wunsch nach Kontrolle und diese mathematische Schulung ihr den Weg zum Verständnis von Dichtung verstellen; sie scheint Dichtung rein ideologisch zu lesen, die Eigenheit des Ästhetischen, dass Dichtung Sprachform ist und gerade die Sprachform wiederum Bedeutung trägt, wird ihr fremd bleiben.

Goethe, der Stürmer und Dränger, der im jugendlichen Geniekult unterzugehen droht, zieht sich mit Spinozas »geregelter Behandlungsart« aus dem Wirrwarr der Gefühle und Exaltation. Es dreht sich darum, wie man Ordnung und Ruhe in das eigene Leben bekommt, wie man sein Leben der Leitung der Vernunft unterstellt und dem anarchischen Treiben der Affekte entzieht, wie man erwachsen oder bürgerlich wird. Für den stürmischen Jüngling Goethe, für den Goethe des »Werthers« wird die Affektbeherrschung zu einer Frage des Überlebens und schließlich der Lebensgestaltung. Das Mädchen Sahra, das keine Befriedigung in der Punkszene findet, nicht in Discos, nicht auf den Künstlerpartys, auf die sie ihre Mutter begleitet, das ein Faible für die Mathematik besitzt, eine Sehnsucht nach der Ordnung und Klarheit des Denkens, findet in Goethes Auseinandersetzung mit Spinoza ein interessantes und womöglich hilfreiches Modell. Spinozas trockene Ethik als ordo geometrico, Philosophieren also nach streng mathematischer Methode, wirkt ausgleichend und verhilft durch die vermeintliche Sicherheit der Logik zu einem Überlegenheitsgefühl, das deshalb altklug wirkt, weil es nicht durch Erfahrung unterlegt ist.

Goethe gedenkt noch einmal Spinozas Wirkung auf sich im 16. Buch von *Dichtung und Wahrheit:* »Ich erinnere mich noch gar wohl, welche Beruhigung und Klarheit über mich gekommen war, als ich einst die nachgelassenen Werke jenes merkwürdigen Mannes durchblättert.«[55] Als Beruhigung und Klarheit beschreibt Goethe die zivilisierende und kultivierende Wirkung, die Spinozas Denken auf ihn ausübt. Allerdings achtet er darauf, nicht in den sogenannten Spinoza-Streit zu geraten oder selbst gar des Atheismus verdächtigt zu werden. Und er hat allen Grund dazu, auf der Hut zu sein. Er selbst hatte im sogenannten Atheismusstreit Stellung gegen den Philosophen Johann Gottlieb Fichte bezogen, der in Jena lehrte und dadurch in dem Amtsbereich des Ministers Goethe geriet. Goethe ist Politiker und Staatsmann. Er ist nicht der versonnene Bastler an einem Kunstwerk seines Lebens, zu dem ihn Safranski hinschreibt, sondern Politiker, Minister und eben auch Dichter. In seinem Brief an seinen Schwager Schlosser räumt Goethe zwar mit Blick auf Fichte ein, an dessen Entlassung er nicht vollkommen unschuldig ist: »Er ist gewiss einer der vorzüglichsten Köpfe, aber wie ich selbst fürchte, für sich und die Welt verloren.« Um schließlich in diesem persönlichen Brief zu dem Fazit zu kommen: »Und ich für meine Person gestehe gern, dass ich gegen meinen eigenen Sohn votieren würde, wenn er sich gegen ein Gouvernement eine solche

Sprache erlaubte.«[56] Schon Goethes Rolle und Verhalten im Atheismusstreit und diese Briefstelle belegen, wie grundfalsch die These Safranskis in seiner Goethe-Biografie ist, die Sahra Wagenknecht in ihrer Rezension für die *FAZ* in den Himmel loben wird,[57] von Goethes »Kunstwerk des Lebens« zu sprechen. Wie Wagenknecht zu dieser Fehleinschätzung kommen muss, wird aus der Art ihrer Beschäftigung mit Goethe verständlich.

Neben Goethe beginnt sie in der 11. und 12. Klasse, immer größere Lesepensen zu bewältigen. Sie wagt sich an Hegel. Dass sie mit Hegels Ästhetik beginnt, ist verständlich. Nicht alles, was sie liest, versteht sie. Doch sie taucht peu à peu in ein System ein, tiefer und immer tiefer, das sie dadurch immer weniger von außen zu sehen vermag. Hegels Art und Weise zu philosophieren, was Marx von ihm übernimmt, bietet auch eine Imprägnierung gegen Fragen an die eigenen Grundlagen, mit anderen Worten für jene Art von Rechthaberei, die dann bei Marx, Engels und Lenin noch moralisch abgesichert wird, die man im ideologischen Sinne Weltanschauung nennen kann, oder wie es im Marxismus heißt: wissenschaftliche Weltanschauung. Doch wer sich penetrant auf *die Wissenschaft* beruft, hat sie schon verloren, denn er meint Ideologie, die nur wie Wissenschaft aussieht.

Das Mädchen Sahra ist klug, intelligent und auch ehrlich genug zu sich selbst, um nur allzu deutlich bei jedem Satz, den sie liest, zu merken, dass sie zu wenig von Hegels System weiß; doch sie resigniert nicht, sondern das ist im Gegenteil genau ihr Ansporn. Sie will es wissen! Denn durch diese Beschäftigung kann sie immer mehr von dem, was andere nicht können. Wenn sie dann doch mal tanzen geht und ein Junge sie auffordert, wird berichtet, dann bekommt er den Tanz nur, wenn er zuvor ein Goethe-Gedicht aufsagen kann. Selbst wenn diese aphoristische Reminiszenz nicht ganz stimmen sollte, erzählt sie dennoch zutiefst Wahres über die Welt der nach heutigen Begriffen Gymnasiastin Sahra Wagenknecht, erzählt es, wie ihre Überlegenheitsgefühle entstehen und sich zum Wesenszug abkühlen: etwas können, was andere nicht können.

Um Hegel zu verstehen, greift sie zu dessen *Wissenschaft der Logik*. Hegels Logik allerdings dürfte das Schwierigste sein, was sie auswählen konnte. Ohne Grundlagen, ohne Anleitung ist diese Lektüre nicht zu bewältigen. Doch sie gibt nicht auf. Warum sie nicht zur *Phänomenologie des Geistes* greift, ein Werk, das auch mit Blick auf ihre *Faust*-Studien naheliegender ist und das gemeinhin als philosophisches Pendant zur *Faust*-Dichtung gilt, mag an den Schwierigkeiten in der DDR liegen, sich die entsprechenden Texte zu besorgen. Hegels *Wissenschaft der Logik* hingegen war antiquarisch leicht in der zweibändigen Meiner-Ausgabe zu beschaffen, aber natürlich verspricht der Titel die Begegnung und die Einführung in das Denksystem Hegels, zumal sie durch die Affinität zur Mathematik ohnehin ein solides Grundvertrauen zur Logik besitzt. Und sie hat erste Erfahrung mit der Logik durch die Lektüre Spinozas gemacht, denn Spinozas rationalistische Methode besteht im ordo geometrico, also in der Logik. Und noch eins tritt unterschwellig, nicht aber weniger wichtig hinzu: Wer sich mit Logik beschäftigt, sichert sich ab gegen das Chaos, das wir gemeinhin Leben nennen. Wenn Geschichte letztlich in dem steten Versuch besteht, das Chaos, das die Menschen täglich produzieren, zu ordnen, so sichert Logik gegen alle Verunsicherungen ab, freilich um den Preis von Bereichen der Wirklichkeitswahrnehmung. Logik schließt nicht nur ein, Logik schließt auch aus. Doch Sahra Wagenknecht sucht wie jeder Adoleszente nach sich und nach der Welt, danach zu verstehen, wie die Welt ist und wo sich der eigene Platz in ihr findet. Für manche ist das einfacher, da erklimmt diese Frage nicht die Höhen intellektueller Reflexion, sondern ist bereits durch Neigung oder Herkunft oder Tradition präfiguriert, vielleicht auch durch Sehnsucht auf intuitiver, also auf präreflexiver und gänzlich unphilosophischer Ebene gelöst, aber nicht so bei ihr. Andere lesen, andere versuchen sich in der Recherche nach sich im Verfassen von Gedichten, Erzählungen, wenige auch in Dramen; so auch Sahra Wagenknecht, die sich, durch Goethes *Faust* angeregt, vor allem in Dramen und in der Philosophie auf die Suche begibt. Aber sie ist allein, immer weniger können die Lehrer ihr dabei helfen.

1987 fasst sich die noch 17-jährige Schülerin, die nicht nur für ihr Abitur paukt, sondern auch Mitglied der Goethe-Gesellschaft ist, deshalb ein Herz und schreibt, nein tuscht einen langen Brief an den Dichter Peter Hacks. Was sie zu ihm zieht, ist nicht nur, dass er sich unter den Dichtern als der beste Goethe-Kenner in Szene setzt, sondern dass er sich als Vollender Goethes in der entwickelten sozialistischen und vor allem postrevolutionären Gesellschaft der DDR definiert, die seiner Meinung nach dringend einer neuen Klassik mit ihm als Klassiker bedarf. In der DDR entdeckt er im gleichen Maße, wie er sich selbst als Goethe der DDR inauguriert, einen historischen Wiedergänger des Herzogtums Sachsen-Weimar-Eisenach, ein kleiner Staat übrigens, nicht allzu prosperierend im ständigen Widerstreit zwischen Anspruch und Wirklichkeit. Sich selbst begreift er als neuen Goethe dieses neuen Zwergenstaates mit Riesenanspruch. Der zentrale Begriff, der Hacks und Wagenknecht verbindet – bei Wagenknecht zu diesem Zeitpunkt eher noch intuitiv als bewusst –, lautet: Ideal und weiter Idealität.

Nach einer präzisen Beobachtung des Germanisten Rüdiger Bernhardt ist bei Hacks an die Stelle der Utopie das Ideal getreten.[58] Spätestens seit dem Welterfolg seines Ein-Personen-Stücks »Ein Gespräch im Hause Stein über den abwesenden Herrn von Goethe«, das 1976 erscheint, hat Hacks seinen Anspruch auf die Goethe-Nachfolge angemeldet und auf die Bühne gestellt. Geschrieben hat er das Stück, das in der Form kein Gespräch, kein Dialog, sondern ein Monolog ist, für seine damalige Geliebte, die Schauspielerin Karin Gregorek. Und so findet auf der zweiten

Ebene »Ein Gespräch im Hause Gregorek über den abwesenden Herrn Hacks« statt. Nur leider fehlt das »von«. Er selbst sieht sich inzwischen auch ohne »von« als Goethes Nachfolger auf dem Thron der Klassik, allerdings einer sozialistischen Klassik. In seiner Rede vor der Goethe-Gesellschaft »Über eine Goethe'sche Auskunft zu Fragen der Theaterarchitektur« 1982 behauptet Hacks vollmundig: »Ich halte dafür, daß Shakespeare und Goethe in keinem Punkt von Belang irrten.«[59] Diese an sich unsinnige These formuliert aphoristisch kurz den Anspruch, den Hacks an sich selbst als Klassiker der sozialistischen DDR stellt, nämlich selbst in keinem Punkt von Belang zu irren. Der Einzige, der sich in keinem Punkt von Belang irrt, ist Gott, aber den meint Hacks nicht.

An diesen Mann schreibt die Schülerin, die inzwischen in zwei Welten lebt, in der späten DDR und in der Goethe-Zeit. Sie ist dabei, ihre eigene Welt zu erschaffen. Und sie beginnt, sie zu kreieren, weil sie sich nicht in der realen Welt verlieren will. Vieles in dieser entstehenden Wagenknecht-Welt ist noch geliehen wie entliehen, kommt aus dem Bereich der Literatur und der Philosophie, nicht aus dem des Lebens, so auch ihre Schrift und so auch ihr Stil. Sie versieht die deutschen Grapheme mit weichen, geradezu über das Schriftbild wehenden Wellenlinien, um so die persische Schrift nachzuahmen. Auf grafischer Ebene erinnert das an Goethes Unterfangen auf poetischer Ebene im *West-östlichen Divan*. 1814 hatte Goethe den Dīwān des Hafis in der Übersetzung des verdienstvollen Orientalisten Joseph von Hammer-Purgstall gelesen. Und Wagenknecht hat in ihrer Beschäftigung mit dem Persischen und in Gedanken an den fernen, fremden Vater auch Goethes Verse sicher mit Begeisterung aufgenommen:

»Wer sich selbst und Andre kennt,
Wird auch hier erkennen:

Orient und Occident
Sind nicht mehr zu trennen.
Sinnig zwischen beiden Welten
Sich zu wiegen lass‹ ich gelten;
Also zwischen Ost und Westen.«[60]

Es ist mit Sicherheit überzogen in psychoanalytischer Manier in den persisch anmutenden Buchstaben die Sehnsucht nach dem verlorenen Vater, die Kompensation eines frühen Verlusts deuten zu wollen. Auf weniger pathetischer, sondern rationaler Ebene hat sie längst in der auch persischen Abkunft ein inzwischen willkommenes Distinktionsmerkmal entdeckt. Anders-Sein, etwas sein, was andere nicht sind, muss keinen Makel bedeuten, sondern kann auch zum Vorzug gereichen. Es gibt viele Arten, aus der Konformität des Systems auszubrechen, und sie werden auch genutzt und kultiviert.

In den Achtzigerjahren hatte es schließlich Heiner Müller, in dem Peter Hacks inzwischen seinen ärgsten Widersacher sehen will, geschafft, wirklich der wichtigste deutsche Theaterautor zu werden. Peter Hacks aber, der sich selbst bis zu seinem Lebensende für inkommensurabel, allenfalls vergleichbar mit Goethe halten wird, bleibt nur Häme und Groll übrig. Die Geschichte besitzt auch einen eigenen, sehr traurigen Sound. An diesen Peter Hacks schreibt nun die Schülerin der Erweiterten Oberschule (EOS), an den besten Goethe-Kenner der DDR, wie sie findet, der auch noch ein bedeutender Dichter ist, wie sie meint, mit klopfendem Herzen, den Stil der Goethezeit minutiös und elaborierend, aber nicht ohne höchst intelligentem Hintersinn nachahmend: »Sehr verehrter Herr Hacks! Von der Gewalt, die alle Wesen bindet, befreit der Mensch sich, der sich überwindet.« Die Auswahl der Goethe-Zeile zu Beginn ist höchst erstaunlich und erzählt viel über Sahra Wagenknecht, denn das Zitat stammt nicht aus den bekannteren Werken Goethes, sondern aus den unbekannteren. Mit seiner Wahl weist man sich sofort als Adept aus. Sie besitzt die Klugheit zu wissen, dass sie dem »sehr verehrten Herrn Hacks«, dem »lieben Goethefreund«, wie es wenig später im Brief heißen wird, nicht mit einem Allerweltszitat des Groß-Klassikers kommen darf, nicht mit den allseits bekannten Versen, die auch für einen Glückskeks Verwendung finden könnten, wenn sie seine Aufmerksamkeit erregen will. Und das will sie offensichtlich, zumal sie sich nach intellektuellem Austausch sehnt. Darauf jedenfalls ist der Brief angelegt, wie eine Analyse des Textes von Wort, Stil und Kalligrafie zweifelsfrei belegt. Das Zitat, mit dem sie den Brief eröffnet, findet sich als Kernsatz etwa in der Mitte des Fragments *Die Geheimnisse*. Vielleicht hat sie das Fragment gelesen, weil der Titel *Geheimnisse* verlockend klingt, vielleicht will sie dadurch auch eine Aura des Geheimnisvollen für sich reklamieren.

Im Mittelpunkt des Fragments steht ein diskreter Orden der Edelsten und Klügsten, dessen Anführer nicht umsonst den Namen Humanus trägt. Goethe begann die Arbeit an der Dichtung 1784 und brach sie 1785 ab. Sie steht im Zusammenhang mit seiner Mitgliedschaft im Geheimen Orden der Illuminaten. Sowohl Johann Wolfgang von Goethe, seit 1782 durch Kaiser Joseph II. geadelt, als auch Johann Gottfried Herder traten 1783 in die von Adam Weishaupt gegründete Geheimgesellschaft ein. Der Dichter hatte für sich den Decknamen Abaris, der Generalsuperintendent passend zu seinem Amt den Decknamen Damasus Pontifex gewählt. Doch bald schon stellten Goethe und Herder fest, dass ebenjenes versprochene Geheimwissen ihnen nicht zuteilwird. Ehrlich gesagt, hatten sie auch nicht allzu viel erwartet. Freimauer, gar Illuminat zu sein war Ende des 18. Jahrhunderts le dernier cri, auch Könige und Fürsten gehörten den Geheimgesellschaften an, beispielsweise Friedrich der Große den Freimaurern und Goethes Chef, Herzog Karl August, wie sein Minister den Illuminaten.

Johann Gottfried Herder veröffentlichte den ersten Teil seiner *Ideen zur Philosophie der Geschichte der Menschheit*, an deren Entstehung Goethe regen Anteil nahm, 1784, also in dem Jahr, in dem Goethe mit der Arbeit an den *Geheimnissen* begann. Am 10. Mai 1784 schrieb Herder an den Freund Johann Georg Hamann, den »Magus des Nordens«, wie ihn Freunde und Bewunderer nannten, nach Königsberg: »Keine Schrift in meinem Leben habe ich unter so vielen Kümmernissen u. Ermattungen von innen u. Turbationen von außen geschrieben, als diese; so daß wenn meine Frau, die eigentlich Autor autoris meiner Schriften ist u. Göthe, der durch einen Zufall das erste Buch zu sehen bekam, mich nicht unabläßig ermuntert u. getrieben hätten, alles im αδης (Hades – der Autor) der Ungebohrnen geblieben wäre.«[61] Bis zum Juni 1785 arbeitete Herder am zweiten Teil der Ideen, die sogleich erscheinen. Goethes Dichtung wurde von Herders Ideen inspiriert. Im Mittelpunkt der *Geheimnisse* steht die Bruderschaft, zu der ebenjener Pilger Markus stößt. Die Bruderschaft lebt in einem Kloster fernab der Zivilisation. Der Prior der Bruderschaft, Humanus, hat zwölf Männer erwählt, »mit denen er sämtlich im Laufe der Zeiten in Berührung gekommen« war, die über die »verschiedensten Denk- und Empfindungsweisen, welche in dem Menschen durch Atmosphäre, Landstrich, Völkerschaft, Bedürfnis und Gewohnheit« gebildet wurden, Auskunft erteilen können.[62] In den zwölf Bundesmitgliedern zeigt sich jede Religion in ihrer »höchsten Blüte«, sodass »man jede Anerkennung Gottes und der Tugend, sie zeige sich in noch so wunderbarer Gestalt, doch immer aller Ehren, aller Liebe würdig gefunden haben müsste«.[63] Was Herder skizziert und woran Goethe letztlich in der Ausführung als Dichtung gescheitert ist, weil es eben zu viel Herder und zu wenig Goethe war, ist genau das, was Hegel wenig später in der Philosophie, beginnend mit der *Phänomenologie des Geistes* als System und in der Denkfigur der absoluten Idee ausarbeiten sollte. Doch genau damit schlägt sich die junge Sahra Wagenknecht herum, Hegels System, den Gang der Idee durch das Denken und durch die Geschichte, zu verstehen.

Interessant ist das Fragment in zweierlei Hinsicht, zum einen mit Blick auf Herders und Hegels Philosophie und zum zweiten auf die *Faust*-Dichtung. Die Wurzeln für Goethes Pantheismus finden sich eben nicht nur bei Spinoza, sondern in dem, was Wilhelm Dilthey »religiös-universalistischen Theismus« nennt, sowohl im Neuplatonismus bis hin in den Hermetismus, der sich u. a. in der Vorstellung vom Erdgeist in *Faust I* ausdrückt. Goethes starke naturwissenschaftliche Interessen, die u. a. bezüglich der Entstehung der Gebirge im *Faust II* breit diskutiert werden, ein Modethema der Zeit, werden auch durch die Vorstellung der Allbeseeltheit der Natur motiviert, ebenso durch esoterische, durch die Geheimwissenschaften, die ihm seit frühester Jugend vertraut sind. Die Idee, dass Gott in der Natur und in allen Vorstellungen aller Völker wirkt, dass, so unterschiedlich auch die Religionen in Dogma und Kultus sein mögen, sie doch Werk des einen Gottes sind, finden sich im Neuplatonismus der Florentiner Renaissance bei Giovanni Pico della Mirandola, Cristoforo Landino und Marsilio Ficino. In der späten Renaissance- und frühen Barockphilosophie werden diese Vorstellungen in die Pansophie, in die Allweisheitslehre überführt, die vor allem von Gelehrten wie Paracelsus, Johannes Kepler in der *Weltharmonik* und Johann Valentin Andreae weiterentwickelt wurde. Im ersten Jahrzehnt des 17. Jahrhunderts hatte sich in Tübingen ein Freundeskreis außerordentlicher Männer gebildet, in dem die Rosenkreuzer-Manifeste entstanden. Mittelpunkt war der Pansoph, Arzt und Alchemist Tobias Hess. Der in Nürnberg geborene Wissenschaftler beschäftigte sich zunächst mit der Theologie, dann mit der Rechtskunde, schließlich mit der Medizin und Alchemie. Auch ein Vorbild für Goethes *Faust*. Um sich herum versammelte er die hellsten protestantischen

Köpfe der Universität. Dazu gehörten der Theologe und Philosoph Christoph Besold und der Student der Theologie Johann Valentin Andreae, der sich an Tobias Hess im Alter so erinnert: »Wir glaubten an den paradoxen Geist von Tobias Hess und an ich weiß nicht was für ein goldenes Zeitalter und an was für eine neugierige Berechnung des Jüngsten Gerichts.«[64] Diese Bemerkung des alten Andreae ist in mehrfacher Hinsicht aufschlussreich. Als der junge Andreae Tobias Hess kennenlernte, wahrscheinlich sogar im Elternhaus, war Hess bereits ein gestandener Mann Ende vierzig. Mit Andreaes Vater führte er gemeinsam alchemistische Experimente durch, denn den größten Teil seines Lebens hatte er nach den Mitteln gesucht, mit denen diese elende und verstockte Welt zu verbessern wäre. Man muss sich Tobias Hess ein wenig wie Goethes Doktor Faust in der Studierzimmerszene vorstellen. Das erste Rosenkreuzer-Manifest, die *Fama fraternitatis*, die nichts Geringeres anstrebte als eine *Allgemeine und General Reformation der gantzen weiten Welt. Beneben der Fama fraternitatis Deß Löblichen Ordens des Rosenkreutzes/an alle Gelehrte und Häupter Europae geschrieben*, erschien als zweiter Teil, wenn man so will, als eine Art Anhang zu einer Übersetzung der Staatssatire *Ragguagli di Parnasso* des italienischen Spötters Trajano Boccalini. Die drei Rosenkreuzer-Schriften – die *Fama fraternitatis*, die *Confessio Fraternitatis Oder Bekanntnuß der löblichen Bruderschaft deß hochgeehrten Rosen Creutzes an die Gelehrten Europae geschrieben* und schließlich die *Chymische Hochzeit* entstanden im Kreis um Tobias Hess in der Zusammenarbeit von Hess, Besold und Andreae. Bevor sie 1614, 1615 und 1616 gedruckt erschienen, machten die Manifeste als Handschriften bereits die Runde und elektrisierten die Öffentlichkeit. Ein Geheimbund, der angetreten war, die Welt zu reformieren, und der die höchsten Ziele propagierte, der aus den edelsten Männern, die die Welt je gesehen hat, bestand, erschien den einen als Retter und den anderen als Teufel. Goethe war seit seiner Jugend mit dieser Tradition vertraut, und ohne sie wäre auch nicht der *Faust* entstanden. Deutlich heißt es in Anspielung auf den Rosenkreuzer-Orden in den *Geheimnissen*:

»Er fühlet neu, was dort für Heil entsprungen,
Den Glauben fühlt er einer halben Welt;
Doch von ganz neuem Sinn wird er durchdrungen
Wie sich das Bild ihm hier vor Augen stellt;
Es steht das Kreuz mit Rosen dicht umschlungen.
Wer hat dem Kreuze Rosen zugesellt?
Es schwillt der Kranz, um recht von allen Seiten
Das schroffe Herz mit Weichheit zu begleiten.«[65]

Nicht nur, dass die späteren Rosenkreuzer als Gold- und Rosenkreuzer eine eigene Geheimbundwelt und ein Konkurrenzunternehmen zur Freimaurerei darstellten und die Konventikel der Gold- und Rosenkreuzer zur Goethe Zeit reüssierten, sie hatten auch Adam Weishaupt zur Gründung des Illuminatenordens inspiriert. Kenntnis über die frühen Rosenkreuzer dürfte Goethe über die Schriften Samuel Richters, der sich Sincerus Renatus nannte, bekommen haben. Wichtig ist das insofern, als dass Richters theosophische Vorstellungen und Goethes Lucifer-Mythos sich berühren und jedes Wort über Mephisto im *Faust* sich selbst infrage stellt, wenn es in Unkenntnis über die Aspekte der Genesis des Lucifer-Mythos bei Goethe gesprochen wird.

Das Zitat nun, mit dem Sahra Wagenknecht den Brief eröffnet, spielt demzufolge auf Hegel und Herder, aber zugleich auf Johann Valentin Andreae, auf Tobias Hess und damit letztlich auf den Faust-Stoff und die esoterische Tradition an, die Geheimwissenschaften, die Hermetik, wovon man freilich in Safranskis Goethe-Biografie, die Wagenknecht später über den grünen Klee loben sollte, wenig Profundes erfährt.

Das Mädchen schreibt sodann in ihrem Brief im Anschluss an das Neugier erregende Goethe-Zitat weiter ganz im Stil von Goethes Jugenderfolg, dem Briefroman *Werthers Leiden*. Wieder weist sie sich dem lieben Goethefreund gegenüber als Goethe-Kennerin aus: »In diesem Sinne nehme ich nun die Feder zur Hand, Ihnen, lieber Goethefreund, einige Zeilen zu schreiben. Verzeihen Sie die Kühnheit dieser Blätter, Ihre wertvollen Minuten zu stehlen; allein es bleibt mir nur die Hoffnung, sie mögen Ihnen gar nicht vergeudet erscheinen. Ich habe tausend Fragen an Sie, mit welchen ich Sie freilich jetzt nicht langweilen möchte, vor allem aber habe ich eine große Bitte!« Hier tritt der eigentliche Zweck des Briefes deutlich hervor, es sind tausend Fragen, als Synonym für unendlich viele Fragen, die sie ihm stellen möchte, Fragen, die nicht eines Gesprächs, sondern vieler Gespräche bedürfen. Sie spürt die Kühnheit dieses Ansinnens und unterstreicht ihren Wunsch noch durch eine Demutsgeste ganz im Stil des 18. Jahrhunderts. Das ist schon gekonnt – nicht ohne Kühnheit, nicht ohne Witz, ein wenig dreist auch, doch wird diese Dreistigkeit durch den Charme der Jugend aufgehoben: »Doch was bin ich verwirrt ... Welche Unart, einen Brief sogleich mit der Bitte zu beginnen, und nun gar, wenn der Empfänger ein bedeutender Mann ist, welcher wohl bald die Lust verlieren wird, seinen dichterischen Geist mit diesem sprachlichen und inhaltlichen Durcheinander zu inkommodieren. Doch ich bitte Sie, haben Sie ein wenig Geduld – schon bin ich gefasster, und nun soll es geordnet weitergehen. Ich merke wohl, völlig vergaß ich, Ihnen, mich vorzustellen. Daß Sie aber ein klein wenig ein Bild von dem Urheber dieser Wirrnis erhalten, sei dies nun nachgeholt ...«

Interessant ist, dass an dieser Stelle, an der sie sich, ihre reale Existenz, vorstellt, ein deutlicher Stilbruch erfolgt, wie sie den Stil der Goethe-Zeit verlässt. Verglichen mit dem Vorangegangenen, fährt sie geradezu schnörkellos und nüchtern fort: »Mein

Name ist Sahra Wagenknecht, und ich erlebe jetzt mein 17. Jahr. Zurzeit besuche ich die 12. Klasse, nach deren Ende ich Kulturwissenschaft studieren möchte. Ich interessiere mich für die bildende Kunst, Philosophie, Mozart, Beethoven und vieles mehr – vor allem aber für Literatur, für Klassik!«[66] Die Abiturientin will den »bedeutenden Mann« für einen Abend in der Goethe-Gesellschaft gewinnen. Vordergründig. Denn eigentlich will sie mehr, sie will ihn für sich interessieren, sie hofft nicht nur auf einen Gesprächspartner, sie hofft auf jemanden, der ihr auf ihren Weg hilft, der Anleitung gibt. Sie sucht geistige Führung. Ihre Hoffnung sollte sich mehr als erfüllen.

Allerdings bereitet ihr die Verwendung des elaborierten Stils keine Mühe, denn sie hat sich ganz in die Goethezeit eingefühlt. Wie Goethe liest und schreibt sie am Stehpult; ihre Kleidung richtet sie, so gut es geht, nach dem Stil der Goethezeit aus. Doch sie verschwindet nicht ganz in diese andere Zeit, sondern beobachtet sehr wach die Entwicklung in der DDR. Sie hofft auf Gorbatschows Reformen, möchte in die SED eintreten, um diesen Staat im Sinne des Sozialismus zu reformieren. Beides aber, das hohe Interesse an Goethe und an der Entwicklung des Sozialismus, beides, was sich in dem klassischen Begriff des Ideals vereinigt, bewegt auch Peter Hacks, an den sie geschrieben hat. Sie hat die Ähnlichkeit gespürt, geahnt, erhofft.

6. »ARMES, SCHÖNES DING«

Am 3. November 1987 antwortet Peter Hacks Sahra Wagenknecht maschinenschriftlich: »Mein Fräulein, schreiben Sie mir doch bitte nicht mehr auf Persisch.« Was nur heißen kann, schreiben Sie mir gern weiter. Die Begründung für die Bitte der Verwendung einer anderen Schrift ist pragmatisch: »Es sieht sehr schön aus. Aber es ist schwer zu lesen. Ich werde sicher für die Goethe-Gesellschaft nicht arbeiten mögen: mich kostet genug Kraft, für Goethe zu arbeiten. Im Augenblick bin ich überhaupt krank. Aber ich bedanke mich für die gute Meinung, die Sie von mir haben. Man kann mich nachmittags anrufen.«[67] Der letzte Satz ist der berühmte Wink mit dem noch berühmteren Zaunpfahl. Hacksens Neugier ist geweckt. Sie soll ihm nicht nur schreiben, besser noch, sie ruft ihn an. Er will sich ein Bild machen von der Person, bei der Alter und Schreibstil in so krassem Gegensatz zueinander stehen.

Sahra Wagenknecht ist 18 Jahre alt, als sie die Antwort von Peter Hacks in den Händen hält, er 59, als er sie in die Maschine tippt. Der Dichter ist also nicht uninteressiert, das »Fräulein« kennenzulernen, das ihm im elaborierten Stil und mit exotischer Handschrift, die ein Interesse an Kalligrafie verrät, diese lange Epistel schickte. Mehr noch, es gibt etwas, was sie verbindet, dass sowohl Peter Hacks als auch die Schülerin ihre Erfahrungen aus der Gegenwart und ihre Vorstellungen von morgen »in vollkommenen Formen von gestern ausdrücken«, wie der Germanist Rüdiger Bernhardt treffend über den Dichter bemerkte. Diese Form »von gestern« signalisiert ein ähnliches Interesse. Der Brief erreicht Hacks in einer Situation, in der seine Popularität zu schwinden beginnt, auch wenn er sich von Jahr zu Jahr für bedeutsamer hält – und Sahra Wagenknecht senkt zudem deutlich den Altersdurchschnitt seiner Fans. Es kommt hinzu, dass dieser Brief in jeder Hinsicht einzigartig ist, in Kalligrafie, in Stil, und in der verblüffenden Goethe-Kenntnis des jungen Mädchens. Sie mag ihm vorkommen wie die Katharina aus seinem 1983 verfassten Stück »Barby«, insofern er sich für Barby hält.

Peter Hacks, 1928 in Breslau geboren, siedelte 1955 von München in die DDR nach Berlin Ost über. In München war er mit einer Arbeit über das Theater des Biedermeier zum Dr. phil promoviert worden, hatte für den Rundfunk gearbeitet und war im Kabarett mit seinen Texten aufgetreten. 1954 erhielt er für sein Stück »Eröffnung des indischen Zeitalters« den Dramatiker-Preis der Stadt München. In Berlin arbeitete er zuerst für Brechts Berliner Ensemble, dann ab 1960 als Dramaturg für das Deutsche Theater.

Nach dem Bau der Mauer, der von vielen ostdeutschen Schriftstellern sogar begrüßt wurde, weil man sich der Illusion hingab, dass man nun frei arbeiten und diskutieren darf, weil man den Klassenfeind und seinen Störversuchen eine Mauer vorgesetzt hatte, endete mit dem Sturz Chruschtschows und der Machtergreifung Breschnews in Moskau und mit dem Aufstieg Erich Honeckers auch in Berlin das Tauwetter. Peter Hacksens Gegenspieler Heiner Müller mag das geahnt haben, jedenfalls sagt der Brigadier Barka, in dem stante pede verbotenen Stück »Der Bau«: »Gratulation zum Schutzwall. Ihr habt gewonnen eine Runde, aber es ist ein Tiefschlag. Hätt ich gewusst, dass ich mein eigenes Gefängnis bau hier, jede Wand hätt ich mit Dynamit geladen.«[68] Walter Ulbricht und Otto Gotsche sehen die Mauer nicht als »Schutzwall« für den sozialistischen Aufbau, der 1963 vom VI. Parteitag beschlossen wurde, sondern als Mauer, an denen sie die inneren Feinde »zerquetschen« wollten. Mit dem Beschluss, »den Sozialismus als einheitlichen sozialen Organismus, als *entwickeltes gesellschaftliches System* zu gestalten«[69]auf dem VII. Parteitag 1967 verabschiedete man sich allerdings auch vom Kommunismus, wurde die Utopie aufgegeben, die noch eine Weile in Ulbrichts »sozialistischer Menschengemeinschaft« ihr Exil fand, weil nun eine eigenständige Gesellschaftsformation zwischen Kapitalismus und Kommunismus eingeschoben wurde. 1967, im Jahr des VII. Parteitag, der den Übergang vom Neuen Ökonomischen System der Planung und Leitung (NÖSPEL) zum Ökonomischen System des Sozialismus (ÖSS) beschloss, in dem die Eigenverantwortung der Betriebe gestärkt werden sollte, schrieb Ulbricht, dass »der Sozialismus nicht nur eine kurzfristige Übergangsphase in der Entwicklung der Gesellschaft ist, sondern eine relativ selbstständige sozialökonomische Formation in der historischen Epoche des Übergangs vom Kapitalismus zum Kommunismus im Weltmaßstab«.[70] Peter Hacks sah darin den Gipfel der Weisheit, denn er hielt den Kommunismus für real unerreichbar, aber für desto wichtiger als Ziel, als Ideal, zu dem man unterwegs sein müsse. Darin besteht der tiefere Sinn des Wechsels von der Utopie, für die Heiner Müller und Volker Braun standen, zum Ideal, denn das Ideal schließt die Möglichkeit seiner Verwirklichung aus, während die Utopie vollständig realisiert werden kann. Für Müller, einen Gedanken von Karl Marx aufnehmend, lebt der Mensch bis zum Kommunismus in der Vorgeschichte, weil erst mit dem Kommunismus die Geschichte der Menschheit beginnt. Deshalb sagt auch der Brigadier Barka in seinem Stück »Der Bau«: »Mein Lebenslauf ist Brückenbau. Ich bin/Der Ponton zwischen Eiszeit und Kommune.«[71] Bei Marx liest sich das im Vorwort von *Zur*

Kritik der politischen Ökonomie so: »Die bürgerlichen Produktionsverhältnisse sind die letzte antagonistische Form des gesellschaftlichen Produktionsprozesses, antagonistisch nicht im Sinn von individuellem Antagonismus, sondern eines aus den gesellschaftlichen Lebensbedingungen der Individuen hervorwachsenden Antagonismus, aber die im Schoß der bürgerlichen Gesellschaft sich entwickelnden Produktivkräfte schaffen zugleich die materiellen Bedingungen zur Lösung dieses Antagonismus. Mit dieser Gesellschaftsformation schließt daher die Vorgeschichte der menschlichen Gesellschaft ab.«[72]

Peter Hacks tauscht die Utopie gegen das Ideal aus. Das Ideal ist nicht das Ziel, sondern es ist als Maßstab für die Praxis gedacht. Am klassischen Ideal hat sich alles zu bemessen. Ein großes Ziel im Sinne einer Utopie zu haben, das man erreichen will, hielt Peter Hacks für sinnlos. Doch unterlief ihm mit dieser Überlegung – wider Willen und ohne es selbst zu bemerken – die Transzendierung des Kommunismus, nämlich den Kommunismus in eine religiöse Angelegenheit zu verwandeln, indem er, weil er niemals zu erreichen war, einerseits zum Reich nicht von dieser Welt wurde. Das Problem bestand allerdings nun darin, dass man in das christliche Paradies nach dem Tode eingehen konnte, doch da Hacks andererseits nicht an ein Leben nach dem Tode glaubte, blieb das kommunistische Paradies für den Gläubigen sowohl zu Lebzeiten als eben auch erst recht nach dem Tode verschlossen, denn alles, was der Mensch haben konnte, hatte sich im Leben zu ereignen. Im Leben wird kein Kommunismus geschehen. Erlösung war also nicht möglich. Eine Ersatzerlösung bietet nur die Ideologie, nur die Spannung zu einem Ideal aufzubauen und sich an der Idealität des Ideals zu erfreuen. Oder wie es in *Faust II* heißt: »Zum Augenblicke dürft ich sagen«, und zwar, wenn die Idealität zur Realität wird, »Verweile doch, du bist so schön ... Im Vorgefühl von solchem hohem Glück/Genieß' ich jetzt den höchsten Augenblick.«[73] Die Pointe lautet, dass es immer »Vorgefühl« bleiben wird, dichter an das Ideal als zu einem Vorgefühl seiner Realisierung wird man nicht kommen; das vollkommene Vorgefühl der Idealität gibt dem Menschen den höchsten Augenblick seiner Existenz. Der höchste Augenblick tritt ein, wenn der Mensch das klassische Ideal oder das Ideal der Klassik so intensiv wahrnimmt, dass er es fühlen kann, dass er Aug in Aug mit ihm ist. Darauf läuft es bei Goethe hinaus – und auch bei Peter Hacks. Als junger Kommunist, der in die DDR gekommen war, hat er diesen Aufbruch in die Ebenen des Alltags erlebt und wollte wie andere Schriftsteller seines Alters diese Ebenen, diese vermeintlich neue Wirklichkeit, gestalten. Doch die Wirklichkeit wollte sich der Idealität nicht fügen, das wurde erstens zum ästhetischen und zweitens zum politischen Problem. Das avancierte zum Grundproblem der DDR-Literatur ab den Sechzigerjahren. Im Alltag anzukommen bedeutete einen Verlust an Utopie und Idealität.

Nach dem Mauerbau versuchten Literatur, Theater und Film immer konsequenter, den Alltag der DDR darzustellen. Der Titel einer Erzählung von Brigitte Reimann gab den Namen dafür: *Ankunft im Alltag*. Heiner Müllers Stück »Die Umsiedlerin«, das 1961 seine Uraufführung erlebte, wurde nach der Premiere als »konterrevolutionär« verboten, Müller aus dem Schriftstellerverband ausgeschlossen, der Regisseur der Probeaufführung, Bernhard Klaus Tragelehn, in den Bergbau verbannt. Für die SED wurde der Alltag zunehmend zu einer Konstruktion der Konterrevolution, der ideologischen Diversion des Klassenfeindes. Ebenfalls verboten wurde die Ausstellung »Junge Kunst«, die Lesung junger Lyrik in der Akademie der Künste wurde verketzert, und Stephan Hermlin verlor seinen Posten im Schriftstellerverband und in der Akademie. Auch das Stück von Peter Hacks, das ebenfalls ein Gegenwartsthema gewählt hatte, nämlich »Die Sorgen und die Macht«, geriet in Schwierigkeiten, und Hacks kündigte als Dramaturg, um freischaffend als Schriftsteller zu arbeiten. Seine Bearbeitung des Stückes »Der Frieden« von Aristophanes, das am 14. Oktober 1962 am Deutschen Theater Premiere hatte, wurde ein großer Erfolg. In dem überwältigenden Applaus schwang unterschwellig auch eine Kritik am Umgang mit dem Stück »Die Sorgen und die Macht« mit. Die Sechziger- und Siebzigerjahre dürfen als die große Zeit des Peter Hacks gelten. Am 20. März 1976 hatte sein nachmaliger Welterfolg »Ein Gespräch im Hause Stein über den abwesenden Herrn von Goethe« im Staatstheater Dresden Premiere. Hacks hatte den Konflikt dadurch gelöst, dass er sich über den Konflikt erhob, aus den Niederungen der Ebene auf die Höhen der Idealität begab. Hatte nicht auch der Geheimrat und Minister in Weimar den Tücken des Alltags, dem Unzulänglichen zu trotzen und sich von ihm in die Gefilde der Dichtung zu begeben. Hatte nicht der Chorus mysticus am Ende des 5. Aktes von *Faust II* den Weg aus den Bergschluchten, den Weg aus Wald, Fels und Einöde in die Idealität, ins klassische Ideal mit den Worten gewiesen:

»Alles Vergängliche
Ist nur ein Gleichnis;
Das Unzulängliche,
Hier wird's Ereignis;
Das Unbeschreibliche,
Hier ist's getan ...«[74]

Peter Hacks war eine schillernde Figur, Kommunist, Bonvivant, Dandy, Schöngeist und Aristokrat, und ein Narzisst von hohen Graden. Niemand konnte formvollendeter und inniger vor dem Monument Peter Hacksens knien als Peter Hacks selbst – und er tat es gern und oft, damit auch alle anderen von ihm lernen durften, wie man sich nach den Maßgaben der Kunst der Devotion Hacksens zu unterziehen hat.

Der Germanist Rüdiger Bernhardt, ein profunder Kenner des Naturalismus, nicht weniger der neuesten deutschen Literatur, ordnete Hacks so ein: »Peter Hacks bildete aus literarischen und künstlerischen Traditionen eine einmalige, geschlossene Welt, in der sich der Dichter bestätigt und anerkannt bewegte. Es war eine Welt der Schönheit und Harmonie, der Sinnlichkeit und Lebensfreude, eine gerettete Welt, eine utopische und eine kommunistische Welt, die sich aus der vollkommenen Tragödie zur vollkommenen Komödie erhoben hatte. Aber es war eine Welt für wenige, im Grunde für den erwählten Dichter gedacht, der wie einst Klopstock wenige Edle in dieses Reich des Geistes einließ.«[75] Im »Versuch über das Theaterstück von morgen« arbeitete Peter Hacks bereits 1960 daran, eine Ästhetik der sozialistischen Klassik zu begründen. Hinzu trat bei ihm ein Faible für historische Figuren, denen er Größe attestiert, wie beispielsweise Napoleon, den Hegel auf dem Pferde sehend am 13. Oktober 1806 als »Weltseele« benannte. An Niethammer schrieb Hegel damals, was zur Ursache für die später Hegel zugeschriebene Äußerung vom Weltgeist zu Pferde wurde: »... den Kaiser – diese Weltseele – sah ich durch die Stadt zum Rekognoszieren hinausreiten – es ist in der Tat eine wunderbare Empfindung, ein solches Individuum zu sehen, das hier auf einen Punkt konzentriert, auf einem Pferde sitzend, über die Welt übergreift und sie beherrscht.«[76]

Der sozialistische Klassiker Peter Hacks bedurfte des Gegners, nämlich nach Lukácser Lesart des Romantikers. Was ist ein Klassiker ohne Romantiker, was ist ein Kommunist ohne Klassenfeind? Goethe, Hegel, Napoleon und schließlich Karl Marx werden für ihn zu den Ideengebern eines sozialistischen Bonapartismus, einer im Grunde ständischen Gesellschaft, in der sich Hacks selbst zum Klassiker und Nachfolger Goethes krönt. Man begreift, was die junge Sahra Wagenknecht zu Hacks zieht: die Möglichkeit, die DDR aus der Perspektive Goethes zu sehen, das Unzulängliche, das Ereignis werden kann.

In dem Aufsatz »Über eine Goethesche Auskunft zu Fragen der Theaterarchitektur« bramarbasiert Hacks: »Ich schmeichle mir, als erster das Wesen dieser berühmten Richtung auf eine Formel gebracht zu haben. Die Romantik, das sind die in einer Stimmung versammelten Abneigungen gegen Napoleon. Die Romantik ist der Geist aller Geister, die dem 19. Jahrhundert sich verweigern. Die Romantik ist der Überbau der gegenbonapartistischen Fronde.«[77] Für Hacks ist die Romantik das Synonym für alles Rückschrittliche, für alles Schlechte, für jedwede Zertrümmerung von Formen, sei es im Ästhetischen, sei es im Politischen. In Goethes Gesprächen mit Eckermann findet Hacks dann auch das kürzeste und aus seiner Sicht treffendste Verdikt der Romantik: »Das Klassische nenne ich das Gesunde und das Romantische das Kranke.«[78] Interessant sind diese Antiquitäten in diesem Zusammenhang nur aus dem Grund, weil Sahra Wagenknecht genau auf diese Vorstellungen trifft, als sie den Dichter in seiner Berliner Wohnung besucht. Es entspinnt sich eine mehrstündige Unterhaltung. Als sie geht, ist er beeindruckt von ihr, und sie ist glücklich, weil sie jemanden gefunden hat, mit dem sie nicht nur reden kann, sondern der ihr Mentor wird. Ein gutes Gespräch, das den Geist öffnet, wirkt auf die Sinne wie Champagner. Sie dürfte wie berauscht gewesen sein, als sie den Dichter verließ, der sich so viel Zeit für sie genommen hatte. Peter Hacks erinnert sich 1993 im Gespräch mit André Müller an Sahra Wagenknechts ersten Besuch bei ihm: »Sie ist eines Tages zu mir gekommen, da sie Goethe studiert und verehrt und mich für einen Kenner hielt. Nach der sogenannten Wende ist sie dann wieder bei mir erschienen und hat mich gefragt, was das alles zu beuten habe.«[79] Man darf Hacks glauben, wenn er in diesem Gespräch zu André Müller sagt, dass er sie nur selten gesehen habe. Denn die Begegnung mit einem Vorbild, einem, der so hoch über einem steht und der einen mit besonderen Empfehlungen versieht, die instruktiv werden, ist kein alltägliches Ereignis; es ist eine intellektuelle Audienz, auf die man sich gründlich vorbereitet und von der man Antworten auf drängende Fragen erhofft. Man benötigt Zeit, um das Gespräch zu verarbeiten, um die kleinste Wendung zu verstehen, um anschließend gewissenhaft den Anregungen nachzugehen. Eine zu frühe Wiederholung des Gesprächs würde es trivialisieren, es musste selten bleiben, denn, so wusste es bereits Cicero: »Omnia praeclara rara«, und es hatte jedes Mal ein Ereignis zu sein.

Ihre Sicht auf Goethe und auf die Literatur wird wohl bis zum heutigen Tag von Peter Hacks und von Georg Lukács, den ihr Hacks wärmstens ans Herz legt, geprägt sein, nur dass sie die Tiefe und das ästhetische Verständnis von Georg Lukács nicht erreicht; für sie schrumpft Goethes Werk zu einer politischen Botschaft. Durch Hacks findet sie endlich ihren Schlüssel zu Hegel, denn der Dichter empfiehlt ihr die Monografie *Der junge Hegel* von Georg Lukács, die selbst ein größeres Werk ist, dessen gründliche Rezeption Zeit und Arbeit kostet. Vor allem hilft er ihr in ihrer tiefen Zuneigung zu Georg Wilhelm Friedrich Hegel, das Verhältnis zu Karl Marx auszutarieren, denn sie wird wie der ungarische Philosoph nicht Hegel durch Marx, sondern Marx durch Hegel verstehen. Auf die Frage im Interview, das Hans-Dieter Schütt 1995 mit ihr führt, mit welcher »Persönlichkeit der Historie« sie gern in den Briefwechsel treten würde, antwortet sie klar und deutlich eben nicht Karl Marx, was für die Anführerin der Kommunistischen Plattform in der PDS naheliegend wäre, sondern: »Nun ja, mit Hegel.«[80]

Sie wird es später in ihrer Masterarbeit glänzend verstehen, Hegel aus der Kritik von Marx zu nehmen und so ihren Konflikt mit Marx, der aus seiner Beurteilung Hegels entspringt, aufzulösen, denn ihr Dilemma besteht darin, dass ihr Marx als Marxistin politisch näherliegen muss, während sie eine tiefe Liebe zu Hegels Denken erfüllt. Hegel ist Klassik und Goethe ist Klassik und der Lordsiegelbewahrer der Klassik in der DDR Peter Hacks.

Doch so einfach ist es mit dem Dichter nicht. Hacks hat mit dem Essay *Der Meineiddichter* eine wüste Polemik gegen Friedrich Schlegel vom Zaun gebrochen, die nur bemerkenswert ist hinsichtlich ihres verkrampften Bemühens, geistreich zu sein, aber nur allzu oft dort, wo sie subtil sein will, ins Vulgäre abgleitet. So urteilte Hacks über Schlegel: »Seine eigene Musenkinder, welche sämtlich mit verrenkten Gliedern zur Welt kamen, schickte er nun in den Kampf gegen alles, was Hand und Fuß hatte.«[81] Also nach Hacksens Meinung gegen die Klassik. Und da nach der Überzeugung von Wagenknechts Mentor die Kunstrichtung der Klassik aus einem einzigen Autor, nämlich Goethe, bestand, konnte es auch nur einen Nachfolger geben, der Peter Hacks heißt. Wenn er die Gestalt Goethes angenommen hatte oder Goethe als Peter Hacks reinkarniert wurde, so musste auch Friedrich Schlegel einen aktuellen Wiedergänger und Sachwalter besitzen: »Das erste Auftauchen der Romantik in einem Land ist wie Salpeter in einem Haus, Läuse auf einem Kind oder der Mantel von Heiner Müller am Garderobenhaken eines Vorzimmers. Ein von der Romantik befallenes Land sollte die Möglichkeit seines Unterganges in Betracht ziehen.«[82]

Die sich seit Mitte der Sechzigerjahre ausprägende Feindschaft zu Heiner Müller wies mehrere Ebenen auf, die meisten hatten etwas damit zu tun, dass Hacks zur eigenen Definition den Gegner benötigte – und in der Tat unterscheidet sich Müllers Ästhetik von der hacksschen fundamental. Aber unter allem glommen verletzter Stolz, verletzte Eitelkeit, vielleicht sogar eine narzisstische Kränkung, denn Anfang der Sechzigerjahre fand noch ein reger Austausch zwischen den Ehepaaren Hacks und Müller statt, hatte Hacks als Einziger für Heiner Müller Partei ergriffen, als der wegen der »Umsiedlerin« angegriffen wurde. Doch Peter Hacks hatte sich in Inge Müller, Heiners Frau verliebt, die ihm schließlich schrieb: »Du bist ein Dichter, ich werde hören auf das, was Du sagst und Dir wieder sagen, was ich nicht verstehe, auch wenn Du mir böse bist, weil ich lieber dem Müller den Dreck wegmache, als mit Dir zu arbeiten.« War das schon verletzend für Hacks, so kam es noch schlimmer, der eigentliche Schlag in die Magengrube: »Ich liebe ihn. Genügt Dir das? als Erklärung, meine ich, und: Er ist ein Genie.«[83] Für Inge Müller war Peter Hacks nur ein Dichter, Heiner Müller aber ein Genie. Als sie 1966 nach mehrfachen erfolglosen Suizidversuchen aus dem Leben schied, dürfte Hacks Müller den Tod Inges vorgeworfen haben. Wie tief die Freund- und Feindbilder von Peter Hacks auf Sahra Wagenknecht wirkten, dokumentiert das lange Interview, das Hans-Dieter Schütt mit Sahra Wagenknecht führte und das 1995 im Dietz Verlag erschien. In der Diskussion über die DDR nahm der Interviewer mehrmals Bezug auf Heiner Müller, den Wagenknecht eisig ignorierte, als habe Schütt den Teufel beschworen.

Sahra Wagenknecht legt zwar das Abitur ab, doch das Studium der Philosophie wird ihr verwehrt, stattdessen wird ihr eine Arbeit als Sekretärin in der Verwaltung der Humboldt Universität zugewiesen. Mit der Einführung des Faches Wehrkunde verband sich für Jungen und Mädchen getrennt natürlich ein zweiwöchiger Aufenthalt im Wehrlager zur vormilitärischen Ausbildung. Mit anderen Mädchen sich die Unterkunft zu teilen, zum Essen und zur Ausbildung im Gleichschritt zu marschieren wird für sie zur Zumutung, sodass sie zu essen aufhört. Das wird ihr als Hungerstreik ausgelegt und findet sich in der Beurteilung für die Bewerbung zum Studium wieder. Ihr wurden eine gewisse Weltfremdheit und ein fehlendes Interesse für die Belange des Kollektivs attestiert.[84] Sie resümiert: »Ich galt in der Schule als unverbesserlicher Eigenbrötler ...«[85]

Um ihr etwas Weltkenntnis zu vermitteln, bevor sie in die Höhen der Philosophie entrückte, scheint man auf den freundlichen Gedanken verfallen zu sein, dass die Abiturientin sich erst einmal in der »Produktion bewähren« könnte, doch die Produktion ist nicht das Kabelwerk Oberspree oder die Elektrokohle, sondern die Universitätsverwaltung. Eigentlich so schlecht nicht, ein Job, bei dem sie Geld verdient und körperlich nicht so gefordert wird, dass ihr nur wenige Kräfte für das Selbststudium bleiben. Ungewöhnlich ist das nicht, denn wenn man beispielsweise Theaterwissenshaften oder Journalistik studieren will in der DDR, wird ein Volontariat vorausgesetzt. Doch sie reuen die Stunden, die sie in der Universitätsverwaltung mit dem Abtippen von irgendwelchen Texten vergeudet, sodass sie kündigt, sich mit Nachhilfestunden in Russisch und Mathematik über Wasser hält – und ansonsten den ganzen Tag Zeit für ihre Studien hat, für die Lektüre von Hegel, Kant, Fichte, Schelling, Goethe, Marx, Lenin, später kommen noch Rosa Luxemburg und Rudolf Hilferding hinzu. Viel Geld benötigt man in der DDR nicht zum Überleben, die Monatsmiete beträgt 40 Mark, ein Brot kostet 67 Pfennige. Die Grundnahrungsmittel sind subventioniert. Die Gefahr für sie kommt aus anderer Richtung, denn weil sie keiner geregelten Arbeit nachgeht, kann sie schnell unter den Asozialen-Paragrafen fallen. Doch dazu war die DDR im Jahr 1988 und 1989 und dann noch in Berlin bereits zu sehr in ihr Zerfallsstadium übergegangen. Sie hat das Abitur, aber kein Studium; sie bringt über 15 Stunden pro Tag mit dem Selbststudium zu, doch wie es weitergeht und wohin das führen soll, weiß sie nicht.

Lichtblicke sind für sie natürlich die exzessive Lektüre, aber auch das Gespräch mit Peter Hacks. Dem alternden Dichter, der sich ein wenig so fühlt wie die Figur Barby im gleichnamigen Stück aus dem Jahr 1983, mag Sahra Wagenknecht wie die junge Krankenschwester Katharina aus dem Stück vorkommen, die sich aufopfernd um Barby kümmert, der zwei Akte lang stumm ist, regungslos wie eine Puppe, denn er ist alt, sehr alt, hat die Gründung des Spartakusbundes im Jahr 1917 miterlebt, war Offizier in der englischen Revolution aufseiten Cromwells und kam als sowjetischer Offizier in die Kleinstadt und wurde nach dem

Zweiten Weltkrieg dort Bürgermeister. Weniger eine wirkliche Figur als eher eine etwas zu gewollte, zu grobe Metapher. Barby steht also in der Dramaturgie Hacksens für den progressiven Geist in der Geschichte, der sich im dritten Akt der jungen Krankenschwester bemächtigt:

Barby: »Ja. Du liebst mich wirklich, was?«

Katharina *fällt ihm um den Hals.* »Ich habe alle Jahre meines Lebens auf Sie gewartet.«

Barby: »Ich wusste es, es entsteht nichts als Ärger.« *Hält sie von sich.* »Armes Ding. Meine Feinde haben nichts zu lachen. Aber verloren sind, die ich liebe.« *Sie fällt ihm an den Hals.* »Armes schönes Ding.«[86]

Hacks hatte eine Vorlage seines Freundes Rudi Strahl bearbeitet, eines in der DDR sehr erfolgreichen, aber intellektuell wie schriftstellerisch wenig interessanten Lustspielautors, um dem Freund zu demonstrieren, wie Komödie funktioniert, aber letztlich dramaturgisch ungewollt die Persiflage absurden Theaters verfertigt, das auch in Hacksens typischem Ironieverständnis mit ihm selbst beginnt:

Katharina: *denkt lange nach. Schreibt.* »Peter Hacks ist viel lustiger als Rudi Strahl.«[87]

Mit dem Jahr 1989 brechen für Sahra Wagenknecht die so ganz und gar nicht lustigen Zeiten an.

WALPURGIS-NACHT

»Mein André, das ist von Sahra Wagenknecht, und ich vermag nicht den geringsten Fehler darin zu entdecken. Ich glaube nicht, dass Du oder ich es besser hätten machen können. Habe ich da nicht ein hübsches Pflänzchen aufgezogen?«

Peter Hacks

7. DER LETZTE MACHT DAS LICHT AUS

»Der Herbst 1989 war, glaub ich,
die schlimmste Zeit, die ich bisher erlebt habe.«
Sahra Wagenknecht[88]

Auch die Abiturientin, deren kleine Wohnung Hörsaal, Seminarraum, Bibliothek und Mensa in einem ist, spürt, dass in der DDR Veränderungen anstehen, doch möchte sie allein auf dem Weg des Sozialismus gemäß der marxistischen Weltanschauung vorankommen. Sie ist orthodox. So orthodox, dass es fast verboten ist. Also tritt sie noch im letzten Schuljahr mithilfe des Staatsbürgerkundelehrers in die SED ein. Dass das nicht einfach ist, liegt nicht an ihrem Widerspruchsgeist, sondern schlicht daran, dass die SED auf einen soziologischen Schlüssel, auf eine Quote achtet, denn schließlich definiert man sich ja nicht als Intelligenzler-, sondern als Arbeiterpartei. Und da laut marxistischer Lehre die Arbeiter über etwas ganz Besonderes, über eine Unio mystica mit der historischen Entwicklung in Gestalt des Klassenbewusstseins verfügen und deshalb eine historische Mission zu erfüllen haben, müssen auch prozentual in der Partei reichlich Arbeiter als Träger des Klassenbewusstseins vorhanden sein. Laut *Kommunistischem Manifest* ist die Geschichte eine Geschichte von Klassenkämpfen, die jedes Mal mit dem Aufstieg einer neuen Gesellschaftsformation enden. Bewusstsein ist zwar eine Qualität, doch wirkt sie nur als Quantität. Das Proletariat ist nach marxistischer Dogmatik die erste Klasse, die mit ihrer Befreiung auch alle anderen Klassen wie beispielsweise die Bauern mitbefreit, indem sie eine Gesellschaft verwirklicht, die nicht auf der Ausbeutung des Menschen durch den Menschen beruht. Es ist eine Traumwelt, die Marx und seine Anhänger halluzinieren, die in der Realität allerdings zum Albtraum wird. Es gibt keinen Kommunismus ohne Gulag.

Im Proletariat hätte sich die Bourgeoisie ihre Totengräber geschaffen, glauben Marx und Engels.[89] Und alle anderen Marxisten auch. In dieser Aussage besteht das Grunddogma. Auf diesen Glaubenssatz zu verzichten würde auf das Gleiche hinauslaufen, wie wenn Christen der Trinität abschwören. Georg Lukács schreibt in seinem Frühwerk *Geschichte und Klassenbewusstsein:* »Denn die Möglichkeit, den Sinn des Geschichtsprozesses als dem Prozess selbst immanent innewohnend aufzufassen und nicht mehr als transzendente, mythologisierende oder ethische Sinngebung auf ein an sich sinnesfremdes Material zu beziehen, setzt ein hochentwickeltes Bewusstsein des Proletariats über seine eigene Lage, ein – relativ – hochentwickeltes Proletariat, also eine lange, vorangehende Entwicklung voraus. Es ist der Weg von der Utopie zur Wirklichkeitserkenntnis; der Weg von den transzendenten Zielsetzungen der ersten großen Denker der Arbeiterbewegung bis zur Klarheit der Kommune von 1871: dass die Arbeiterklasse, keine Ideale zu verwirklichen hat, sondern ›nur die Elemente der neuen Gesellschaft in Freiheit zu setzen hat‹; der Weg von der Klasse ›gegenüber dem Kapital‹ zu der Klasse ›für sich selbst‹.«[90]

Das ganze Problem des Marxismus findet sich nun darin, dass inzwischen die Arbeiterklasse in den hoch entwickelten Staaten und auch in der Bundesrepublik nicht die geringste Neigung verspürt, ihr Klassenbewusstsein zum Leben zu erwecken und dafür zu kämpfen, ihre Lebensverhältnisse im Westen gegen die Lebensverhältnisse der »führenden Klasse« in der Sowjetunion oder in der DDR einzutauschen. Viel Theorie, viel Ideologie und viel Sophistik müssen aufgeboten werden, um das Dogma nicht an der Wirklichkeit zerschellen zu lassen. Vom Dogma aus, das wird auch zur Krise der jungen Sahra Wagenknecht, sind die Ereignisse im Ostblock 1989 weder zu verstehen noch einigermaßen befriedigend zu erklären. Der Marxismus, der immer arrogant behauptet, dass er mit der Wirklichkeit in Verbindung stünde – man denke nur an Lenins Feststellung, dass der Marxismus allmächtig sei, weil er wahr ist[91] –, erweist sich nun als unfähig, die Wirklichkeit des Jahres 1989 zu erfassen und zu verstehen. Westliche Marxisten wie Jacques Derrida verzapfen, wenn sie nicht erst einmal betreten schweigen, peinliche Bücher wie *Marx' Gespenster*, in denen sie zu so larmoyanten wie sinnfreien Beschwörungen kommen: »Es handelt sich also, um eine neue Form des Krieges. Sie hat zumindest Ähnlichkeit mit einer großen ›Verschwörung‹ gegen den Marxismus ...«[92] Hacks und Wagenknecht nennen es weniger verquast einfach die Konterrevolution.

Die Absurdität, das soziologische Oxymoron vom Klassenbewusstsein und die sich daraus ergebende Quotierung anhand der sozialen Herkunft, begegnet der Oberschülerin Sahra Wagenknecht gerade darin, dass es genau dieses Dogma vom Klassenbewusstsein ist, das ihren Eintritt in die SED erschwert. Dass die Kinder von Arbeitern, die sich weitergebildet haben und Ingenieure oder Lehrer geworden sind oder in den Verwaltungen des Staates arbeiten, nun von der sozialen Herkunft keine Arbeiter mehr sind, ihres Klassenbewusstseins mithin verlustig gingen und deshalb Nachteile im Zugang zum Abitur und zum Studium erdulden – was mit Blick auf das Studium auch bei Sarah Wagenknecht mitgespielt hat, denn bei der Zulassung zum Philosophiestudium sah man auch gern darauf, dass der künftige Student schon praktische Erfahrungen gesammelt hat –, gehört zu den Absurditäten, die immer wieder dort entstehen, wo die Glaubenssätze des Systems auf die tatsächliche Entwicklung treffen. Stalin hatte den Sturm auf die »Festung Wissenschaft« gefordert, die er als bürgerliche Festung und mithin als Feld des Klassenkampfes definierte, und damit die bildungspolitische Direktive vorgegeben, die bis zum Ende der DDR Gültigkeit besitzt: »Vor uns steht eine Festung. Ihr Name, der Name dieser Festung, ist Wissenschaft mit ihren zahlreichen Wissenszweigen. Diese Festung müssen wir um jeden Preis nehmen. Diese Festung muss die Jugend nehmen, wenn sie der Erbauer eines neuen Lebens sein, wenn sie zu einem wirklichen Nachwuchs der alten Garde werden will.«[93]

Nachdem dieser Sturm Erfolg und sich eine sozialistische Intelligenz in der DDR herausgebildet hatte, wurden nun die Kinder dieser erfolgreich Stürmenden, der Bezwinger der Festung zum Dank für den Erfolg benachteiligt. Deshalb gelten Quoten für die Aufnahmen von Abiturienten in die SED, zumeist ein Schüler je Schulklasse, und der wird auch nicht selten vom Lehrer angesprochen, weil er seiner sozialen Herkunft nach ein Arbeiterkind ist. Im Interview mit Hans-Dieter Schütt gibt die junge Sahra Wagenknecht zu Protokoll: »Weder meine Mutter noch meine Großeltern waren in der Partei. Als ich Mitglied der SED wurde, hatte ich sogar ziemlich Mühe, zwei Bürgen zusammenzubekommen, weil in der gesamten Verwandtschaft kein Genosse aufzutreiben war.«[94] Um Mitglied der SED zu werden, ist laut Beschluss der 1. Parteikonferenz von 1949 und der Reform 1963 schließlich die Aufnahme als Kandidat durch die Beschlussfassung der betreffenden Grundorganisation erforderlich. Im Falle der Oberschülerin ist das die SED-Grundorganisation der EOS. Die Voraussetzung besteht in der Bürgschaft zweier Parteimitglieder. Als Kandidat besitzt man keine Stimme in der Partei, hat sich in der Parteiarbeit zu bewähren und verfügt lediglich über eine beratende Stimme. Nach einem Jahr bestandener Kandidatenzeit und der Bürgschaft von zwei Bürgen wird man als Mitglied aufgenommen. Inzwischen hat die Schülerin Sahra Wagenknecht das Studium des Marxismus so intensiviert, dass sie sich »in der Endphase der Oberschule als Marxistin« fühlt und »auf wissenschaftlichem Gebiet für dieses Land DDR arbeiten« möchte. Daher schien es ihr logisch zu sein, in »jene Partei einzutreten, die sich marxistisch nannte und außerdem die Kraft war, die dieses Land trug«.[95] Doch dazu kommt es nicht mehr. Vorerst hat sie keinen Studienplatz und nach dem kurzen Intermezzo in der Universitätsverwaltung vergräbt sie sich in ihrer Wohnung und vertieft sich in ein so exzessives wie strenges Selbststudium. Dass sie das eine Jahr in der Universitätsverwaltung nicht einfach passieren und dabei den lieben Gott einen guten Herrn sein lässt, begründet sie sechs Jahre später mit den Worten: »Mein Zeitverständnis war damals sehr radikal und rigoros, und so kündigte ich nach zwei Monaten und arbeitete zu Hause, ackerte den Hegel durch, die gesamte klassische deutsche Philosophie, Kant, Fichte, Schelling nach einem genauen Plan, täglich zwölf, dreizehn Stunden. Ein schönes Jahr, aber auch ein sehr anstrengendes. Das schien mir die beste Vorbereitung aufs Studium zu sein.«[96] An Selbstdisziplin und an Fleiß, an Neugier und an Interesse mangelt es ihr nicht.

Im Sommer 1989 sendet das DDR-Fernsehen in Endlosschleife die Bilder vom Tian'anmen-Massaker, von der Niederschlagung der Proteste auf dem Pekinger Platz des Himmlischen Friedens vom 3. bis 4. Juni 1989, aber sie schaut kein Fernsehen. Die Drohung für die Opposition und die Absicht, die Bevölkerung einzuschüchtern, ist unübersehbar. Unbeeindruckt davon, beginnen die Demonstrationen in Leipzig, in Dresden, in Berlin, in Halle. Der Eiserne Vorhang bekommt in Ungarn, in Sopron, einen Riss, und viele DDR-Bürger fliehen über Ungarn, andere besetzen die Botschaft der Bundesrepublik in Prag. Der Außenminister der DDR, Oskar Fischer, fordert in einem Brief an seinen ungarischen Kollegen Gyula Horn, dass Ungarn die DDR-Flüchtlinge, die sich dort befinden, an die DDR-Behörden übergibt. Doch die Ungarn antworten am 8. September 1989, dass die »Regierung der Ungarischen Volksrepublik kein Hindernis stellen« wird, »wenn die Staatsbürger der Deutschen Demokratischen Republik, die sich in der Ungarischen Volksrepublik aufhalten und nicht heimkehren wollen, vom 11. September 0.00 Uhr an mit ihren DDR-Reisedokumenten das Territorium Ungarns in Richtung solcher Drittländer verlassen, die bereit sind, sie durchzulassen oder aufzunehmen«.[97] Das meint Österreich. In der DDR laufen die Vorbereitungen zum 40. Jahrestag, der ein Jubelereignis werden und über die Misere hinwegtäuschen soll. Immer mehr Menschen verlassen auf den unterschiedlichen Wegen das »bessere Deutschland«. Es kursieren zwei Witze: der eine, nach dem DDR nun »Der Dumme Rest« heißt, und der andere, der nur die dem Alltag entlehnte Aufforderung in einen neuen Kontext stellt, auf die DDR insgesamt gemünzt wird: »Der Letzte macht das Licht aus.« Die SED-Führung begeht in dieser Situation des Massenexodus den großen Fehler, einen Kommentar über die ostdeutsche Nachrichtenagentur ADN verbreiten zu lassen, in dem den Flüchtlingen vorgeworfen wird, sie hätten mit ihrer Flucht aus der DDR die moralischen Werte mit Füßen getreten »und sich selbst aus unserer Gesellschaft ausgegrenzt. Man sollte ihnen deshalb keine Träne nachweinen.«[98] Unter denen, die in den Westen gehen, befinden sich viele junge Leute. Ihre Eltern aber, denen man erklärt, ihre Kinder taugen nichts und sie werden sie auch nicht wiedersehen, sie hätten sich ja »aus unserer Gesellschaft ausgegrenzt«, würden ihnen nicht nur eine, sondern viele Tränen nachweinen, wenn es so käme, wie es die SED androht. Bisher hat noch niemand untersucht, welche Mobilisierung die SED gegen sich entfacht, als sie denen, die willig und stöhnend die Dekadenz der DDR ertragen, nun kaltschnäuzig zuruft: Vergesst eure Kinder. Welchen Sinn ergibt ein Leben, wenn Eltern die Kinder genommen werden?

Lenin hatte aus eigener Erfahrung 1918 eine revolutionäre Situation so definiert: »Für den Marxisten unterliegt es keinem Zweifel, daß eine Revolution ohne revolutionäre Situation unmöglich ist, wobei nicht jede revolutionäre Situation zur Revolution führt. Welches sind, allgemein gesprochen, die Merkmale einer revolutionären Situation? Wir gehen sicherlich nicht fehl, wenn wir folgende drei Hauptmerkmale anführen:

1. Für die herrschenden Klassen ist es unmöglich, ihre Herrschaft unverändert aufrechtzuerhalten; die eine oder andere Krise der ›oberen Schichten‹, eine Krise der Politik der herrschenden Klasse, die einen Riss entstehen lässt, durch den sich die Unzufriedenheit und Empörung der unterdrückten Klassen Bahn bricht. Damit es zur Revolution kommt, genügt es in der Regel nicht, daß die ›unteren Schichten‹ in der alten Weise ›nicht leben wollen‹, es ist noch erforderlich, daß die ›oberen Schichten‹ in der alten Weise ›nicht leben können‹.
2. Die Not und das Elend der unterdrückten Klassen verschärfen sich über das gewöhnliche Maß hinaus.
3. Infolge der erwähnten Ursachen steigert sich erheblich die Aktivität der Massen, die sich in der ›friedlichen‹ Epoche ruhig ausplündern lassen, in stürmischen Zeiten dagegen sowohl durch die ganze Krisensituation als auch die ›oberen Schichten‹ selbst zu selbständigem historischem Handeln gedrängt werden.«[99]

Die Aussage wird oftmals zu diesem Satz konzentriert: »Eine revolutionäre Situation gibt es dann, wenn die oben nicht mehr können und die unten nicht mehr wollen«, der in dieser Verkürzung zwar nicht von Lenin stammt, doch dessen Überlegungen aphoristisch wiedergibt. Eigentlich halten die Regierenden in der DDR mit Lenins Vorstellungen, Theorien und Analysen die

Werkzeuge in den Händen, um die Situation akkurat zu erfassen, doch zeigt sich ihre Unfähigkeit selbst im Umgang mit der eigenen Theorie in einem Moment, in dem sich ihre Ideologie gegen die theoretischen Elemente ihrer Lehre stellt, weil der Wirklichkeitsverlust sich nicht mehr überbrücken lässt. Stattdessen explodieren die Verschwörungstheorien und wird die Propaganda der Staatsmedien immer bösartiger, immer platter und immer unerträglicher, weil die Herrschenden mit ihrer Diskurs-Macht versuchen, ein Bild zu pinseln, das nirgendwo in der Wirklichkeit existiert. Es ist gespenstisch, aber Regierung und Medien haben sich vollkommen aus der Realität verabschiedet.

Sahra Wagenknecht kündigt das Abonnement des *Neuen Deutschlands* und schottet sich, da sie nicht Radio hört und keinen Fernseher besitzt, von den Ereignissen in der DDR vollständig ab; sie vertieft sich ausschließlich in ihre Studien und hofft, dass es irgendwie gut geht. Derweil gerät der 40. Geburtstag der DDR zu einem gespenstischen Ereignis. Der polnische Parteichef Mieczysław Rakowski, der mit Michail S. Gorbatschow in dem Auto sitzt, das sie vom Flughafen Schönefeld ins Zentrum der Hauptstadt der DDR bringt, übersetzt dem Generalsekretär der KPdSU die unbestellten Rufe der bestellten Rufer: »Gorbatschow, hilf!«. Honeckers Fußvolk versagte dem deutschen Generalsekretär den Dienst. Auch Raissa Gorbatschowa, die ein eigenes Besuchsprogramm absolviert, wird aus den Gesprächen die Explosivität der Lage deutlich. Alle wissen inzwischen, was die SED-Führung nicht wissen will.

Am Abend des 7. Oktober geht die Polizei mit Schlagstöcken gegen Demonstranten auf der Schönhauser Allee vor. Männer, Frauen, Jugendliche, die friedlich protestieren, werden festgenommen. Schon am Morgen wird die 20-jährige Tochter eines Ehepaares zusammen mit ihrer 12-jährigen Schwester gegen 6.20 Uhr von einer Zivilstreife in der Mendelssohnstraße verhaftet, weil sie an Laternenpfähle und Häuserwände Zettel kleben, die von der 20-Jährigen verfasst worden sind: »Werdet aktiv! Tausende von Bürgern verlassen unser Land, Demonstrationen werden niedergeknüppelt, eine Opposition ist illegal. Eine greise starre Regierung feiert sich in unglaublicher, verdächtiger Weise (Fackelzug usw.), stellt sich: blind – taub – stumm. Nur wenn alle endlich den Mund aufmachen und gemeinsam handeln, gibt es für unser krankes Land eine Hoffnung.«[100] Die beiden Mädchen werden in das Polizeirevier in der Keibelstraße verschleppt. Die Mutter der beiden Mädchen erfährt ca. 5 Stunden später von der Festnahme ihrer Töchter. Beide Mädchen werden verhört, die 12-jährige Tochter im Beisein der Mutter. »Im Rahmen der polizeilichen Untersuchungen erfolgte dann eine für uns unvorstellbare Maßnahme: Von den Geschwistern wurden jeweils Fingerabdrücke aller Finger und beider Hände, Porträt- und Profilfotografien gemacht und eine ›Geruchskonserve‹ sichergestellt.«[101] Nach neun Stunden auf dem Polizeirevier darf das 12-jährige Kind die Polizeiinspektion mit der Mutter verlassen. Ihrer ältere Schwester hingegen wird am 8. Oktober gegen 17.15 Uhr ein Strafbefehl verlesen, durch den sie zu einer dreimonatigen Gefängnisstrafe verurteilt wird. »Während der Überführung musste sie durch die Polizisten schmutzige Beschimpfungen und Drohungen über sich ergehen lassen, Missachtungen und Herabwürdigungen übelster Art, die in einem Rechtsstaat zur Verurteilung dieser Personen führen müssten.«[102] Erst am 10.10. erhalten die Eltern, weil die Mutter bei der Staatsanwaltschaft Prenzlauer Berg vorsprach, die Information, dass ihre Tochter zu drei Monaten Haft verurteilt worden ist. »Die Ungeheuerlichkeit des Vorgehens der Polizeiorgane, insbesondere gegenüber dem 12-jährigen Kind, das mit der Bemerkung eines VP-Angestellten ›Wir wollen was mit dir machen‹ mit Gewalt von der Mutter entfernt wurde, zwingt die Unterzeichner, sich mit dieser Eingabe an die Generalstaatsanwaltschaft zu wenden.«[103]

Es handelt sich um keine Einzelfälle. In dem »Erlebnisbericht« eines Teilnehmers der gewaltfreien Demonstration durch die Berliner Stadtbezirke Mitte und Prenzlauer Berg, die von der Polizei Greifswalder Straße, Ecke Heinrich-Roller-Straße eingekesselt wird, heißt es: »An dieser Stelle wurde ich Zeuge einer überaus brutalen Szene. Zwei Polizisten hatten einen Mann aus der Menge heraus verhaftet und wollten ihn zu einem LO zerren, der auf der anderen Fahrbahn, jenseits des Straßenbahn-Absperrgitters, bereitstand. Der Mann klammerte sich an ebendiesem Gitter fest. Weitere Polizisten und Stasi-Leute sprangen den ersten beiden zu Hilfe, zerrten an beiden Beinen, beiden Armen des sich schon bald kaum noch Wehrenden in verschiedene Richtungen – einige wollten ihn über das Gitter, andere darunter hindurch, einige am linken Pfosten, andere rechst daran vorbeizerren. Auf diese Art und Weise machten sie Anstalten, den Mann in der Mitte auseinanderzureißen, schlugen überdies erbarmungslos auf ihn ein. Ich weiß nicht, wie die Sache ausgegangen ist, denn gerade in diesem Moment kam für die Einsatzkräfte offenbar das Signal zur Schlacht. Ohne Vorwarnung, wild losprügelnd, trieben sie den zu dieser Zeit ohnehin nicht mehr allzu großen Demonstrationszug auseinander. Das ging so schnell, dass ich daran keine konkrete Erinnerung mehr habe.« Der Verfasser des Berichts wird verhaftet und auf einem Lkw mit anderen zum Rummelsburger Gefängnis transportiert. »Dort mussten wir unsere Ausweise abgeben und dann stundenlang auf dem Lkw sitzen bleiben ... Besonders von etlichen auf dem Lkw sitzenden Frauen und Mädchen wurde mit zunehmender Dringlichkeit die Möglichkeit gefordert, auf die Toilette zu gehen. Dieses Ansinnen wurde von unseren Bewachern auf dem Lkw und von zusätzlich hinter dem Fahrzeug postierten Bütteln mit Hunden mit ekelhaftesten Beleidigungen beantwortet.«[104] Willkürliche und brutale Festnahmen erfolgen auf den Straßen und Plätzen Berlins, wie z. B. auf dem Alexanderplatz. Polizei auch mit Hunden, Stasi, die Achtgroschenjungs des Regimes gehen mit äußerster Brutalität vor, prügeln, verhaften, erniedrigen; regelrechte Menschenjagden finden statt, während Honecker und Co. mit Gorbatschow und der sowjetischen und anderen Delegationen nur einen Steinwurf weit entfernt tafeln und den Geburtstag ihrer Republik feiern – und Sahra Wagenknecht sich in ihrer Wohnung regelrecht vor der Wirklichkeit einigelt.

In dem Moment, wo die Wirklichkeit nicht mehr mit der Theorie übereinstimmt, begibt sich Sahra Wagenknecht nicht zur Wirklichkeit, sondern vergräbt sich in die Theorie, um dort die Erklärung für das Unerklärliche zu finden. Eine Idee hat sie nicht, nur die Angst, dass die Konterrevolution, also die beiden Mädchen in der Polizeiinspektion Prenzlauer Berg oder die Frauen, Mädchen, Männer und Jünglinge auf dem Lkw auf dem Hof des Polizeigefängnisses Rummelsburg, siegt und es mit dem Sozialismus vorbei sein könnte. Denn das ist konkret die »Konterrevolution«, nicht Gorbatschow, der zu dieser Stunde mit Honecker speist, wie Hacks halluziniert. Was in dem kleinen Land jedoch um sie herum vorgeht, beurteilt sie im Stile ihres Mentors vorschnell als »Konterrevolution« und versperrt sich damit jeden Weg zur Analyse: »Ich stürzte mich kopfüber in meine Studien, auch weil ich, was ablief, gar nicht wahrnehmen *wollte*. Ich hatte wahnsinnige Angst davor, dass mein Land kaputtgehen könnte. Ich hatte wohl vor nichts so große Angst wie davor. Und mein ziemlich hilfloses Mittel, mit dieser Angst umzugehen, war, dass ich vorübergehend die Vorgänge der Außenwelt nicht mehr zur Kenntnis nahm.«[105]

In der Nacht vom 7. auf den 8. Oktober trifft sich die sowjetische Delegation aus Sorge, abgehört zu werden, im Park der Residenz Niederschönhausen, in der sie nächtigt. Tiefe Ratlosigkeit herrschte vor, sie stellen sich folgende Fragen: »Was sollen wir tun? Wir können die Leute doch nicht zum Schweigen zwingen. Honecker ist außer sich. Wenn er mit seinem eigenen Parteiaktiv nicht zurechtkommt, kann man sich vorstellen, welche Stimmung unter den Massen herrscht. Irgendetwas haben wir nicht mitbekommen.« Nach langen und betretenen Diskussionen, denn die Lage erweist sich als schlimmer, als in ihren Informationen beschrieben, »einigen sie sich darauf, sich an das Programm des nächsten Tages zu halten, dann aber noch am Abend unter Vorwänden abzureisen«.[106] Die sowjetische Staats- und Parteidelegation flieht vor der ostdeutschen Entwicklung.

Am Morgen des 8. Oktober spricht Gorbatschow mit Honecker erst unter vier Augen, dann formuliert er seine Warnung noch einmal in einer kleinen Rede vor dem Politbüro, dass denjenigen, der zu spät käme, das Leben bestrafen würde. Krenz kommentiert das Gespräch dem Deutschlandexperten der Russen, Valentin Falin, gegenüber resigniert: »Ihrer hat alles gesagt, unserer hat nichts verstanden.« Auch an diesem Tag gehen Polizei und Stasi mit »einer unvorstellbaren Brutalität, die wir bisher nur aus Filmen über die Nazizeit kannten«, vor.[107] »Zwei zivile »Sicherheitskräfte« führen einen jungen Mann ab, mit der freien Faust schlagen beide ihm pausenlos ins Gesicht. Eine etwas korpulente Frau wird im Laufschritt abgeführt, ein Schrei der Frau, sie knickt um und verliert einen Schuh, die restlichen 20 m bis zum Bus wird sie die Straße entlanggeschleift ... in den Bus kann kaum ein Verhafteter einsteigen, die meisten werden von hinten so gestoßen, dass sie auf die Stufen fallen.«[108] Nicht wenigen bleibt verborgen, dass die Stasi Lager einrichtet, wohin sie die Oppositionellen deportieren will, wenn es ihnen nötig erscheint, viele Menschen. Noch nimmt man für den Machterhalt Mord und Verschleppung in Kauf. Das wären ja nur Gestehungskosten des Fortschritts. In Leipzig, der Wiege der Friedlichen Revolution, wurden am Montag, den 2. Oktober Demonstranten festgenommen und teils auch misshandelt. Linke Staatsmacht ist nicht zimperlich. Eine Woche später, Montag, 9. Oktober, ist die Leipziger Luft voller Gerüchte, dass es dieses Mal zu Massenverhaftungen kommen wird. Überall sieht man Polizei, und auch die Achtgroschenjungs der Staatsmacht sind unterwegs. Die Gefahr von exzessiver Gewalt und Blutvergießen nimmt reale Züge an. In dieser Situation ruft Stardirigent Kurt Masur den Sekretär für Kultur der SED-Bezirksleitung Kurt Meyer an. Wenig später treffen sich Masur, Meyer, der Theologe Peter Zimmermann, der Kabarettist der Leipziger »academixer« Bernd-Lutz Lange, der SED-Sekretär für Agitation Jochen Pommert und der Sekretär für Wissenschaft in der SED-Bezirksleitung Roland Wötzel. Gegen 16.30 Uhr ist der gemeinsame Aufruf fertig, der sofort als Tonbandaufnahme, verlesen von Kurt Masur, über 200 Lautsprecherwagen in der Stadt und über den Stadtfunk Leipzig bekannt gemacht wird. Die den Aufruf nicht hören, erfahren von ihm durch diejenigen, die ihn gehört haben. Außerdem vervielfältigt Bernd-Lutz Lange den Text mit einer Schreibmaschine und Kohlepapier. Der Theologe Zimmermann bittet in den vier Kirchen die Pastoren nach den montäglichen Friedensgebeten, den Text »mit allem Nachdruck« zu verlesen.[109] Die Botschaft verbreitet sich wie ein Lauffeuer: »Unsere gemeinsame Sorge und Verantwortung haben uns heute zusammengeführt. Wir alle brauchen einen freien Meinungsaustausch über die Weiterführung des Sozialismus in unserem Land. Deshalb versprechen heute die Unterzeichneten allen Bürgern, ihre ganze Kraft und Autorität dafür einzusetzen, dass dieser Dialog nicht nur im Bezirk Leipzig, sondern auch mit unserer Regierung geführt wird. Wir bitten Sie dringend um Besonnenheit, damit der friedliche Dialog möglich wird. Es sprach Kurt Masur.«[110] An diesem Abend kommen über 70 000 Menschen zur Demonstration. Der Bann ist gebrochen. Wie es in Christoph Heins Paradestück »Die Ritter der Tafelrunde« heißt: »Verbote können nichts regeln.«[111]

Dass von alldem Sahra Wagenknecht nichts mitbekommen hat, ist schwer vorstellbar und nur glaubhaft, wenn sie sich jeglicher Nachricht verschloss. Doch so ganz gelingt das nicht. »Von

Honeckers Sturz erfuhr ich mit zwei Tagen Verspätung«,[112] berichtet sie im Interview. Das dürfte dann am 20. Oktober 1989 gewesen sein, denn am 17. Oktober versammeln sich 25 Mitglieder und Kandidaten des Politbüros der SED, des höchsten Machtzirkels der zentralistisch aufgebauten Kaderpartei. Es fehlt nur Honeckers Freund, Armeegeneral Heinz Keßler, der sich auf Besuch in Nicaragua befindet. Honecker fragt zu Beginn der Sitzung, wie es üblich ist, ob es noch Vorschläge zur Tagesordnung gäbe; er will schon fortfahren, als Willy Stoph den Antrag stellt, das ZK aufzufordern, Erich Honecker von seiner Funktion als Generalsekretär zu entbinden. Ebenfalls die Genossen Günter Mittag und Joachim Herrmann. Honecker fordert alle Anwesenden zu einer Stellungnahme auf, aber keiner ergreift Partei für ihn, alle stimmen dem Antrag zu. In seiner Schlussrede verteidigt sich Honecker, spricht von seiner persönlichen Enttäuschung über diejenigen, »von denen ich das nie erwartet habe«, und stimmt, wie es Brauch ist – aus Gründen der Einstimmigkeit –, dem Antrag über seine Ablösung zu. Das alles findet nur wenige Kilometer von ihrer kleinen Wohnung entfernt statt. Im Grunde sitzt Sahra Wagenknecht im Zentrum der Geschichte, vor der sie sich völlig ratlos vergräbt. In diesen Tagen mag sie sich in die »Sozialismusgeschichte« vertieft haben, in die Entstehung der kommunistischen Fraktion und den Kampf gegen die Opportunisten, Reformisten und Revisionisten, wie der größte Teil der Sozialdemokratie von Lenin und Luxemburg genannt wird.

In der eilig einberufenen Tagung des ZK der SED am 18. Oktober bittet Honecker das ZK, ihn aus gesundheitlichen Gründen »von seinen Funktionen zu entbinden«.[113] Die kommunistischen Rituale werden eingehalten. Peter Hacks erinnert sich 1993 mit seinem Intimus André Müller im Gespräch, dass Sahra Wagenknecht »nach der sogenannten Wende« zu ihm gekommen sei und ihn gefragt habe, »was das alles zu bedeuten habe«. Sie befindet sich in einer Ausnahmesituation und spürt, dass sie die

Orientierung verliert. Der Einzige, der ihr jetzt helfen kann, ist Peter Hacks, anscheinend ist sie ohne Anmeldung bei ihm »erschienen«. In Panik. Hacks erklärt ihr seine Sicht der Dinge: »Das ist ein Rückfall des Marxismus in den Opportunismus und ja wohl nicht der erste.« Und Hacks dann weiter zu Müller, begeistert: »Aber sie hat gewusst, welches der erste war. So ist sie eben.« André Müller, der 1993 vor dem Gespräch mit seinem Freund Sahra Wagenknecht besucht hat, berichtet nun Peter Hacks darüber: »Meinem Eindruck nach verehrt sie dich maßlos oder sie ist in kindlicher Weise in dich verliebt.« Hacks: »Beides natürlich.« Um dann Müller mitzuteilen: »Ich habe sie nur selten gesehen und sie immer nur mit den nötigen Hinweisen versehen, die für ihre theoretische Entwicklung nötig waren. Ich bin nie bei ihr gewesen und würde weiß Gott gerne mehr über sie wissen, zum Beispiel, wie sie lebt, welcher Typ Mann ihr gefällt und ähnliches mehr.«[114] Persönliches ist zwischen Hacks und Wagenknecht also kein Thema, denn: »So ist sie eben.« Doch André Müller fällt auch auf, dass die junge Frau in den Gesprächen zurückhaltend, scheu ist. Später wird sie über sich sagen, dass sie sich früher »die Welt eben mehr rezeptiv und weniger kommunikativ aneignete«.[115] Hacks kennt diese Mischung aus brennendem Interesse und Zurückhaltung: »Ja, sie fremdelt etwas. Aber wahrscheinlich ist es bei Leuten ihres Alters ganz anders.«[116] Wirklich? Kann man es fremdeln nennen, oder ist es bei aller Verehrung auch Distanziertheit? Auch die Sorge, man könnte etwas Dummes oder nicht allzu Kluges äußern.

Von der Öffnung der Grenzen erfährt sie durch ein Telefonat. Die Züge nach Berlin sind überfüllt, DDR-Bürger beeilen sich, so schnell wie möglich Westberlin oder die Bundesrepublik zu besuchen; manche nutzen sogar die Chance, in den »Westen zu fliehen«, denn viele trauen den offenen Grenzen nicht, viele rechnen damit, dass die Grenzen wieder geschlossen werden könnten. Anders Sahra Wagenknecht, die erst im Januar 1990 nach Westberlin fährt. Was sie als schlimmste Zeit ihres Lebens empfindet, nehmen viele als Befreiung, als eine ungemein schöne Zeit, als Aufbruch wahr. In der Silvesternacht von 1989 auf 1990 kann man Europa, kann man die kurze Dauer einer überwältigenden Freude und Ausgelassenheit am Brandenburger Tor erleben, das einst das Symbol für die Teilung Europas war, vermag man Friedrich Schillers »Ode an die Freude« in ganzer Euphorie zu empfinden, buchstäblich, mit allen und in allen übertragenen Sinnen. Den Himmel über Berlin illuminieren Feuerwerkskörper, die in Gelb, in Rot, in Blau, in Orange, in einer Vielfalt von Farben und Farbtönen explodieren. Die Augen der Menschen, die sich in dieser Nacht an der Berliner Mauer einfinden, auf das Bollwerk der Teilung klettern, von dort aus in den Osten und in den Westen weiterwandern, je nachdem, woher sie kamen, wohin sie wollen, leuchten sternenklar und sternenhell. Das Gefühl des Glücks, dass die Teilung Europas endet, erfüllt alle Herzen. Wohl kaum eine Sprache der Welt, die man an diesem erinnerungswürdigen Jahreswechsel von 1989 auf 1990 am Brandenburger Tor nicht vernimmt. Menschen, die einander nicht kennen und sich gleich wieder aus den Augen verlieren, stoßen miteinander mit Sektflaschen an, die sie bei sich tragen. Man wandelt auf einem dicken Teppich, gewoben aus Flaschen und Glasbruch, wie über äolische Wiesen. Alles scheint damals möglich, der Enthusiasmus breitet seine Schwingen aus und hat noch nicht mit der Schwerkraft der Wirklichkeit zu kämpfen. So erleben viele Ostdeutsche den Herbst 1989 und das Jahr 1990. Nur Sahra Wagenknecht nicht, nur Peter Hacks nicht, für beide hat die Konterrevolution gesiegt. Am 3.12.1989 schreibt Hacksens Intimus André Müller an den Dichter: »Die Verhaftung Honeckers, der Rücktritt des ZK und des Politbüros der SED, die Jagd auf den Devisen-Staatssekretär [Alexander Schalck-Golodkowski – Anm. d. Verf.] ... Es ist klar: Die Konterrevolution lässt jetzt die sozialistische Maske fallen. Es wird gefährlich, lebensgefährlich. Zudem ist Biermann zurück, und ich warne Dich vor dem Hass dieses Verbrechers ... Trau keinem Frieden. Rechne mit keiner Verschonung. Sie werden nicht fragen, ob Du zwanzig Jahre nicht gedruckt wurdest, weil Du Honecker kritisiertest, sie werden Aufhängen schreien.«[117] Das ist alles allzu hysterisch und pathetisch zugleich. In Wahrheit wird Gewalt nicht durch Gewalt beantwortet, gilt die Losung der Demonstranten »Keine Gewalt« für alle. Die Opposition stellt sich sogar vor Stasizentralen, um jede mögliche Eskalation des Volkszorns, zu der es nicht kommt, zu verhindern. Letztere Behauptung von André Müller ist zudem falsch, natürlich wurde Hacks bei Aufbau verlegt, beispielsweise *Das Jahrmarktsfest zu Plundersweilern* 1982 oder 1985 die *Historien und Romanzen,* bei Reclam 1984 die *Essais.* Eine sehr umfangreiche Bibliografie spricht gegen André Müllers Behauptung.

Für Sahra Wagenknecht öffnet allerdings die verhasste Friedliche Revolution in der DDR, die sie damals wie ihr Mentor Konterrevolution nennt, im Februar 1990 die Türen zur Alma Mater. Sie beginnt, in Jena Philosophie zu studieren – und gerät mitten in die Neuordnung der ostdeutschen Universität, genauer in den Prozess der Zerschlagung der DDR-Intelligenz. Nicht einmal annähernd mit der Härte, der Gnadenlosigkeit, auch nicht mit Brutalität und Zynismus, zu der eine linksliberale Universitätsklientel fähig ist, hat die Entnazifizierung in der Bundesrepublik stattgefunden wie die sogenannte Evaluierung der ostdeutschen Wissenschaftler. Adenauer hatte in den Anfängen der Bundesrepublik zu bedenken gegeben, dass man das schmutzige Wasser nicht auskippen könne, solange man kein neues habe. Das gilt 1990 nicht mehr, man hat mehr als genug »sauberes Wasser«.

Die Evaluierung an den Universitäten und Hochschulen dient dem Ziel, Stellen und Karrierechancen für westdeutsche Akademiker zu schaffen. Selbst der größte Trottel im Mittelbau, aus dem sonst nichts weiter geworden wäre, hatte nun Aussicht auf eine Professur im Osten. Von renommierten Einrichtungen wie der Germanistik an der Martin-Luther-Universität Halle-Wittenberg beispielsweise werden hervorragende Germanisten vertrieben, um Platz zu schaffen – ja, für was und für wen eigentlich? Es kommt dazu, dass Studenten ihre Professoren in das Studentenwohnheim einladen, um deren Vorlesungen zu Ende hören zu können, da ihren Professoren an den Universitäten Hausverbot erteilt wurde.

Auf die Selbstbefreiung folgt die Enteignung. Der Mitteldeutsche Rundfunk hat vor Jahren in einer Dokumentation die Frage gestellt, wem der Osten gehört – den Ostdeutschen jedenfalls nicht. Man kann die Vorgänge in einer Anekdote zusammenfassen, die der Verfasser zu dieser Zeit in Wroclaw erlebt, als er an einem Projekt zwischen Deutschen und Polen arbeitetet. An einem Abend, als er das Pub nach einem langen Arbeitstag betritt, bittet ihn der deutsche Generalkonsul an seinen Tisch. Dort wird ihm ein solariumsgebräunter Deutscher mit Goldkettchen, der sich Unternehmer nennt, vorgestellt, der schließlich im Laufe des Abends voller Selbstmitleid äußert: »Eigentlich wollte ich ja in Ostdeutschland Geschäfte machen, doch dazu war ich zu doof, deshalb bin ich jetzt in Polen.«

Die Tätigkeit der Treuhand, die Evaluationen, kurz »gaucken« genannt, an den ostdeutschen Universitäten und Hochschulen, die die Philosophiestudentin Sahra Wagenknecht in Jena hautnah miterlebt, taugen jedenfalls nicht dafür, ihren orthodoxen Marxismus leninscher Prägung infrage zu stellen, im Gegenteil: Sie erscheinen ihr nur wie eine Bestätigung ihrer Weltanschauung. Wagenknecht meint im Rückblick: »Ich glaube, an Jenas Universität klopfte man in Sachen Abwicklung wohl am schlimmsten.« Das mag man in Leipzig oder in Halle auch gedacht haben. Nur an der Humboldt Universität geht man zurückhaltender vor. Wagenknecht erinnert sich, dass im Herbstsemester 1990 »keine richtigen Philosophieseminare« mehr stattfinden, »kein Hegel mehr, kein Kant mehr, antike Philosophie sowieso nicht«.[118] Sie geht folglich 1991 erst an die Freie Universität Berlin, weil sie fürchtet, bezüglich der »Evaluation« an der Humboldt Universität vom Regen in die Traufe zu geraten, doch wechselt sie schließlich an die Humboldt Universität. Sie absolviert alle Prüfungen und erhält alle Testate, um ihre Magisterarbeit in Angriff zu nehmen. Da zu dieser Zeit niemand eine marxistische Arbeit betreuen würde, was man ein wenig nachvollziehen kann, da zuvor mehr oder weniger nur marxistische Qualifizierungsarbeiten entstehen durften, wendet sie sich wahrscheinlich auf Vermittlung von Peter Hacks an den marxistischen Philosophieprofessor Hans Heinz Holz, der an der Universität in Groningen in den Niederlanden lehrt. Hacks kennt Holz sehr gut. 1976 hat Holz gemeinsam mit dem Germanisten Gert Mattenklott die Dissertation von Peter Schütze: *Peter Hacks. Ein Beitrag zur Ästhetik des Dramas. Antike und Mythenaneignung. Mit einem Originalbeitrag von Peter Hacks »Der Fortschritt in der Kunst«* betreut. Zwar versteht Holz aus der Sicht von Peter Hacks nichts von Kunst, »äußerst sich aber verständig zu Stalin«[119] – wenn es so ist, ist ihm Hackssens Absolution sicher. In der Stalin-Vorstellung von Peter Hacks findet die seltsame Nachsicht der jungen Sahra Wagenknecht mit Stalin, übrigens dem »Verderber der Seelen und Bauernabschlächter«, dem »Breitbrust-Osseten«, dem jede Hinrichtung wie Beeren schmeckt,[120] wie der Dichter Ossip Mandelstam in einem Epigramm schrieb, das ihm letztlich den Tod im Gulag einbrachte, ihren Grund, denn Hacks verehrt Stalin. Über den fähigen Chef der Roten Armee, Marschall Michail N. Tuchatschewski, schreibt Hacks in einer rhetorischen Frage an André Müller am 19.11.1992: »Gibt es einen Grund, Tuchatschewski für keinen Agenten Hitlers zu halten?«[121] Tuchatschewski wurde im Moskauer Militärprozess am 11. Juni 1937 zusammen mit sieben weiteren Generälen zum Tode verurteilt. Einen Tag später wurde er im Hof der Lubjanka erschossen. Mit dem Prozess gegen

Tuchatschewski liefen die Säuberungen in der Roten Armee schließlich auf Hochtouren, in deren Verlauf noch die Marschälle Blücher und Jegorow, 13 Generäle und ungefähr 5000 Offiziere hingerichtet wurden. Damit und mit der nun völlig falschen taktischen Einordnung der Panzerwaffe hatte Stalin die Rote Armee wahrlich glänzend auf den Verteidigungsfall vorbereitet. Und Hacks, der nicht genug Texte von Stalin, die er für bedeutend hält, bekommen und lesen kann,[122] hat mit seiner rhetorischen Frage seine glänzenden historischen Kenntnisse unter Beweis gestellt. Im Gespräch mit André Müller 1989, zu einer Zeit, in der sich Hacks auch als Reaktion auf die Friedliche Revolution in der DDR vermehrt mit Stalin beschäftigte und sich bemüht, so viele Texte wie möglich von ihm zu bekommen und zu lesen, äußert er auf André Müllers Frage, weshalb es unter Stalin keine »erwähnenswerte Kunst« gab: »Es gab wirklich keine. Die politischen Maßnahmen, die er angesichts der Möglichkeit eines faschistischen Überfalls durchführen musste und ohne die der Sozialismus nicht wäre, ließen für Kunst überhaupt keinen Platz.« Die Ansicht von Wagenknechts Mentor Hacks kann man zumindest originell nennen, denn natürlich besteht die wirkungsvollste Methode am Vorabend des Überfalls durch den Feind darin, die Führung der eigenen Armee in einem Schauprozess verurteilen und anschließend durch Genickschuss ermorden zu lassen und stattdessen einem halb senilen und mäßig intelligenten Reitergeneral die Führung der Armee anzuvertrauen. Peter Hacks und André Müller fällt vor lauter Ehrfurcht vor sich selbst überhaupt nicht auf, dass sie nicht im Mindesten wissen, worüber sie sprechen, denn in den Zwanziger- und Dreißigerjahren entsteht eine bedeutende Literatur in der UdSSR, deren Entwicklung nicht nur durch die Zensur gehemmt wird, sondern deren Vertreter auch teils verhaftet, teil ermordet werden. Hacks scheint nichts zu wissen von Isaak Babel, von Andrej Platonow, von Ilja Ehrenburg, nichts von Boris Pasternak, von Marina Zwetajewa und Anna

Achmatowa, von Michail Bulgakow, nichts von dem großartigen Ossip Mandelstam, nichts von Boris Pilnjak – die Liste ließe sich fortsetzen. Behindert werden diese Schriftsteller und Dichter von Stalins kulturpolitischem Bluthund Andrej Shdanow, der die Schriftsteller als »Ingenieure der Seele« kategorisiert. Hacks und André Müller jedenfalls versichern sich gegenseitig, dass sie 1989 Shdanow wiedergelesen hätten. Hacksens Urteil über Shdanow: »In der Sache hat er recht, aber natürlich verhindert dieser Ton jeglichen künstlerischen Ansatz. Das hängt alles mit den politischen Aufgaben zusammen, die damals entstanden. Du weißt, wie sehr ich Ulbrichts politische Verdienste schätze, aber auch er hat die Kunst fast erdrückt. Der Grund ist in beiden Fällen der gleiche: Wenn man aus historisch notwendigen Gründen Maßnahmen brutalen Charakters durchführen muss, kann man nie zulassen, dass in der Kunst eine Gegenwartserörterung stattfindet und Geschichten über die Folgen dieser unumgänglichen Maßnahmen geschrieben werden.«[123] Diese Vorstellungwelt bildet einen Teil des geistigen Umfelds der jungen Sahra Wagenknecht. Im April 1993 schreibt Hacks an André Müller: »Den Stalin für Sahra habe ich wider Erwarten nicht erlangen können. Wie findestu (sic!) das: Stalin ist in der DDR ausverkauft.«[124] Für Hacks und auch für Wagenknecht ist Walter Ulbricht der tragische Held des deutschen Sozialismus, der so ziemlich alles richtig gemacht hatte, dann aber von Erich Honecker gestürzt wurde, womit der Niedergang der DDR eingeleitet und der Konterrevolution Tür und Tor geöffnet wurde. Stalins Terror schätzen sie als »Maßnahmen brutalen Charakters« aus »historisch notwendigen Gründen« ein. Erstaunlich ist, dass Sahra Wagenknecht, die sich als Theoretikerin sieht, die den Marxismus auf die Höhe der Zeit heben möchte, trotz der intensiven Lektüre Rosa Luxemburgs nicht den Gegensatz zu Stalin erkennt. Man könnte sagen, dass es Georg Lukács war, der in seinem frühen Text *Geschichte und Klassenbewusstsein* die Kontrahenten, Luxemburg und Lenin, harmonisiert und die

Gegensätze einebnet. Dem Kapitel »Was ist orthodoxer Marxismus« folgt das Kapitel »Rosa Luxemburg als Marxist«. Hätte sich die Studentin mit Bertolt Brecht beschäftigt, wäre sie auf den Mann gestoßen, den Brecht als seinen Lehrer benannt hat: Karl Korsch. Der Marxist Korsch bricht mit dem Leninismus und legte die Gründe im Vorwort seiner Schrift *Marxismus und Philosophie* dar. Selbst als Marxist existiert kein Grund, Stalins Verbrechen zu relativieren, Notwendigkeiten vorzuschützen, wo sie in dieser Art nicht existieren, und vor allem Verbrechen zu rechtfertigen. Man hat in der DDR den Begriff »Gestehungskosten des Fortschritts« dafür geprägt, doch sie sind reine Fiktion, reine Rechtfertigung, denn dort, wo der Fortschritt Gestehungskosten in Rechnung stellt, ist er kein Fortschritt mehr, sondern nur eine Schimäre, eine bis zum Erbrechen ständig wiederholte Propagandaformel, die die zumeist totalitäre Herrschaft einer Clique rechtfertigen soll.

Doch neben dem Studium hat sich im Leben Sahra Wagenknechts eine unvorhersehbare Wendung ereignet, freilich in einer Zeit des Umbruchs, in der an unerwarteten Wendungen kein Mangel besteht.

8. IN DER MASKE ROSA LUXEMBURGS

Am 8. und 9. sowie am 16. und 17. Dezember 1989 findet der Außerordentliche Parteitag der SED in der Ostberliner Sporthalle des Sportclubs Dynamo statt. Viele der 2700 Delegierten reisen mit der Absicht an, die Partei aufzulösen, eine neue Partei zu gründen – und das ist nicht nur kosmetisch gemeint, zumindest ihr einen anderen Namen zu geben. Viele haben die SED schon verlassen, laut oder still und leise. Nicht etwa, weil sie Opportunisten oder »Wendehälse« sind, die gibt es natürlich auch, vor allem aber hat die Parteiführung das Vertrauen und – was noch schwerer wiegt – die Geduld vieler Mitglieder verloren. Man traut den führenden Genossen nichts mehr zu. Als es wegen des Einsatzes von Polizeigewalt im August 1989 gegen Demonstranten in Dresden zu einer Aussprache mit Künstlern und Bürgerrechtlern kommt, zerstört Hans Modrow innerhalb einer Stunde den Mythos des Reformers und Hoffnungsträgers, der um seine Person rankt. Wenn also schon diejenigen, die noch ein gewisses Renommee besitzen, es verspielen, weil auch sie nicht in der Lage sind, den Zirkel des Apparatschik-Denkens zu verlassen, was will man dann von Leuten wie Krenz und Tisch erwarten?

Am 1. Dezember 1989 streichen die Volkskammer-Abgeordneten die Führungsrolle der SED aus der Verfassung, damit werden freie Wahlen in der DDR auf die Tagesordnung gehoben.

Endlich beginnen in der Volkskammer echte Debatten, zuweilen etwas unbeholfen, schließlich betritt man Neuland. Im gleichen Maße wie für immer mehr Menschen in Ostdeutschland eine Hoffnung auf eine positive Veränderung keimt, verliert Sahra Wagenknecht, die sich in ihrer Wohnung gegen die Wirklichkeit, gegen den geschichtlichen Prozess verbarrikadiert, jede Hoffnung: »Im Radio verfolgte ich dann die Volkskammer-Debatten; all den unsäglichen Schwachsinn, der da plötzlich geäußert wurde. Von denselben Leuten, die wenige Wochen zuvor noch das ganze Gegenteil erzählt hatten. Und fast täglich ein Beschluss, mit dem ein Stück DDR zu Grabe getragen wurde. Tag für Tag. Es war ein einziges Grauen. Dann kam die Maueröffnung. Ich erfuhr von ihr per Telefon: jemand rief mich freudetrunken an, die Grenze sei offen – ich war erledigt für den Rest des Tages. Spätestens ab da war mir eigentlich klar, dass nichts mehr zu retten ist, dass es die DDR nicht mehr geben würde. Der Herbst 1989 war, glaube ich, die schlimmste Zeit, die ich bisher erlebt hatte.«[125] Das ist eigentlich O-Ton Hacks. Der Dichter, der sich in seine Fantasien eingeigelt hat, die junge Frau, die wenig über das Leben in der DDR, über das Leben überhaupt weiß, weil für sie alles Theorie, Theorie allerdings im Sinne von Marx und Lenin, von Lukács und Luxemburg, von Hegel und von einem nur wenig verstandenen, einem auf ideologische Botschaften reduzierten Goethe sind, sie sehen nicht die Entwicklung, sondern nur die »Konterrevolution« am Werke, die von Kohl über Honecker bis zu Gorbatschow reicht. Der alternde Dichter in seinen Idiosynkrasien und das junge Mädchen, deren theoretische Rechnereien ohne das Leben gemacht sind, deren Logik im Circulus vitiosus der von der Geschichte längst überholten Ideologeme sich beständig selbst bestätigt, entwickeln bizarre Nostalgien auf der Suche nach einem Früher, das so nie existiert hat. Von Konterrevolutionären umzingelt wie Robert Habeck von der Wirklichkeit. Sie empfinden sich nicht nur als die letzten Aufrechten, sondern auch als diejenigen, die so viel mehr als die anderen wissen, die nur »unsäglichen Schwachsinn« äußern.

Am 3. Dezember 1989 tritt Egon Krenz als Generalsekretär zurück. Er hat es nicht vermocht, die DDR und die SED in der gehabten Form zu erhalten, weil er die Zeit und mithin das Momentum verloren hat. Ihm folgt das Politbüro. An seine Stelle tritt zunächst ein Arbeitsausschuss, dem Gregor Gysi, Hans Modrow und Markus Wolf angehören. Hacks spottet nur gallig über Modrow und über den »Spion Wolf«, weil Markus Wolf Chef der Hauptabteilung Aufklärung war. Denn die Konterrevolution, die Hacks halluziniert, nimmt in seiner Fantasie allmählich die Gestalt eines KGB-Stasi-Putsches an. Der Briefwechsel von Peter Hacks und André Müller gerät zum erschütternden Zeugnis einer Seinsverwerfung, davon, wie zwei Männer sich mit all ihrem Talent einander befeuernd und bestätigend aus der Realität treiben und wie sie ihre Hoffnung auf eine junge Frau setzen, die sie schließlich zu einer Reinkarnation von Rosa Luxemburg verklären.

Am 9. 12. 1989 schreibt André Müller aus Juntersdorf an den Freund Hacks: »Die unerhörte Geschwindigkeit des Zusammenbruchs ist erstaunlich, selbst dann, wenn man nie Behauptungen über die Einheit, die Geschlossenheit und die Kampfkraft der Partei Glauben schenkte. Aber dass sie sich so gar nicht wehren ... so armselig untergehen ... so schuldbewusst zugeben, silberne Löffel gestohlen zu haben, wo sie doch nur aus schäbigstem Blech waren ...«[126]

Schaut man auf die Berichte von Betroffenen zu den Ereignissen am 7. und 8. Oktober 1989 in Berlin, die Manfred Butzmann am 30. November 1989 herausgegeben hat, kann man nicht davon reden, dass sie sich so gar nicht wehren. Die Berichte können übrigens nur durch die finanzielle Hilfe der Künstlerverbände erscheinen. Hacks sieht die Künstler als Handlanger der Konterrevolution. »Die Lage ist genau wie 1968: in Prag und in Paris. Die Kaffeehäuser haben sich in die Straßen ergossen«, schreibt Wagenknechts Mentor an den Freund in Köln.[127] So dürfte es Sahra Wagenknecht zu dieser Zeit auch sehen. Hacks antwortet mit Blick auf die ersten Ergebnisse des SED-Sonderparteitages auf einen Brief von André Müller: »Die SED konstituiert sich als eurorevisionistische Partei. Sie möchte in Zukunft so schön und unbeschwert leben wie ehedem die DKP – freilich hat sie keinen Schalck mehr, der ihr den Monatsscheck bringt.«[128]

Auch das ist nicht ganz richtig. Hans Modrow fleht die Genossen an: »... lasst diese Partei nicht zerbrechen, nicht untergehen, sondern macht sie sauber und stark, macht sie sauber, damit jeder Genosse jedem Bürger gerade in die Augen blicken kann, macht sie stark, damit sie dem gesellschaftlichen Fortschritt in unserem Land dienen kann – und das bedeutet für mich, dem Volk zu dienen.«[129]

Gysi wird konkreter. Er macht den Delegierten klar, dass mit der Selbstauflösung und Neugründung der Partei bzw. damit, sich einen anderen Namen zu geben, das Parteivermögen verloren gehen könnte. Das benötigt man aber als Kriegskasse. Von heute auf morgen würden die hauptamtlichen Mitarbeiter des Parteiapparates arbeitslos. In der geschlossenen Sitzung am 16. Dezember 1989 sagt Gysi: »Aber was von unserem Geld, von den Beiträgen unserer Mitglieder oder aus dem Gewinn der von uns wirklich auch, also der Parteibetriebe, die wir wirklich bezahlt haben, die wir richtig übernommen haben, der Gebäude, der Anlagen, die wir errichtet haben, das ist doch unser Geld, das werden wir auch behalten, das brauchen wir auch, sonst können wir die politische Verantwortung nicht wahrnehmen, die wir wahrzunehmen haben ... Und es gibt ja jetzt schon die Forderung der SDP, was wir alles rausrücken müssen usw. Wir werden uns auf all das nicht einlassen ... Aber ich möchte keine juristische Handhabe dafür bieten, dass jemand an unser Eigentum herankann, ohne dass wir darüber entscheiden.«[130]

Bis zum 4. Februar 1990 gehört Sahra Wagenknecht der Sozialistischen Einheitspartei Deutschlands – Partei des Demokratischen Sozialismus (SED-PDS) an, wie die SED nun heißt, ab 4. Februar der PDS, wie die SED für eine ganze Weile heißen wird. Die politische Entwicklung sieht sie als Verhängnis, sie fühlt sich verwaist, muss nun in einem Staat leben, in dem sie nicht leben will. Wenn die Konterrevolution gesiegt hat, heißt das für sie, dass sie nun eine Restauration erleben muss. Der Herbst 1989 und der Winter 1989/90 geraten für sie zu einer theoretischen Zeitreise, allerdings rückwärts, einer Zeitreise in die Geschichte der Arbeiterbewegung, des Sozialismus. Wenn Karl Marx in *Der 18. Brumaire des Louis Bonaparte* spottet: »Hegel bemerkte irgendwo, daß alle großen weltgeschichtlichen Tatsachen und Personen sich sozusagen zweimal ereignen. Er hat vergessen, hinzuzufügen: das eine Mal als Tragödie, das andere Mal als Farce. Caussidière für Danton, Louis Blanc für Robespierre, die Montagne von 1848–1851 für die Montagne von 1793–1795, der Neffe für den Onkel. Und dieselbe Karikatur in den Umständen, unter denen die zweite Auflage des achtzehnten Brumaire herausgegeben wird! ... Die Tradition aller toten Geschlechter lastet wie ein Alp auf dem Gehirne der Lebenden. Und wenn sie eben damit beschäftigt scheinen, sich und die Dinge umzuwälzen, noch nicht Dagewesenes zu schaffen, gerade in solchen Epochen revolutionärer Krise beschwören sie ängstlich die Geister der Vergangenheit zu ihrem Dienste herauf, entlehnen ihnen Namen, Schlachtparolen, Kostüm, um in dieser altehrwürdigen Verkleidung und mit dieser erborgten Sprache die neuen Weltgeschichtsszene aufzuführen. So maskierte sich Luther als Apostel Paulus, die Revolution von 1789–1814 drapierte sich abwechselnd als römische Republik und als römisches Kaisertum, und die Revolution von 1848 wusste nichts Besseres zu tun, als hier 1789, dort die revolutionäre Überlieferung von 1793–1795 zu parodieren«,[131] dann tritt Sahra Wagenknecht bald schon »in dieser altehrwürdigen

Verkleidung und mit dieser erborgten Sprache« als Rosa Luxemburg auf. Bald schon beginnt sie, vom »ersten Sozialismus« zu reden, um dadurch zu verstehen zu geben, dass ein zweiter Sozialismus folgen wird. Die Vita contemplativa tauscht sie gegen die Vita activa ein. Als sie sich zum Studium nach Jena begibt, verlässt sie auch die Fluchtburg der eigenen Wohnung, ihre Eremitage. Das Terrain ist vertraut, von Göschwitz, wo sie ihre frühe Kindheit bei den geliebten Großeltern zugebracht hat, bis zur Universität in Jena sind es knapp acht Kilometer.

Sie geht jetzt zu Seminaren und Vorlesungen, aber die befriedigen sie nicht. Wer weiß, wie ihre Entwicklung verlaufen wäre, wenn das Studium erfüllend, fordernd, verschlingend gewesen wäre, doch so ist es nicht. Deshalb entschließt sie sich, sich politisch zu engagieren. Haben nicht einige ihrer Vorbilder praktische politische Arbeit geleistet, beispielsweise Rosa Luxemburg? Und geschah das nicht auch in einer schwierigen Zeit, vor allem als die revolutionäre Sozialdemokratie zunehmend an revolutionärem Impetus verloren hatte und sich Konzepte durchsetzten, die von den orthodoxen Marxisten wie Lenin und Luxemburg als opportunistisch, reformistisch oder revisionistisch gebrandmarkt wurden, Konzepte von Eduard Bernstein oder Karl Kautsky? Lenin verfasste beispielsweise 1918 eine polternde Polemik gegen Kautsky unter dem alles sagenden Titel *Die proletarische Revolution und der Renegat Kautsky*.

Lenins Hauptvorwurf gegen Kautsky lautet, dass der deutsche Sozialdemokrat Kautsky Karl Marx in einen »Dutzendliberalen« verwandeln würde. Wichtig ist diese Schrift auch für die junge Sahra Wagenknecht, für die Kommunistin, weil Lenin hier seine Vorstellung von der Diktatur des Proletariats als der höchsten Form der Demokratie, als die Wirklichkeit der sozialistischen Demokratie ausführt. Bei Lenin lernt sie, dass die bürgerliche, die pluralistische Demokratie in Wahrheit nur die Diktatur des Monopolkapitalismus sei, weshalb die wahre Demokratie die sozialistische Diktatur des Proletariats sei. Die Dekanin der Fakultät Grundfragen des Marxismus-Leninismus an der Parteihochschule Karl Marx, Frida Rubiner, hatte in holdseligen stalinistischen Zeiten im theoretischen Organ der SED namens *Einheit* 1947 unmissverständlich erklärt: »Wenn von gewisser Seite gegen die ›Diktatur‹ angerannt wird, so meint man damit nicht etwa die Diktatur (die unumschränkte Herrschaft) des Monopolkapitals in den imperialistischen Ländern, auch nicht die Diktatur der Bourgeoisie schlechthin, sondern man meint damit die ›Diktatur des Proletariats‹ [...]« Um darauf hinzuweisen, dass im »politischen Kampf unserer Tage ... mit keinem Begriff so viel Missbrauch getrieben« wird »wie mit dem Begriff ›Diktatur‹. Die ›Diktatur‹ wird geradezu zum Schreckgespenst gemacht für alle Freunde der Demokratie und solche, die es werden wollen.«[132] Berufen konnte sie sich hier auf Karl Marx höchstselbst, der bereits in der Kritik des Gothaer Programms definiert hatte: »Zwischen der kapitalistischen und der kommunistischen Gesellschaft liegt die Periode der revolutionären Umwandlung der einen in die andre. Der entspricht auch eine politische Übergangsperiode, deren Staat nichts andres sein kann als die revolutionäre Diktatur des Proletariats.«[133] Für Lenin ist die Diktatur »eine eiserne Macht, die mit revolutionärer Kühnheit und Schnelligkeit handelt, die erbarmungslos ist bei der Niederhaltung sowohl der Ausbeuter als auch der Rowdies«.[134] Das – bis auf den Aufsatz von Rubiner – dürfte Sahra Wagenknecht zu diesem Zeitpunkt kennen. Bewandert ist sie in der Geschichte der Arbeiterbewegung, nicht nur weil sie Schulstoff war, sondern vor allem weil sie sich mit »Sozialismusgeschichte«[135] beschäftigt. Deshalb kann Hacks sie auch im Gespräch gegenüber André Müller rühmen: »Nach der sogenannten Wende ist sie dann wieder bei mir erschienen und hat gefragt, was das alles zu bedeuten habe. Ich habe geantwortet: Das ist ein Rückfall des Marxismus in den Opportunismus und ja wohl nicht der erste. Aber sie hat gewusst, welches der erste war. So ist sie eben.«[136] Wichtig ist in diesem Zusammenhang auch Lenins Schrift über den Zusammenbruch der Zweiten Internationale.

Die Zweite Internationale der sozialdemokratischen Parteien, die 1889 in Paris gegründet wurde, löste sich mit Kriegsbeginn 1914 auf, weil die sozialdemokratischen Parteien es für ihre Pflicht hielten, die Regierungen ihrer Länder im Krieg zu unterstützen. Der viel beschworene Internationalismus war passé. In Deutschland wurde diese Politik Burgfrieden genannt. Nur wenige Sozialdemokraten stellten sich gegen diesen Kurs. So Jean Jaurés in Frankreich, der deshalb am 31. Juli 1914 in Paris bei einem Attentat ermordet wurde, W. I. Lenin, Karl Radek und Alexandra Kollontai in Russland, Karl Liebknecht und Rosa Luxemburg in Deutschland. Wagenknechts Engagement für den Frieden und ihre Kritik an der deutschen Politik und Haltung derzeit im Ukraine-Krieg finden hier den theoretischen Ursprung und das historische Muster. Im Grunde ist sie immer noch von Rosa Luxemburg inspiriert.

Die historische Vorlage für die Situation der PDS 1990 dürfte die Studentin der Philosophie in den Auseinandersetzungen innerhalb der Sozialdemokratie in den zwanzig Jahren vor dem Ersten Weltkrieg sehen. Insofern ist sie überzeugt davon, dass sie mit ihren historischen, politischen und philosophischen Kenntnissen nützlich sein kann und deshalb auch nützlich sein muss. Gregor Gysi und andere bemühen sich im vollkommenen Gegensatz, die PDS im Parteiensystem der Bundesrepublik zu etablieren. Das sieht Sahra Wagenknecht ganz im Sinne ihres Mentors Hacks als Verrat an. Wenn Sahra Wagenknecht die Wiedergängerin Rosa Luxemburgs ist, so Gregor Gysi der Wiedergänger von Karl Kautsky. Wie schrieb doch Karl Marx, alle historischen Ereignisse finden zweimal statt, das erste Mal als Tragödie, das zweite Mal als Farce, womöglich aber auch als absurdes Theater, als »Warten auf die Revolution«.

Peter Hacks bestärkt sie darin, sich als Nachfahrin Rosa Luxemburgs zu verstehen. André Müller nennt sie in einem Brief dann auch begeistert »unsere Rosa«.[137] Zu den unverrückbaren Glaubenssätzen des Marxismus gehört auch die 11. Feuerbach-These von Karl Marx: »Die Philosophen haben die Welt nur verschieden interpretiert; es kommt darauf an, sie zu verändern.«[138] Insofern ist die aktive politische Arbeit für sie philosophischer als auch marxistischer Auftrag.

In einem Brief an die Historische Kommission der PDS bietet sie ihre Mitarbeit an. Sie kommt in Kontakt mit der Kommunistischen Plattform in der PDS, in der sich die orthodoxen Kommunisten versammelt haben. Dort hat man auf jemanden wie sie geradezu gewartet. Eine junge, schöne, belesene und gebildete Frau mit hohem Intellekt und erstaunlichen philosophischen und marxistischen Kenntnissen gibt ein vortreffliches Aushängeschild für eine Gruppe ab, die allgemein als Ewiggestrige, als Sektierer, als kommunistischer Traditionsverein wahrgenommen wird, über die die Zeit längst hinweggegangen zu sein scheint. Immer stärker identifiziert sich Sahra Wagenknecht mit Rosa Luxemburg – in Habitus, Frisur und Kleidung eifert sie ihrem Vorbild so sehr nach, dass Lothar Bisky lästert, wenn sie noch leicht zu hinken begänne, würde sie zur wiederauferstandenen Rosa Luxemburg.[139] Das Rollenspiel ist äußerst geschickt, denn um Rosa Luxemburg rankte sich ein legendärer Ruf, genauer gesagt wurde sie zur Heiligen und Schutzpatronin eines alternativen Kommunismus, eines verklärten Antistalinismus, der den einen oder anderen darüber hinwegtäuschen mag, dass sie durch und durch Kommunistin war. Denn auch ein deutscher Kommunismus bleibt immer noch ein Kommunismus. Ihre größten Bewunderer, sieht man von Sahra Wagenknecht und einer Handvoll Leuten ab, fand Luxemburg unter denen, die sie nie gelesen hatten. Zum einen hatte der Luxemburg-Film von Margarethe von Trotta mit Barbara Sukowa in der Hauptrolle geradezu eine bebilderte Hagiografie der Revolutionärin geschaffen, vor der man nur niederknien konnte, zum anderen spielte die Opposition in der DDR die Kommunistin Rosa Luxemburg gegen die kommunistische Staatsmacht aus, so in der berühmten Demonstration von 1988.

Jedes Jahr findet zum Gedenken an den Mord an Karl Liebknecht und Rosa Luxemburg am zweiten Januarwochenende in Berlin eine Demonstration statt, die zumeist vom Frankfurter Tor bis zur Gedenkstätte der Sozialisten auf dem Zentralfriedhof Friedrichsfelde führt. Am 16. Januar 1977 befanden sich erstmals drei Ostberliner, die ein Plakat mit dem Luxemburg-Zitat mitführten, auf dem stand: »Freiheit ist immer Freiheit der Andersdenkenden«, unter den Demonstranten. In seiner Gesamtheit lautet das Zitat, das Luxemburg als Marginalie an ihr Manuskript »Zur russischen Revolution« notiert hatte: »Freiheit nur für die Anhänger der Regierung, nur für Mitglieder einer Partei – mögen sie noch so zahlreich sein – ist keine Freiheit. Freiheit ist immer Freiheit der Andersdenkenden. Nicht wegen des Fanatismus der ›Gerechtigkeit‹, sondern weil all das Belebende, Heilsame und Reinigende der politischen Freiheit an diesem Wesen hängt und seine Wirkung versagt, wenn die ›Freiheit‹ zum Privilegium wird.«[140]

Berühmter wurde allerdings die Aktion vom 17. Januar 1988, als Bürgerrechtler und DDR-Bürger, die einen Ausreiseantrag gestellt hatten, mit Plakaten, auf denen dieses Zitat von Rosa Luxemburg stand, an der Demonstration teilzunehmen beabsichtigten. Doch die Stasi fing alle vorher ab. Dennoch wurden diese Vorgänge bekannt und führten zu Protesten in der DDR und im Ausland.

Hinzu kam, dass Rosa Luxemburg für die SED immer ein wenig problematisch war. So wurde erst 1970 damit begonnen, ihre Gesammelten Werke zu veröffentlichen, denn weder Lenin noch Stalin zeigte sich von Luxemburg begeistert. Lenin urteilte über Luxemburg: »Rosa Luxemburg irrte in der Frage der Unabhängigkeit Polens; sie irrte 1903 in der Beurteilung des Menschewismus; sie irrte in der Theorie der Akkumulation des Kapitals; sie irrte, als sie im Juli 1914 neben Plechanow, Vandervelde, Kautsky u. a. für die Vereinigung der Bolschewiki mit den Menschewiki eintrat; sie irrte in ihren Gefängnisschriften von 1918 (wobei sie selbst beim Verlassen des Gefängnisses Ende 1918 und Anfang 1919 ihren Fehler zum großen Teil korrigierte). Aber trotz aller dieser ihrer Fehler war und bleibt sie ein Adler.«[141] Stalin befand hingegen, dass der Luxemburgismus eine Art Trotzkismus sei, nicht Leo Trotzki, sondern Rosa Luxemburg die »Theorie der permanenten Revolution« aufgestellt habe und deshalb erbarmungslos zu bekämpfen sei: »Nicht Trotzki, sondern Rosa Luxemburg und Parvus haben die Theorie der ›permanenten‹ Revolution ersonnen. Nicht Rosa Luxemburg, sondern Parvus und Trotzki sind im Jahre 1905 für die Theorie der ›permanenten‹ Revolution gegen Lenin zu Felde gezogen und haben aktiv für sie gekämpft. Später begann Rosa Luxemburg gleichfalls, aktiv gegen das Leninsche Revolutionsschema zu kämpfen. Das war aber bereits nach 1905.«[142] Der Chef-Ideologe und das Politbüromitglied der SED, Fred Oelßner, schrieb in der offiziellen Luxemburg-Biografie 1952: »Denn so groß Rosa Luxemburgs Verdienste um die deutsche Arbeiterbewegung waren ... so dürfen wir nicht vergessen: Groß waren auch ihre Irrtümer und Fehler, die die deutsche Arbeiterklasse auf falsche Bahnen lenkten. Wir dürfen vor allem die Augen vor der Tatsache nicht verschließen, daß es sich nicht um einzelne Fehler handelt, sondern um ein ganzes System falscher Auffassungen (den ›Luxemburgismus‹). Diese Auffassungen waren eine der entscheidenden Ursachen für die Niederlagen der Kommunistischen Partei Deutschlands nach ihrer Gründung, für die Verfälschung der Rolle der Partei durch die Brandleristen, für die Unterschätzung der nationalen Frage und der Bauernfrage, die trotz der Bemühungen Ernst Thälmanns nicht überwunden wurde.«[143] Oelßner sah den Luxemburgismus als eine Abart des Sozialdemokratismus.

Ellen Brombacher, die zu den tonangebenden Genossen in der Kommunistischen Plattform gehört, nimmt die junge vielversprechende Genossin unter ihre Fittiche. Zu diesem Zeitpunkt ist Brombacher Anfang 40 und hat eine steile Karriere hinter sich, die durch die Friedliche Revolution zerstört wird. Gewissermaßen gehört sie dem kommunistischen Adel der DDR an. Brombachers Eltern waren Mitglieder der KPD und kämpften gegen das nationalsozialistische Regime. Ihr Vater wurde verhaftet und kam ins KZ, die Mutter, eine Jüdin, emigrierte nach Belgien, wo sie schließlich am Widerstand teilnahm. 1957 übersiedelte die Familie in die DDR. 1976 wurde Ellen Brombacher Mitglied der Volkskammer, der sie bis 1990 angehörte. 1984 übernahm sie nach einer FDJ-Karriere die Funktion des Sekretärs für Kultur der Bezirksleitung der SED Berlin. Im März 1990 arbeitete sie als Küchenhilfskraft in einem Kindergarten, wurde wegen »Staatsnähe« 1991 fristlos gekündigt und hat nach Arbeitslosigkeit und Umschulungen im sozialen Bereich gearbeitet. Der *Spiegel* schrieb über sie: »Die PDS, hervorgegangen aus der SED, wurde ihre neue politische Heimat, und dort ging sie nach ganz links, zur Kommunistischen Plattform. ›Mir waren jene fremd, die von heute auf morgen etwas völlig anderes sagten‹, erzählt sie. Damals versuchte Gregor Gysi, die PDS aus der Schmuddelecke zu befreien, sie auch im Westen salonfähig zu machen. Brombacher stellte sich mit der Kommunistischen Plattform dagegen, sie wollte keinen Sozialismus light.«[144]

Auf der 3. Tagung des 2. Parteitages der PDS vom 14. bis zum 15. Dezember kommt Sahra Wagenknecht auf die Liste für den Vorstand, darf sich den Genossen vorstellen und wird gewählt. Eigentlich hat sie eine Rede vorbereitet, wo sie die Opportunisten in der Partei angreifen will, doch da sie nicht auf der Rednerliste steht, bleibt die Rede ungehalten; andernfalls hätte ihre Rede wohl ihre Wahl verhindert.

Nun gehört sie mit ihren 22 Jahren dem Parteivorstand der PDS an. Wo sie steht, ist klar, sie ist das Gegenprogramm zum Parteivorsitzenden Gysi und für ihn eine stete Erinnerung, woher er und woher die PDS kommt, was sie eigentlich ist, aber nicht mehr sein will, mit einem Wort ein stetes Ärgernis. Beide empfinden füreinander sofort eine heftige Abneigung. Und es scheint, dass Gysis Misstrauen Wagenknecht gegenüber wohlbegründet ist, denn sie könnte seinem Lebenswerk mit der Gründung ihrer Partei den Garaus machen.

9. IN STALINS SCHUHEN

Schon in der ersten Sitzung des Parteivorstandes der PDS wird die Kluft zwischen Gregor Gysi und Sahra Wagenknecht deutlich, denn sie will all das durchsetzen, was Gysi so schnell und so geräuschlos wie möglich hinter sich lassen und ja auch vergessen möchte, nämlich die DDR. Gysis Vorstandskollege Lothar Bisky poltert über Wagenknecht und über die Kommunistische Plattform der *Süddeutschen Zeitung* gegenüber: »Ach was ... dieses Häufchen der Ewig-Gestrigen spannt die Geduld der Partei doch ohnehin bis zum Zerreißen.«[145] Auf die Frage, ob es für sie im 20. Jahrhundert etwas Liebenswertes gibt, antwortet Sahra Wagenknecht: »Ja, in ihrer Unfertigkeit, in ihrem hoffnungsvoll Fragmentarischen die DDR.« Und bei den drei Dingen, die sie mit Deutschland verbindet, lautet die wenig überraschende Antwort: »Goethe, Marx – und wieder die DDR.«[146]

Gysi mag Wagenknecht für eine Stalinistin, Wagenknecht Gysi für einen Opportunisten, einen Wiedergänger Karl Kautskys halten. Beide sehen in dem anderen wahrscheinlich den Totengräber der Partei. So ist ein ungleiches Duell unvermeidlich, zumal Sahra Wagenknecht eines in ihrem Leben gelernt hat, konsequent, man kann auch sagen stur, zu bleiben, sich in sich selbst zu verbarrikadieren wie in einer uneinnehmbaren Festung. Denn eine Gabe besitzt sie: sich im Recht zu wissen. Nicht von ungefähr hat sie in ihrem Brief an die Historische Kommission 1990, in dem sie ihre Mitarbeit anbietet, explizit darauf verwiesen, dass sie sich mit den »verschiedenen Strömungen innerhalb der sozialistischen Bewegung (insbesondere jenen geistigen Auseinandersetzungen, die mit der Endphase der Zweiten Internationale sich verbinden), zum anderen eben mit den geschichtlichen Tatsachen des gewesenen Sozialismus, speziell dem in unserer DDR« gründlich beschäftigt.[147] Für Wagenknecht ist die Zeit der Auseinandersetzung innerhalb der sozialistischen Bewegung vor dem Ersten Weltkrieg, die Zeit des Kampfes zwischen reformerischen oder reformistischen und radikalen Vorstellungen in der Zweiten Internationale für die Entwicklung der PDS höchst aktuell, gelebte Jetztzeit. Geschichte wiederholt sich für sie, wenn auch die Protagonisten andere Namen tragen. Oder um es aus anderer Perspektive mit Walter Benjamin zu sagen: »Die Geschichte ist Gegenstand einer Konstruktion, deren Ort nicht die homogene und leere Zeit, sondern die von Jetztzeit erfüllte bildet. So war für Robespierre das antike Rom eine mit Jetztzeit geladene Vergangenheit, die er aus dem Kontinuum der Geschichte heraussprengte. Die Französische Revolution verstand sich als ein wiedergekehrtes Rom.« Die junge Kommunistin begreift analog dazu ihren Kampf im Vorstand der PDS als den Kampf Rosa Luxemburgs in der Zweiten Internationale. Und weiter Walter Benjamin: »Sie zitierte das alte Rom genau so, wie die Mode eine vergangene Tracht zitiert.« Mode darf man mit Blick auf Sahra Wagenknecht sogar wörtlich nehmen, wenn man sich erinnert, wie sich die Jungkommunistin in jenen Jahren kleidet und wie sie ihre Haare trägt. Im Interview mit der *Süddeutschen Zeitung* 1994 spottet Lothar Bisky stillos: »Wenn die so weitermacht, wird sie sich eines Tages in die wiederauferstandene Rosa Luxemburg verwandelt haben. Sie beginnt in letzter Zeit sogar schon leicht zu hinken.«[148] Womit Bisky auf Luxemburgs Hüftleiden anspielt. Andererseits hat es etwas Anheimelndes und etwas Heroisches, zugleich aber auch etwas beinah Spießbürgerlich-Sicheres, die Kämpfe der Vergangenheit zu führen. Walter Benjamin meinte weiter: »Die Mode hat die Witterung für das Aktuelle, wo immer es sich im Dickicht des Einst bewegt. Sie ist der Tigersprung ins Vergangene. Nur findet er in einer Arena statt, in der die herrschende Klasse kommandiert. Derselbe Sprung unter dem freien Himmel der Geschichte ist der dialektische, als den Marx die Revolution begriffen hat.«[149] Von dieser Revolution träumt wohl Sahra Wagenknecht, auch wenn sie sich streng und geradezu schulmeisterlich in ihrer Argumentation gibt, denn sie kennt ja Lenins Schrift von 1920 *Der »Linke Radikalismus«, die Kinderkrankheit im Kommunismus* – doch beachtet sie diese Schrift letztlich zu wenig. Ihr ganzer Theorieaufwand, den sie treibt, sublimiert im Grunde nur Nostalgie als Ostalgie. Und in der Tat: Die intensive Beschäftigung mit der Zeit des Niedergangs der Zweiten Internationale und das Dogma ihrer Aktualität führen dazu, dass sie sich immer stärker mit Rosa Luxemburg identifiziert und auch von einigen als neue Rosa Luxemburg gesehen und angehimmelt wird, obwohl sie der historischen Rosa Luxemburg theoretisch ferner steht, als sie denkt.

Der Parteivorsitzende Gregor Gysi gibt ihr gleich auf der ersten Vorstandssitzung zu verstehen, dass sie nicht in den Vorstand gehört. Möglicherweise hängt sie auch als Einzige im Vorstand an der DDR, während Leute wie Gysi und Bisky letztlich wohl recht froh darüber sind, die DDR hinter sich zu haben, denn es lebt sich als Linker nirgendwo auf der Welt besser als in der Bundesrepublik Deutschland. Während Wagenknecht eine neue DDR, einen zweiten Sozialismus anstrebt, wollen Gysi und Bisky eigentlich nur umverteilen, in vulgo das Geld anderer Leute ausgeben, wie sie vom Geld anderer Leute leben – und ansonsten das Leben in vollen Zügen genießen. Im Jahr 2019 wird es der Bundestagsabgeordnete der Linken Gregor Gysi laut Wikipedia auf stolze 342 000 Euro an Nebeneinkünften zusätzlich zu seinen

Diäten bringen.[150] Es ist eine alte Wahrheit, dass der Kampf für die Hungernden von den Satten geführt wird, nicht damit die Hungernden satt werden, sondern damit die Satten satt bleiben. Für Leute wie Gregor Gysi bricht persönlich jetzt der wahre Kommunismus an. Dazu bedarf es keiner Theorie, sondern man benötigt nur ein beträchtliches Maß an Sozialdemagogie. Während Wagenknecht auf Theorie setzt, setzt Gysi auf Geschicklichkeit, während Wagenknecht sich von Prinzipien leiten lässt, so Gysi von plattestem Populismus.

An ihre erste Vorstandssitzung erinnert sich Sahra Wagenknecht mit den Worten: »Es war Eis, es war richtig Eis um mich herum.«[151] Doch sie hält tapfer dagegen und spricht gegen die vereisten Mienen über ihre politischen Vorstellungen. Es überrascht nicht, dass sie als Arbeitsbereich für sich das Gebiet Theorie/Programmatik reklamiert, »da ich diesbezüglich über Kompetenz und gründliches Sachwissen verfüge. Letzteres resultiert sowohl aus einer umfassenden Beschäftigung mit den Hauptwerken der Philosophiegeschichte (Aristoteles, Kant, vor allem Hegel), als auch aus intensiven Studien marxistischer Literatur. Befasst habe ich mich mit der Gesamtheit der Werke Marxens und Lenins, mit den wesentlichen Schriften von Luxemburg, Plechanow, Hilferding, Kautsky und Bernstein, besonders gründlich mit den Werken Lucács' (sic!), sowie ferner mit manchem der modernen wesentlichen linken Theoretiker (deren Ansichten ich jedoch nicht für besonders originell halte). Insbesondere im vergangenen Jahr befasste ich mich mit der Geschichte des real gewesenen Sozialismus, vor allem mit der DDR.«[152] Weshalb sie den Nachnamen von Georg Lukács falsch schreibt, bleibt ein kleines Rätsel, denn sie liest und studiert wirklich seine Schriften, wie man an ihren Äußerungen zu Hegel und zur Literatur und Kunst leicht nachweisen kann. In ihrer Bewerbung für diesen Arbeitsbereich erwähnt sie nicht nur alles, was bei Gysi und Co. die Alarmsirenen aufheulen lässt, sondern sie tritt auch mit einem erstaunlichen Maß an Selbstsicherheit auf, das sich teils aus fehlender Erfahrung und dadurch bedingt aus Altklugheit erklärt. Den Nerv, mit der jungen Genossin zu diskutieren, haben die Älteren nicht. Denn die »Njet-Maschine« (Bisky) fällt ihnen auf die Nerven. Allerdings beweist sie in jeder Silbe, dass sie die Exponentin der ohnehin im Vorstand nicht allzu sehr geliebten Kommunistischen Plattform ist, schließlich heißt die Partei nicht Partei des demokratischen Kommunismus, sondern des demokratischen Sozialismus, was aber beides nur eine Contradictio in adjecto darstellt. Sie verfügt über ein in sich logisches, allerdings geschlossenes Weltbild.

Doch sie hat nicht nur Gegner, sondern auch Verbündete, wie Ellen Brombacher oder Michael Benjamin, mit dem sie an einem neuen Grundsatzprogramm als Gegenentwurf zu dem des Vorstandes arbeitet – und der Entwurf der beiden stößt in der PDS nicht nur auf Ablehnung, sondern auch auf Zustimmung, denn nicht wenigen ist der geschmeidige Kurs des alerten Vorsitzenden unheimlich.

Auch der 60-jährige Rechtsprofessor Michael Benjamin gehörte wie Ellen Brombacher zum kommunistischen Adel in der DDR, allerdings zum roten Hochadel. Im Nachruf auf den im Jahr 2000 verstorbenen Juristen und Politiker heißt es über dessen Biografie: »Michael Benjamin fühlte sich mit dem Sozialismus in der UdSSR und in der DDR eng verbunden. Er studierte in Berlin und Leningrad Rechtswissenschaften und war anschließend an der Akademie für Staats- und Rechtswissenschaften in Potsdam-Babelsberg und in Moskau bis zur Abwicklung 1990 wissenschaftlich tätig. Michael Benjamin genoss das Vertrauen Erich Honeckers, der ihn 1970 in Moskau als Dolmetscher heranzog. 1990 kehrte Michael Benjamin aus der Sowjetunion in die DDR zurück und engagierte sich sofort in der Partei des Demokratischen Sozialismus. Er wurde Mitglied der Kommunistischen Plattform, in der er binnen kurzer Zeit prägenden Einfluss gewann.«[153] Zum roten Adel gehört Michael Benjamin, wie es sich allgemein für Adel gehört, durch Geburt, denn er ist der Sohn von Hilde Benjamin.

Weil Wagenknechts Biograf an dieser Stelle nicht vermeiden kann, über Hilde Benjamin zu schreiben, erwirbt er geradezu einen Master in Verharmlosung, denn die Richterin und Justizministerin der DDR von 1953 bis 1967 bekam nicht nur so »anheimelnde« Spitznamen wie »die Scharfrichterin« oder auch »die rote Hilde«, weil sie mehr als ein Dutzend Strafverfahren gegen Oppositionelle leitete.«[154] Die Spitznamen waren übrigens nicht einmal ironisch anheimelnd, weil Ironie hier keine Rolle spielte, hier handelte es sich um einen tiefen Hass und eine abgrundtiefe Verachtung, die sich Hilde Benjamin redlich erworben hatte. Übrigens hat der Biograf den wichtigsten Spitznamen, der der Realität am nächsten kam, nämlich »das rote Fallbeil« oder die »rote Guillotine«, entweder nicht gekannt oder lieber unerwähnt gelassen, weil es an dieser Stelle in Wagenknechts Biografie fragwürdig wird. Am häufigsten aber hieß Hilde Benjamin im Volksmund der DDR »Bluthilde«. Als Leiterin der Personalabteilung in der Justiz-Verwaltung von 1947 bis 1949 ging sie nach der Devise vor: »Keiner darf Richter bleiben, der nicht Parteigänger des revolutionären Klassenkampfes ist.«[155] Mit einer kleinen Kommission entschied sie, wer in den Waldheim-Prozessen als Richter und Staatsanwalt zum Einsatz kam. Mit ihrer Entscheidung konnte sie zufrieden sein, denn im Ergebnis wurden 3324 Angeklagte verurteilt, 33 zum Tode, die anderen zwischen fünf Jahren Gefängnis und lebenslänglich. Von den 33 zum Tode Verurteilten wurden sieben begnadigt, zwei starben in der Haft, 24 wurden am 4. November 1950 durch Volkspolizeioffiziere erwürgt, weil sich keine Henker fanden. Wolfgang Kaiser und Johann Burianek verurteilte Benjamin höchstpersönlich 1952 zum Tode.

Benjamin eiferte in Härte, Gemeinheit und Niedertracht dem sowjetischen Chefankläger Andrei Wyschinski nach, der den stalinistischen Terror in den Schauprozessen der Dreißigerjahre in seiner ganzen Widerwärtigkeit entwickelte und in die grausige Höhe trieb. Ohne eine harte, stalinistische Justiz konnte es nach Benjamins Auffassung keine sozialistische Ordnung geben. Sowohl den Prozess gegen die Burianek-Gruppe als auch den gegen die Zeugen Jehovas zog sie als stalinistischen Schauprozess auf. Ihr erster großer Schauprozess fand in Bernburg statt, in dem sie zehn Angestellte des Solvay-Werkes wegen angeblicher Spionage zu insgesamt 99 Jahren Gefängnis verurteilte. Die Musikstudentin Elisabeth Graul, die Flugblätter gegen das SED-Regime verteilt hatte, erhielt von Benjamin 15 Jahre Haft.

Die Prozessführung der »roten Guillotine« lebte von Zynismus, Herabsetzung und persönlicher Grausamkeit. Das hinderte im Jahr 2018 den Berliner Stadtbezirk Zehlendorf nicht daran, die »Bluthilde« als starke Frau in der 76 Seiten starken Broschüre *Starke Frauen in Steglitz-Zehlendorf 1945–1990* zu ehren. Die Bezirksverordnetenversammlung (BVV) stoppte aufgrund der Dringlichkeitsanträge der CDU- und FDP-Fraktion die Weiterverbreitung der gedruckten Version. Doch Doris Habermann vom Verein YOPIC (»Young People for International Cooperation e.V.), der für die Redaktion der Broschüre verantwortlich war, antwortete mit einem sehenswerten Zynismus auf die Frage, ob die Würdigung einer Frau, die Todesurteile gesprochen habe, nicht Grenzen überschreite: »Manche mögen das so sehen, aber das ist dann eine subjektive Einschätzung. Unserer Meinung nach sind Menschen auch für ihre positiven Eigenschaften zu würdigen. Benjamins Einsatz für die Gleichberechtigung zählt für uns dazu«.[156] Das stimmt allerdings, Hilde Benjamin bedachte in politischen Prozessen Frauen mit ebenso brutalen Strafen wie Männer. Man kann es auch Justizterror nennen.

Mit Michael Benjamin, der in der Kommunistischen Plattform Autorität genießt, arbeitet Sahra Wagenknecht eng zusammen.

Ihr Mentor, Peter Hacks, schwebt in Glückseligkeit, man könnte auch sagen, er ist in ausgesprochen aufgeräumter Stimmung, als er am vorletzten Tag des Jahres 1992 an seinen Intimus André Müller schreibt: »Mein André, das ist von Sahra Wagenknecht, und ich vermag nicht den geringsten Fehler darin zu entdecken. Ich glaube nicht, dass Du oder ich es besser hätten machen können. Habe ich da nicht ein hübsches Pflänzchen aufgezogen. So viel für 93.«[157] Der Traktat, der zu einem mächtigen Wirbel in der PDS, aber auch in den Medien und in der Öffentlichkeit führen wird und in dem Peter Hacks wie ein stolzer Lehrer »nicht den geringsten Fehler« finden kann, ist ein 16-seitiger Aufsatz unter dem programmatischen Titel »Marxismus und Opportunismus – Kämpfe in der Sozialistischen Bewegung gestern und heute«, der eigentlich am entlegenen Platz publiziert wird. Die *Weißenseer Blätter*, in denen ihr Aufsatz erscheint, stellen ein Unikum dar. Herausgegeben werden sie vom Weißenseer Arbeitskreis der Evangelischen Kirche Berlin-Brandenburg, der bereits 1958 entstanden war und der SED nahestand. Zum Weißenseer Arbeitskreis gehörte auch Angela Merkels Vater, der auch der rote Kassner genannt wurde. Man muss sich also über Merkels Politik nicht wundern. Unter den Gründungsmitgliedern des Arbeitskreises findet sich auch der Theologe Hanfried Müller, der 1952 in die DDR übersiedelte, für eine Kirche für den Sozialismus eintrat und die *Weißenseer Blätter* herausgab. Das Heft 4/1992, in dem ihr Artikel erscheint, befasst sich ausschließlich mit dem zusammengebrochenen Sozialismus – und das aus stalinistischer Perspektive. So findet sich neben Wagenknechts Aufsatz ein Artikel des kommunistischen Faschismusforschers Kurt Gossweiler, den Hacks des Öfteren lobend erwähnt, unter dem Titel »Der ›moderne Revisionismus‹ und die Niederlage des Sozialismus – eine Thesenreihe«, oder der Text von Hanfried Müller »Zusammenbruch und/oder Konterrevolution«. Hanfried Müller fordert zwar in seinem Aufsatz, dass die Macht demokratisiert werden müsse, doch versteht er unter Demokratisierung etwas vollkommen anderes als das, was man gemeinhin unter Demokratisierung fasst. Er begreift Demokratisierung als die »gewaltige Ausbreitung des Verantwortungsbewusstseins aller auf das Ganze«. Müllers Demokratisierung läuft auf eine Erziehungsdiktatur hinaus, deren Ideal er im Stalinismus sieht, denn das Bewusstsein für die Mitverantwortung war am Ende der Stalinzeit »sehr viel entwickelter ... als später.«[158] Ihr Aufsatz fügt sich nahtlos ein und erscheint in unguter Gesellschaft.

Wagenknechts Schrift richtet sich eindeutig gegen das Programm der PDS, damit auch gegen den Parteivorsitzenden und den Vorstand. Schon mit ihrer Bezeichnung »Mehrheitsprogramm« für das Programm der PDS stellt sie die Analogie zu den Kämpfen in der Arbeiterbewegung vor dem Ersten Weltkrieg her, weil bewusst auf den Begriff »Mehrheitssozialisten« angespielt wird, mit dem Karl Kautsky, Eduard Bernstein, Friedrich Ebert, Philipp Scheidemann, Gustav Noske und schließlich die SPD, nachdem sich die USPD abgespalten hatte, gemeint waren. Wenn also das aktuelle Programm der PDS ein opportunistisches ist, dann bedarf es eines Gegenprogramms, eines revolutionären Programms. An dem arbeitet sie. Für Wagenknecht scheitert nicht das »erste sozialistische Weltsystem« an der »marxistisch-leninistischen Theorie«, denn die berühmte Geschichte hat wieder einmal »ein Urteil gesprochen« – und das Urteil lautet: »Die Geschehnisse jenes Zeitabschnitts gaben Lenin und den Bolschewiki das unzweifelhafte historische Recht, ihr politisches Konzept als das einzig gangbare zu betrachten.« Was ist historisches Recht? Und weshalb ist es unzweifelhaft? Ihre Sprache ist keine eigene, sie setzt sich aus stalinistischem Parteichinesisch und Nuancen lukácsscher und hegelscher Floskeln zusammen. Schuld am Zusammenbruch des Sozialismus sind aus Wagenknechts Sicht der Übergang der SED zum Opportunismus und die Abkehr vom Marxismus-Leninismus-Stalinismus durch

Erich Honecker, der Walter Ulbricht mit Breschnews Schützenhilfe abgesetzt hatte: »Ebenfalls ähnlich der Zweiten Internationale ist der vergangene Sozialismus nicht an einer Links-, sondern an einer Rechtsabweichung zugrunde gegangen. Der Zusammenbruch des sozialistischen Weltsystems geht zurück auf den wachsenden Einfluss und das letztliche Überhandnehmen opportunistischer Grundsätze in seiner Politik; eine Kontinuität verbindet nicht Stalin und Breschnew, sondern Breschnew und Gorbatschow. Nicht der ›Stalinismus‹ – der Opportunismus erweist sich als tödlich für die gewesene sozialistische Gesellschaftsordnung; nicht die marxistisch-leninistische Traditionslinie scheiterte, sondern wiederum und zum unzähligen Male die des alten Trade-Unionismus, die Bernsteins und Kautskys, die der reformistischen Sozialdemokratie.«[159] Die Konferenz von Helsinki über Sicherheit und Zusammenarbeit in Europa 1973, der Entspannungsprozess und ein etwas höheres Maß an Freiheit in der DDR sind in Wagenknechts Augen Teufelszeug. Dass schon unter Ulbricht das Neue Ökonomische System der Planung und Leitung zunehmend in Bürokratie erstickt wurde, dass Lenin, aber eben auch Bucharin die Urheber der Neuen Ökonomischen Politik sind, nimmt Wagenknecht zumindest mit Blick auf Nikolai Bucharin gar nicht wahr, dass die Konzepte der Neuen Ökonomischen Politik letztlich aus stalinistischer oder orthodoxer Sicht »Rechtsabweichungen« darstellen, übersieht sie großzügig. Aus ihrer Sicht haben Breschnew, Honecker und Gorbatschow, besonders die beiden Letzteren, die Konterrevolution in der DDR eingeleitet, weil sie erstens dem Westen zu weit entgegengekommen sind und zweitens ideologisch zu viele Kompromisse geschlossen haben, anstatt eine harte stalinistische oder leninistische Linie weiterzuverfolgen. Im Gespräch mit Hans-Dieter Schütt sagt sie über die westliche Politik gegenüber dem Ostblock: »Der Kern des neuen Konzepts [des Westens – Anm. d. Verf.] bestand genau in diesem auf den ersten Blick absurd erscheinenden Denkansatz – die Auflösung der sozialistischen Gesellschaften nicht mehr im offenen Kampf gegen die regierenden kommunistischen Parteien einzuleiten, sondern mit ihnen, mit ihrer Billigung, mit ihrer Mitwirkung. Die künftigen Konterrevolutionen sollten nicht mehr durch die Initiierung bewaffneter Aufstände von unten erzwungen, sondern durch die kommunistischen Parteien selbst, das heißt von oben in die Wege geleitet werden.«[160] Das klingt und ist schwer verschwörungstheoretisch, aber es erklärt sich aus der Differenz von Wirklichkeit und Ideologie oder, wie es Sahra Wagenknecht zu dieser Zeit benannt hätte, aus der Differenz von Wirklichkeit und wissenschaftlicher Weltanschauung. Wem, wie man in diesen Tagen am Handeln der Ampel-Regierung beobachten kann, die Realität abhandenkommt, wer seine Utopie nicht mehr mit der wirklichen Welt in Übereinstimmung zu bringen vermag, flüchtet in Verschwörungstheorien – und auch hierin lässt sich erkennen, dass die Ampel eine genuin linke Regierung ist, denn die Bösewichter in der Geschichte sind stets die Menschenfeinde, die Volksfeinde, die Rechtsabweichler, die Rechten, wobei rechts verlässlich definiert wird als Abweichung von der herrschenden, nunmehr postmodernen Ideologie. Doch dort, wo man nicht mehr rechts sein darf, befindet man sich in einer linken Diktatur. Gilt übrigens auch vice versa.

Sahra Wagenknecht wird drei Jahre später ihre gewagte These, dass die »Imperialisten« über den »ersten Sozialismus« mit der Instrumentalisierung der herrschenden kommunistischen Parteien im Rahmen ihrer »indirekten Strategie« triumphiert haben, die Hacks als »meisterlich«[161] lobpreist, in einem Büchlein zu belegen suchen.[162] Die indirekte Strategie richtete sich aus ihrer Sicht erstens an die Führungen der kommunistischen Parteien, zweitens an die Mitglieder der kommunistischen Parteien und drittens an die Bevölkerung der sozialistischen Staaten. »Es genügte jedoch nicht, dass die Führungen sich bereitfanden, opportunistische Entscheidungen zu treffen und revisionistische Thesen zu vertreten. Die indirekte Strategie war erst dann am Ziel, wenn diese Entscheidungen und diese Thesen nicht mehr als bewusstes Zugeständnis an die westliche Seite, sondern aus *eigener Überzeugung* trafen bzw. vertraten.«[163] Dass es Strategien gab im Umgang mit dem Kommunismus, versteht sich von selbst und ist keine überraschende oder aufsehenerregende Erkenntnis, wenn man beispielsweise an das Konzept »Wandel durch Annäherung« denkt. Diese existierten übrigens auch vice versa, wenn man an die Finanzierung der kommunistischen Parteien in Westeuropa durch die sozialistischen Staaten denkt. Man nennt es gemeinhin Systemauseinandersetzung oder Klassenkampf, abhängig von der Perspektive. Letztlich bleibt Wagenknecht die realistische Erklärung schuldig, wie diese Art Manipulation, diese Art von Schlangenbeschwörung der kommunistischen Führer funktioniert haben soll. Weshalb Gorbatschow und Honecker erfüllten, was der Westen von ihnen verlangt hat, weshalb sie selbst die Konterrevolution in einer Art Todessehnsucht gegen sich selbst entfesselten, bleibt völlig unklar und irrational, weil in Wagenknechts Politintrigenuniversum zu dieser Zeit die Wirklichkeit keinen Platz hat. Es ist bezeichnend für die Linke, von sozialpolitisch bis identitätspolitisch, von links bis linksliberal, von marxistisch bis postmodern, dass sie von einem defizitären Menschenbild ausgeht, dass eben das Individuum, der einzelne, konkrete Mensch nicht für sie existiert und sie stattdessen von Gruppenidentitäten ausgehen, dass sie mit Sammelkategorien wie Masse, Klasse, Ethnie, Alter, Geschlecht, Klassenstandpunkt und Gruppenstandpunkt operieren. Auch das trifft gleichfalls auf totalitäre Strömungen von rechts zu.

Deshalb kommt Sahra Wagenknecht getreu auf den Spuren von Peter Hacks und ihrer Freunde in der Kommunistischen Plattform zu der kuriosen Vorstellung, dass der »erste Sozialismus« durch einen Putsch von Gorbatschow und Honecker gegen sich selbst vernichtet wurde: »Gorbatschows Kampf gegen das ›alte Denken‹, der ja ein Kampf gegen die sozialistische Ideologie war, hat nicht wenig zur Zersetzung der letzteren beigetragen. Und der Boden für den offenen Revisionismus gorbatschowscher Prägung war bereitet worden durch jenen verdeckten der die offizielle Theorieauslegung der Breschnew- und Honecker-Zeit beherrscht hatte. Will man streng verfahren, ist der Beginn einer Revision marxistischer Grundsätze bereits in der Ideologie des XX. Parteitages der KPdSU nachzuweisen.«[164] Pikant und folgerichtig zugleich ist die Äußerung, weil auf dem XX. Parteitag mit Chruschtschows Geheimrede die kritische Auseinandersetzung mit dem Stalinismus beginnt. Denn – und hier unterscheidet sich Wagenknecht dann doch merklich von Luxemburg – der Leninismus ist die Fortsetzung des Marxismus und ohne den Leninismus und ohne Stalin lassen sich kein Marxismus und auch kein Sozialismus denken: »Nicht zu leugnen ist, daß Stalins Politik – in ihrer Ausrichtung, ihren Zielen und wohl auch in ihrer Herangehensweise – als prinzipientreue Fortführung der Leninschen gelten kann.«[165] Für sie ist Lenin die »politische Konsequenz aus Marx, und man kann Marx nicht seiner Konsequenz berauben. So zu tun, als seien diese Konsequenzen nicht bei Marx angelegt, bedeutet dessen Verfälschung …«[166] Damit widerspricht sie den marxistischen Rettungsversuchen, den guten Marx von dem bösen Stalin zu trennen, die besonders von westlichen Marxisten unternommen werden, damit sie weiterhin behaupten können, dass der Sozialismus eigentlich eine gute Sache ist, nur die im Osten zu blöd waren, ihn richtig umzusetzen. Sie kommt schließlich – und man kann ihr die Konsequenz des Gedankenganges nicht absprechen – zu der selbst auf marxistischer Grundlage schwer durchzuhaltenden Behauptung, die sie allerdings nicht ganz frei von Skrupeln daher eher als Vermutung äußert, »dass weder in Bucharins Lösungsansatz noch in dem Trotzkis (um nur zwei prägnante Beispiele zu nennen) eine realisierbare Alternative zur Stalinschen Linie vorlag«.[167] Interessanterweise nähert sie sich selbst in ihrem Buch *Freiheit statt Kapitalismus* im Jahr 2011 dem Ansatz Bucharins und der »Rechtsabweichung«. Doch in den Neunzigerjahren steht Sahra Wagenknecht fest und unbeirrt auf den Dogmen des orthodoxen Marxismus, des Stalinismus-Leninismus. »Und was immer man – berechtigt oder unberechtigt – gegen die Stalin-Zeit vorbringen mag, ihre Ergebnisse waren jedenfalls nicht Niedergang und Verwesung, sondern die Entwicklung eines um Jahrhunderte zurückgebliebenen Landes in eine moderne Großmacht ... Dagegen entstellt keines von jenen Krisensymptomen, an denen der Sozialismus in seiner Endphase krankte, bereits in den zwanziger bis fünfziger Jahren das Bild der sowjetischen Gesellschaft. Wir finden keine wirtschaftliche Stagnation, keine zunehmende Differenz gegenüber dem vom Kapitalismus erreichten technischen Stand, keine produktionshemmenden Leitungsstrukturen, keine Außerkraftsetzung des Leistungsprinzips, keine Vernachlässigung der Wissenschaften und der Kultur; erst recht keine Konzeptions- und Ziellosigkeit des Handelns, kein hilfloses Schwanken und auf allernächste Zwecke beschränktes Lavieren. Auch ein Verschwinden sozialistischer Ziele und Ideen aus dem öffentlichen Bewusstsein oder eine zunehmende Entfremdung der Bevölkerung gegenüber ihrem Staat ist nicht wahrnehmbar. Eher das Gegenteil. Die beeindruckenden Leistungen bei der Industrialisierung des Landes wären ohne Stützung und Bejahung dieser Politik seitens größerer Teile des Volkes nie erreichbar gewesen. (Es ist lächerlich und dumm, diese im Nachhinein als bloße Auswirkungen der Diktatur, der Angst und der Arbeitslager darstellen zu wollen.)«[168] Diese historisch nicht zu belegenden Behauptungen, diese Kaltschnäuzigkeit gegenüber den vielen Opfern der stalinistischen Diktatur – übrigens in ganz Osteuropa –, diese voluntaristische und bürokratische Kälte, jagen dem PDS-Parteivorstand, vielen Parteimitgliedern, aber auch vielen ehemaligen DDR-Bürgern Schauer über den Rücken. Kein Wort vom Holodomor, von den Hungerkatastrophen, die Anfang der Dreißigerjahre als Resultat von Stalins Zwangskollektivierung in der Landwirtschaft über das Land hereinbrachen, kein Wort von dem Scharlatan Lyssenko, kein Wort von den Moskauer Prozessen und dem Terror in den Dreißigerjahren, den brutalen Deportationen im Zusammenhang mit dem »Kampf gegen das Kulakentum« und im Rahmen der »Nationalitätenpolitik«, deren Spätfolgen man in der Ukraine besichtigen kann. Wie dichtete Ossip Mandelstam über die beeindruckenden Leistungen und die Unterstützung durch die Bevölkerung 1933:

»UND UNSERER HOCHHEILIGEN JUGEND
Im Blut schon das hilfreiche Lied:
Es klingt so wie Wiegenliedtugend,
Erklärt allen Bauern den Krieg.
Und ich paß nur auf, wie ich's biege,
Und singe ein solches geschwind:
Kolchosenherrn sanft in die Wiege
Sing ich vom Kulakenkind.«[169]

Und was die Wissenschaft betrifft, richtete Stalins Protegé Trofim D. Lyssenko in der Landwirtschaft einen so hohen Schaden an, dass es zu Missernten und Hungersnöten kam. Zudem warf Lyssenkos Wirken die sowjetische Genetik um Jahrzehnte zurück. Durch das couragierte Auftreten und Wirken des Agrarwissenschaftlers und Genetikers Hans Stubbe konnte die Übernahme des Lyssenkismus in der DDR verhindert werden.

1995 rechtfertigt Sahra Wagenknecht ihr Traktat mit zwei Argumenten, erstens, dass sie positiv über Stalin schrieb, weil sie gegen die »pauschalen KPdSU Angriffe« angehen wollte.[170] Doch die KPdSU hat 1956 selbst begonnen, den Stalinismus aufzuarbeiten, und mit der Tauwetter-Periode sich vom Terror und von kultureller, moralischer und intellektueller Bevormundung abgewandt. Doch genau in diesen Prozessen sieht die junge Sahra Wagenknecht das Entstehen der Konterrevolution, die Ursache für den Zusammenbruch des Kommunismus. Zweitens gibt sie zu bedenken, dass sie sich nur eine halbe Seite mit Stalin beschäftigt hätte und die anderen 15 ½ Seiten unbeachtet blieben. Das mag formal stimmen, nicht aber inhaltlich, denn da nach ihrer Sicht Stalin Lenin und Lenin Marx fortgesetzt haben, geht es im ganzen Artikel um Marx, Lenin und Stalin. Im Jahr 2009, 17 Jahre später, urteilt Wagenknecht im Rückblick: »Nach Erscheinen meines Artikels ›Marxismus und Opportunismus‹, der in den *Weißenseer Blättern* 1992 veröffentlicht worden war, stand ich plötzlich am Pranger, als hätte ich die Stalinschen Schauprozesse und Gulags höchstpersönlich befehligt.«[171] Nicht befehligt, aber beschönigt, relativiert. Selbst aus dem Abstand erkennt sie nur höchst eingeschränkt eigene Fehler an. Es mag daran liegen, dass bestimmte Grundvorstellungen wie die des Neuen Ökonomischen Systems der Planung und Leitung noch immer ihre wirtschaftlichen Vorstellungen beherrschen. Natürlich ist sie 1992 erst 23 Jahre alt und ist der Umgang mit ihr im Vorstand kein Ruhmesblatt für die PDS. Stundenlang muss sie im Parteivorstand ein Gericht über sich ergehen lassen. In typisch wagenknechtscher Art erinnert sie sich drei Jahr nach der Vorstandssitzung äußerlich leicht unterkühlt, dass es keine angenehmen Empfindungen weckt, »wenn reihum ausgebreitet wird, wie unerträglich man ist«.[172] Und wenn einer der Partei-Intellektuellen wie André Brie der jungen Frau vorwirft, in der PDS eine primitive, menschenverachtende stalinistische Ideologie durchsetzen« zu wollen, so hat er einerseits nicht Unrecht, wenn man einen Blick auf die Ansichten ihres Mentors Peter Hacks wirft. Man kann Bries Schrecken, der für eine andere Sozialismuskonzeption steht, nachfühlen, wenn er schreibt: »Ich weiß nicht, wie weit

S. Wagenknecht gehen würde ... Vor dem Zwecke der Menschheitsbefreiung zählt das Leben Andersdenkender nicht, oder seine Vernichtung wird sogar zum notwendigen Mittel zum Zweck. Gehe ich in der Auseinandersetzung zu weit?«[173] Zumal Bries Schrecken aus einer tieferen historischen und auch ontologischen Wahrheit kommt, die sich der Parteiintellektuelle der PDS wohl selbst nicht eingestehen will, dass jedes ideologiegetriebene Projekt, das nicht vom individuellen Menschen ausgeht und Gerechtigkeit par ordre du mufti durchsetzen will, immer im Zwang, im Totalitarismus endet, denn nicht umsonst zeigt sich, dass der Versuch, die klimaneutrale Gesellschaft durch die Ampel gegen jeden Widerstand zu errichten, schon jetzt dazu führt, den Bürgern vorzuschreiben, was sie zu essen, was sie zu trinken, was sie zu sagen, wie sie es zu sagen, was sie zu denken, wie sie ihre Kinder zu erziehen, welche Heizung sie einzubauen, welches Auto sie zu fahren haben – bei übrigens gleichzeitigem wirtschaftlichem Niedergang und dem Zusammenbruch der Infrastruktur des Landes und der inneren Sicherheit. Der von der Ampel verfügte Umbau der Gesellschaft führt jetzt schon zu Mangel und Verrohung. Bries Frage richtet sich 30 Jahre später plötzlich an eine Regierung, die immer stärker einer illiberalen Versuchung nachgibt, umso erfolgloser sie wirtschaftlich agiert. Kritik an einer grundsätzlich falschen Wirtschafts- und Gesellschaftspolitik wird von der Regierung als rechts geframt, um sie zu delegitimieren. Glück und Wohlstand der Deutschen haben vor einer apokalyptischen Ideologie keinen Bestand. Ironischerweise wird es Sahra Wagenknecht sein, die der Regierung vorhält, dass man die Probleme nicht durch Canceln löst. Doch unter den Sozialisten, André Brie zum Beispiel, existiert eine konsequente Ablehnung des Stalinismus, mehr noch, sie sehen umgekehrt im Stalinismus eine der Ursachen für den Niedergang des Kommunismus. Diese Standpunkte sind nicht mehr vermittelbar, nicht vereinbar.

Die Parteiführung findet keinen Zugang zu wirklichen Gesprächen mit der noch sehr jungen Frau, sondern nur zur Verurteilung, intern wie öffentlich. Und das ist ein grober Fehler, denn Wagenknechts intellektuelle Talente sind beträchtlich, ihnen fehlt nur der faktische Widerstand durch die Realität des Lebens. Allerdings ist die Partei nicht an Theorie interessiert, im Gegenteil, Theorie macht nur angreifbar – und Gysi ist ohnehin nicht der Mann, dem in seiner Bonhommie ein Verständnis für Theorie in die Wiege gelegt gewesen wäre, und auch der Professor Bisky scheint kein übermäßig großes Interesse daran zu haben. Am 30. November beschließt der Bundesvorstand der PDS, dass die Positionen, die Sahra Wagenknecht in dem Artikel in den *Weißenseer Blättern* vertritt, »für unvereinbar ... mit den politischen und programmatischen Positionen der Partei seit dem Außerordentlichen Parteitag im Dezember 1989« sind. So scheitert ihr Versuch, mit diesem Artikel den Boden für ein anderes Programm, das sie mit Michael Benjamin ausarbeitet, zu schaffen. »Sahra Wagenknecht wurde von der Funktion der Verantwortlichen für die Organisation und Auswertung der Programmdiskussion in der PDS entbunden«, heißt es weiter im Beschluss des Vorstandes, der am 4.12.1992 vom PDS-Pressedienst verbreitet wird. Das ist nachvollziehbar, denn die Schlussfolgerungen, die Sahra Wagenknecht aus ihrem Exkurs der Geschichte und der sozialistischen Ideologie zieht, greifen frontal die Linie der Partei an und zielen auf nichts Geringeres als auf eine grundsätzliche Änderung der Strategie und Taktik: »Da eine reformistische und opportunistische Politik nachweislich die Ursache für den Verfall und letztlichen Untergang des ersten realen Sozialismus darstellt, scheint es grotesk, wenn maßgebliche Kreise der PDS-Führung ausgerechnet in der Wiederbelebung sozialdemokratischer Ideen einen Ausweg aus der gegenwärtigen Krise der sozialistischen Bewegung sehen. Der Ausweg aus einer Sackgasse lässt sich gemeinhin nicht dadurch finden, daß man den Lauf in die ausweglose Richtung mit beschleunigtem Tempo fortsetzt. Nichts anderes tut indes, wer heute reformistische Theorie und Politik verficht. Wer sich unterscheiden will von der SED des VIII. Parteitags, von der SED der siebziger und achtziger Jahre, erst recht von jener SED, die im Herbst 89 die Gegenrevolution durch eigene Handlungen einleitete und tatkräftig unterstützte (bis ihre Stützung nicht mehr vonnöten war), der sollte dies durch Marxismus, nicht durch Opportunismus tun.«[174]

Der Journalist Knut Mellenthin, der zwischen 1991 und 1994 persönlicher Mitarbeiter der Bundestagsabgeordneten für die PDS Ulla Jelpke ist, wirft am 13. Januar 1993 dem Parteivorstand vor, dass er schnell und harsch die Affäre Wagenknecht beenden will, anstatt sie gründlich auszudiskutieren: »Eine Szene wie von Kafka: Der Bundesvorstand der PDS sitzt über eine Genossin von 22 Jahren, Mitglied eben dieses erlauchten Gremiums, zu Gericht und befindet fast einstimmig: Schuldig! Die junge Frau hatte in einem Artikel für eine PDS-fremde Zeitschrift Ansichten geäußert, die eine ›positive Haltung zum Stalinismus-Modell‹ (O-Ton Bundesvorstand) darstellen. – Schoss dabei keinem von ihnen das Bibelzitat durch den Kopf ›Wer selbst ohne Sünde ist, der werfe den ersten Stein‹? Dachte keiner von ihnen sekundenlang an Momente oder Lebensabschnitte seiner eigenen politischen Vergangenheit, für die er sich heute noch schämt und die ihn vielleicht zum Richter in dieser Sache untauglich machen?« Mellenthin kommt zu dem Schluss: »Das Verfahren folgt insoweit den Traditionslinien der alten SED: Die Mitgliedschaft der Partei erfährt erstens nicht, worin die Auffassungen der gebeutelten Autorin eigentlich bestehen; nur wenige von ihnen dürften Bezieher der *Weißenseer Blätter* sein, und im ›PDS-Pressedienst‹ wird der kritisierte Text nicht einmal mit einem Satz zitiert. Man erfährt zweitens auch über die Gegenargumente der Parteiführung nichts, sondern wird damit vertröstet, daß diese – also die Gründe für die Verurteilung der Angeklagten – irgendwann nachgereicht werden. Es ist demnach wohl nicht übertrieben, den Vorstandsbeschluss in seiner bisher vorliegenden Form als absolut unzureichend begründet und daher als Verstoß gegen das Selbstverständnis einer demokratischen Partei zu bewerten.«[175] Nach der »Gerichtsverhandlung« geht Sahra Wagenknecht mit Freunden essen, ohne dass sie etwas davon verliert, worauf sie sich immer verlassen kann, wenn sie gegen alle anderen steht: vom Trotz, weil sie etwas kann, was die anderen nicht können. Doch sie ist nicht allein, die Kommunistische Plattform steht zu ihr. Rückblickend sagt Sahra Wagenknecht 2009 auf der Konferenz »Geschichte in Geschichten«: »Bis heute habe ich die Solidarität nicht vergessen, die mir von vielen Genossinnen und Genossen entgegengebracht wurde, denn die gegen mich und zugleich die KPF losgetretene Kampagne, die dann auch von den bürgerlichen Medien voll aufgegriffen wurde, ging bis zur ersten Tagung des vierten Parteitages der PDS im Januar 1995, in der ich unter massivem Druck der Parteispitze aus dem Parteivorstand abgewählt wurde.«[176] Sie ist einerseits verletzt über den Umgang mit ihr, andererseits sieht sie sich bestätigt in ihrem Kampf. Sie lernt aber auch, dass historische Bezüge und Herleitungen auf dem Gebiet der Politik, auf dem sie sich als Vorstandsmitglied bewegt, nicht immer gefahrlos sind, zumal als Hobbyhistorikerin nicht. Nicht umsonst hat Immanuel Kant es abgelehnt, dass die Philosophen regieren sollen, weil die Macht korrumpiert. Die Philosophen, meint Kant, sollen lieber denken. Allerdings funktioniert das nur, wenn die Politiker auch den Philosophen und nicht nur ihren Ohrenbläsern zuhören und sich vor allem nicht selbst für Philosophen halten.

Ihr grundsätzliches Dilemma hat sie allerdings noch nicht erkannt, das Dilemma der orthodoxen Marxisten, nämlich dass die Neunzigerjahre des 20. Jahrhunderts nicht mit dem Beginn dieses Säkulums zu vergleichen sind und dass Marxens Proletariat nichts mehr mit den Arbeitnehmern am Ausgang des 20. Jahrhunderts gemein hat, dass den Kommunisten und den Marxisten der Grundbaustein ihrer Theorie, das revolutionäre Subjekt, die Arbeiterklasse, abhandengekommen ist. Zunehmend wurden die linke und die linksliberale Gesinnung zu einer Angelegenheit von Kindern gut situierter Bürger, ein Lebensstil, die narzisstische Überhöhung der Mediokrität. Im Westen hat die Linke, auch die marxistisch Linke wohlstandsverwöhnt und wohlstandsverwahrlost längst die Sozialität gegen die Identität eingetauscht, die revolutionäre Klasse gegen die Vielzahl diskriminierter Gruppen, das Proletariat gegen die Frauen, die Schwulen, die Transsexuellen, die Allerweltssammlung der »People of Color«, den Kapitalismus gegen das Patriarchat, die Herrschaft der Bourgeoisie gegen die Herrschaft der Weißen, was aber alles auf dasselbe hinausläuft. In diesem postmodernen Sammelsurium fand sich und findet sich für jeden etwas, für jeden Geschmack, für jede Empfindsamkeit. Zunehmend stellten die Wohlstandskinder im Westen fest, dass die postmoderne Ideologie ein behagliches Leben auf Kosten anderer ermöglicht. Postmodernismus ist sozial gesehen Parasitismus.

Noch hat Sahra Wagenknecht die stärkste Gefahr für den Marxismus, für ihre Vorstellungen von Emanzipation nicht ausgemacht: den Postmodernismus, der aus den Theorien von Jacques Derrida und Michel Foucault erwächst und die westliche Gesellschaft zerstören wird. 1993 entsteht ein Text von Derrida, der 1995 in der deutschen Übersetzung erscheint, wie immer in Derridas Art, mit vielen Worten vor echten Gedanken fliehend. Darin sagt er: »Man erzittert vor der Hypothese, dass, begünstigt durch eine jener Metamorphosen, von denen Marx sooft gesprochen hat [...], ein neuer Marxismus nicht mehr die Gestalt haben könnte, unter der ihn zu identifizieren und in die Flucht zu schlagen, man sich gewöhnt hatte. Vielleicht hat man keine Angst mehr vor den Marxisten, wohl aber hat man noch Angst vor gewissen Nicht-Marxisten, die auf das Marxsche Erbe nicht verzichtet haben, Krypto-Marxisten, Pseudo- oder Para-›Marxisten‹, die bereit wären, die Ablösung zu übernehmen, mit Bindestrichen oder in Anführungszeichen, die zu demaskieren die verängstigten Experten des Antikommunismus nicht geübt wären.«[177] Daran ist etwas Wahres dran. Es fällt leicht, die Kommunistische Plattform zu bekämpfen, doch gegen ihre Autoimmunerkrankung, gegen die French Theory, den Postmodernismus ist sie wehrlos, weil sie ihre eigene Zerfallserscheinung ist. Von da an wird auch die PDS und die Partei Die Linke vom Postmodernismus unterwandert werden, diesen Kampfplatz wird Sahra Wagenknecht zwanzig Jahre später mit ihrem Buch *Die Selbstgerechten* betreten, um von der Linken zu retten, was noch zu retten ist.

10. IN DER WELT DES MEISTERS

Zehn Jahre lang, von 1987 bis 1997, steht Sahra Wagenknecht im engen Austausch mit dem Dichter Peter Hacks, der ihre politischen, historischen und ästhetischen Ansichten prägt und ihr Rückhalt gibt, dann wird der Kontakt lockerer, distanzierter. Besonders in den schweren Jahren nach der Publikation des Aufsatzes »Marxismus und Opportunismus«, wo auf den Vorstandssitzungen schon mal mehrere Stunden lang über die Ausrichtung der Partei gestritten wird. Sahra Wagenknecht verfügt weder im Vorstand noch in der Partei über eine Mehrheit, genauer gesagt, ihre Positionen werden nur von einer überschaubaren Minderheit geteilt. Von einigen wird sie auch gehasst, denn gerade die Realpolitiker in den Ländern möchten nicht über Grundsätze streiten und akademische Debatten führen, sondern sie brennen darauf, praktische Politik zu machen, anstatt immer wieder in Stalinismus-Debatten verwickelt zu werden, zumal diese auch Bündnisse mit den Grünen und der SPD verhindern. Sahra Wagenknecht wird zum Bremsklotz bei der Sozialdemokratisierung der einstmals kommunistischen Partei, zum personifizierten schlechten Gewissen der Partei, was einige so nicht mehr wahrnehmen, weil sie ohne Gewissen agieren. Im Gewissen steckt das Wissen, doch Wissen setzt voraus, auch wissen zu wollen.

Wie intensiv der Austausch mit dem Dichter Peter Hacks ist, der immer doktrinärer und engstirniger wird, sich immer stärker verläuft, verdeutlicht eine Nachricht, die Hacks seinem Intimus André Müller am 12.10.1993 schickt: »Sahra war zu Gast und hat an mir gesaugt wie ein Vampir. Ich habe sie nach fünf Stunden vor die Tür gesetzt, habe aber noch die Bißmahle an der Kehle.«[178]

Im nicht geringen Maße entsteht aus der Diskussion mit Peter Hacks der Essay »Klassik und Romantik. Eine Frage des Lebensgefühls im bürgerlichen Zeitalter. Die Euphorion-Episode in Faust II«, den sie wieder in den *Weißenseer Blättern,* fast genau ein Jahr nach der Publikation des Marxismus-Traktats im Herbst-Heft 1992, nun im Herbst 1993 in der Beilage zum Heft 5/93 publiziert. Interessant ist dieser Essay nur, weil sie in ihm über Ästhetik, Literatur und Goethe spricht, und zwar nicht in kurzen Bemerkungen oder autobiografischen Reminiszenzen, sondern konkrete Einblicke in die Art und Weise zulässt, wie sie liest, wie sie sich Dichtung nähert. In keinem anderen Text wird ihre Denkweise, ihre Verfahrensweise deutlicher, die streng genommen nicht in der Analyse, sondern in der Verwendung von Schemata besteht. Was sie benötigt, ist ein Ordnungsrahmen; hat sie diesen, sortiert ihre Intelligenz alles in diesen Rahmen ein. Es ist daher nicht erstaunlich, dass Denker wie Georg Wilhelm Friedrich Hegel, in der Nachfolge auch Karl Marx und Georg Lukács, sie anziehen. Das Denken des Chaos dürfte ihr ein Gräuel sein. Mit der Dialektik von Allgemeinem und Besonderem lassen sich alle Widersprüche auflösen. Sie funktioniert wie ein Vollwaschautomat, das Wäschestück wird so gewaschen, wie man es wünscht, kurzum: Man bekommt heraus, was man vorher gewählt hat. Die hegelsche Dialektik, die auch etwas Zirkelschlüssiges besitzt, bietet Sahra Wagenknecht die Möglichkeit, den Widersprüchen auszuweichen, die ihr System und ihre Vorstellungen infrage stellen, und erlaubt ihr, eine Fülle allgemeinkonkreter Behauptungen aufzustellen und unbelegte Wertungen selbstbewusst zu setzen. Sie geht nicht von der Praxis zur Theorie, sondern entwirft ein Bild von der Praxis von der Theorie aus. Es ist nicht die Erde, die um die Sonne kreist, sondern die Sonne bewegt sich um die Erde und erleuchtet sie. Die Neigung zum Doktrinären liegt ihr. Jürgen Elsässer, der Mitte der Neunzigerjahre Redakteur der *Jungen Welt* und Autor von *konkret* ist und »als bestgehaßter linker Kritiker der PDS«[179] gilt, arbeitet in den Jahren 1995 und 1996 mit Sahra Wagenknecht an einem Gesprächsbuch, das 1996 erscheint. Über zwei Jahrzehnte später beschreibt er ihre Begegnung so: »Hatte ich noch auf dem *Konkret*-Kongreß 1993 wie alle anderen von ihr geschwärmt – ›das schönste Gesicht des Stalinismus‹, so meine Formulierung; für Gremlitza war sie ›exotisch wie eine Squaw‹ –, merkte ich bald, dass sich hinter den perfekten Proportionen keine Erotik verbarg. Sie war schön, aber nicht attraktiv, fast wie eine Marmorstatute.«[180] Bisky sprach von der »Frau mit den toten Augen«. »Als ich«, erinnert sich Elsässer weiter, »zur Besprechung unseres Buchmanuskripts einmal in ihrer Wohnung in Berlin-Karlshorst war, öffnete sie mir die Tür mit den Worten: ›Willst du einen Tee oder ein Wasser?‹ Ich hatte auf einen Piccolo spekuliert ... Drinnen sah es aus wie bei einer Kadertochter aus besserem Hause: Spitzendeckchen, Ulbricht an der Wand, Goethe als Büste auf dem Klavier (oder umgekehrt?) ... Aber damit will ich nicht bestreiten, dass Sahra brillant ist.«[181] Selbstredend sagt die Beschreibung mehr über Elsässer als über Wagenknecht aus. Der Vergleich mit der Kadertochter stimmt nicht, denn den Töchtern und Söhnen höherer SED-Chargen stand weniger der Sinn nach Ulbricht-Bild und Spitzendeckchen, sondern eher nach Ausbruch und Revolte. Auch hierin ist Sahra Wagenknecht in den Neunzigern besonders, in ihrer Sehnsucht nach einer DDR, die sie nie wirklich kennengelernt hat und die auch nie so war, wie sie sich die DDR vorstellt.

Peter Hacks lässt über ihren Essay im Brief an André Müller im Lob auch eine leichte Verstimmung mitklingen: »Sie hat auch ein erstklassiges Romantik-Massaker unternommen (in *Weißenseer Blätter* 5-93, Beilage); ich wollte freilich, sie würde mich nicht so gründlich ausweiden, ohne mich je zu zitieren.«[182] Möglich, dass sie wirklich nicht weiß, was von ihr, was von Lukács, was von Hegel und was von Peter Hacks stammt. Bei näherem Hinsehen entpuppt sich das »Massaker« als eine grobe Erläuterung der hegelschen Ästhetik, als ein Dokument der Unkenntnis der Romantik, als ein Urteil aus fremden und befremdlichen Gründen und als eine selektive Wahrnehmung der Ästhetik von Georg Lukács und die Wiedergabe hacksscher Wertungen.

In diesem Essay, in dem sie sich die Kothurnen des Literaturwissenschaftlers oder des Ästhetikers anzieht und vor lauter Stolpern die seltsamsten Figuren aufführt, ist sie in mehrfacher Beziehung vollständig abhängig von Peter Hacks. Ihr Text lebt von dessen Invektiven, die sie zu objektivieren versucht. Objektivierung bedeutet in diesem Zusammenhang, einer Meinung einen wissenschaftlichen Anspruch zu verleihen. Vor allem aber lebt ihr Text in der Hauptsache von Hacksens Essay *Der Meineiddichter* aus dem Jahr 1976 – den sie in seiner Absicht zudem gründlich missversteht. Sie setzt in der Nachfolge des *Meineiddichter*, mit dem bei Hacks nur auf der ersten Ebene Friedrich Schlegel, auf der zweiten aber der Dichterkollege Heiner Müller gemeint ist, ebenfalls mit einer Herabsetzung bar jeder literaturhistorischen Einordnung des Romantikers Schlegel ein, der nun mal, auch wenn sie das kaum glauben mag, nicht ihr Zeitgenosse ist. Historische Differenzierung täte also not. Wenn Sahra Wagenknecht schreibt: »Die romantische Verwirrung der literarischen Gattungen, von Schlegel im *Athenäum* als Programm verkündet, sowie die Mengerei von bildender Kunst, Poesie und Religion sind ebenfalls im Kontext des romantischen Kunstverständnisses zu begreifen. Die Klassiker hielten deshalb so viel auf die Reinheit der Gattungen und die Untersuchung ihrer Gesetzmäßigkeiten, weil sie diese als Hilfsmittel erkannten ...«[183], dann korrespondiert das doch sehr stark mit Hacksens Gedanken: »Die Bestimmung der romantischen Poesie, verkündet er [Friedrich Schlegel – Anm. d. Verf.] ferner, ist nicht bloß, alle getrennten Gattungen der Poesie wieder zu vereinigen und die Poesie mit der Philosophie und der Rhetorik in Berührung zu setzen. Sie will und soll auch Poesie und Prosa, Genialität und Kritik, Kunstpoesie und Naturpoesie bald mischen, bald verschmelzen, die Poesie lebendig und gesellig und das Leben und die Gesellschaft poetisch machen.« Die Meister Goethe, Schiller und Hegel waren eben dabei, die einzelnen Formen der Erkenntnis reinlich zu trennen und einer jeden den Aufgabenbereich zuzumessen, für den sie am dienlichsten war. Sie bestimmten die Grundformen der Literatur.«[184] Doch hier irren Hacks und abhängig von ihm Sahra Wagenknecht, denn was immer auch Goethe formuliert und bräsig der Öffentlichkeit mitgeteilt hat, gibt es kein Werk der deutschen Literatur, das die Gattungen stärker vermischt als *Faust. Der Tragödie Zweiter Teil.* Man kann beim *Faust II* auch nicht von einem Drama sprechen, und die gattungstheoretischen Kategorien versagen, will man sie auf den *Faust II* anwenden, denn Faust II ist Gedicht, Oper, Ballett, Epos, ästhetische Diskussion, Farce, Groteske und gelegentlich auch Drama.

Hacks formuliert im *Meineiddichter* über Schlegels Roman *Lucinde* einige Sottisen, die man geistreich finden kann, aber nicht muss: »1799 schrieb er einen Roman zur Abschaffung des Romans, die *Lucinde*. ... Die *Lucinde* ist von der zitterigen Machart. ... Den Inhalt der Lucinde erzähle ich nicht, weil sie keinen Inhalt hat. Sie ist ein erotisch-redselig-universelles Wirrsal, ein ›aus den heterogensten Bestandteilen zusammengesetztes Mischgedicht‹.«[185] Sahra Wagenknecht echauffiert sich gleich im Eingang zu ihrem Essay als getreue Schülerin des Dichters Hacks in den Vorbemerkungen über den »Abgrund, der einen Wilhelm Meister-Roman von einer *Lucinde* trennt«.[186] Wo Hacks allerdings letztlich immer am Text bleibt, zuweilen auch gekonnt über den Text exakt hinwegdeliriert, kommt Wagenknecht von der Höhe der hegelschen Philosophie und sieht vor unterlegten Behauptungen den Text nicht mehr. Lukács, ungleich gerechter, nennt Friedrich Schlegel einen »bedeutenden Kritiker«.[187] Es geht Sahra Wagenknecht darum, »bei der Textinterpretation zu zeigen ..., daß jene Fragen, die hier auf einem Raum von 400 Versen angesprochen, problematisiert und – auf Goethes Weise – gelöst werden, Fragen sind, die die Ästhetik des gesamten bürgerlichen Zeitalters beschäftigt haben und sie voraussichtlich bis zu dessen Abtritt beschäftigen werden«.[188] Die Vorstellung vom Ende der bürgerlichen und vom Anbruch der sozialistischen Gesellschaftsordnung bestimmt den Rahmen ihrer Überlegungen, wie sie sich auch in dieser Übergangsperiode sieht. Mithin sind diese Probleme, wie sie glaubt, auch Probleme der Gegenwart. Sie würden so gesehen das ästhetische Gegenstück zum politisch-programmatischen Aufsatz »Marxismus und Opportunismus« darstellen.

Doch Goethes ästhetische Fragen sind die ästhetischen Fragen der Klassik oder der Kunstepoche, doch nach dem Expressionismus und dem Surrealismus, dem Dadaismus, der Neuen Sachlichkeit, nach Walter Benjamins Aufsatz »Das Kunstwerk im Zeitalter seiner technischen Reproduzierbarkeit«, nach den Texten der russischen Formalisten, nach Umberto Ecos *Lector in fabula* und Juri M. Lotmans *Kunst als Sprache,* nicht nach James Joyce und Franz Kafka, nicht nach Bertolt Brecht, Hans Henny Jahn, Samuel Beckett und Eugène Ionesco längst nicht mehr die Fragen der Gegenwart. Das Problem des ganzen Aufsatzes besteht nun darin, dass eine inzwischen historische Debatte in der Ästhetik als gegenwärtig geführt wird, so zu einer reinen Gespensterdebatte werden muss, und eine »Textinterpretation«, die auf einer Textanalyse fußt, nicht stattfindet. Wie der Aufsatz »Marxismus und Opportunismus« die Debatte am Ende der Zweiten Internationale als gegenwärtig nachspielt, so führt sie die ästhetischen Debatten der Goethezeit als heutige auf. Sie ist vollständig gefangen von dem Verfahren der Aktualisierung, das Karl Marx in *Der achtzehnte Brumaire des Louis Bonaparte* und Walter Benjamin in den *Thesen zur Geschichte* beschrieben haben.

Von 23 Seiten geht es nur auf 4 ½ Seiten um Goethes Text, und dann auch nur sehr allgemein um die »400 Verse«. Zuvor werden »Das Verhältnis von antiker und moderner Kunst aus der Perspektive der deutschen Klassik«, »Goethes Auseinandersetzung mit der Romantik«, die allerdings sehr selektiv vorgenommen wird, und »Goethes Verhältnis zu Lord Byron« behandelt, bevor kurz vor Schluss dann doch noch über die Euphorion-Episode gesprochen wird, obwohl sie eigentlich Thema des Aufsatzes sein soll – und mit ihr zu beginnen wäre, mit dem Text, über den zu handeln angekündigt wurde. Man geht zur Aufführung eines Stücks ins Theater und bekommt vom Bühnenbildner die Ideen zum Bühnenbild erläutert, bevor kurz vor Ende des seltsamen Theaterabends der Inspizient schnell noch die Handlung des Stückes zusammenfasst, das man eigentlich sehen wollte.

Ihre Grundthese lautet, die redundant immer wieder benannt wird, dass sich »hinter der klassischen Kunsttheorie ... eine klare politische Haltung« verbirgt.[189] Später wird sie behaupten, dass Goethes *Faust* ein hochpolitisches Werk ist.[190] Mehr nicht? War da nicht noch etwas? Möglicherweise der Text selbst, der, wenn er sich in Politik erschöpfte, darin ein hochpolitisches Werk zu sein, er alles mögliche Pamphlet, Traktrat, Essay, Appell wäre, alles, alles, nur keine Literatur. Oder wie es der chilenische Dichter Pablo Neruda in dem Gedicht »Die Wahrheit« ansprach:

»Greuel und Entsetzen! Ich las Romane,
unendlich rechtschaffene,

und so viele Verse über
den Ersten Mai,
daß ich jetzt nur noch über den 2. dieses Monats schreibe.«[191]

Es scheint, dass sie literarische Texte vorrangig politisch, auf Botschaften hin liest, dass Dichter für sie nur Philosophen sind, die sich lediglich einer seltsamen Sprache befleißigen. Die Eigenheit des Literarischen, die sich praktisch in der Sprachform von Dichtung findet, scheint ihr fremd zu sein. Ihr Denken scheint zu dieser Zeit streng ideologisch zu funktionieren; es geht von Grundsätzen aus, die sie auf die Welt überträgt. Ihrem Aufsatz liegt die marxistische Theorie zugrunde, nach der die Geschichte eine Geschichte von Klassenkämpfen ist, dass die bürgerliche Klasse zunächst revolutionär ist und eine neue Gesellschaft hervorbringt, die aber die Entfremdung des Menschen, die Vereinzelung und Isolation, den Sturz in unübersichtliche Verhältnisse, in denen er ausgebeutet wird, zur Folge hat. Ein steter Kampf tobt in der Weltgeschichte gut augustinisch zwischen zwei Mächten, zwischen dem Progressiven und dem Reaktionären, dem Fortschrittlichen und dem Rückschrittlichen, weil die Geschichte in einer sich aufwärts bewegenden Kurve verläuft – und die Klassik ist in dem Weltgeschichtsliteraturmodell von Hacks und Wagenknecht das Progressive, für die Romantik ist dagegen die Rolle des Reaktionären vorgesehen. Während die Klassik an die Renaissance und vor allem an die Antike anknüpft und das Progressive in der Geschichte der Menschheit im Blick hat, also Goethe für Wagenknecht immer mehr zum parteilosen Genossen Goethe wird, ist die Romantik mit ihrer »schwächlichen, transzendierenden Schreibweise« reaktionär. Sie ist auch deshalb reaktionär, weil sie an das dunkle, barbarische Mittelalter anschließt. Doch das Mittelalter war alles andere als dunkel und barbarisch, es brachte auch eine bedeutende Dichtung hervor. Wagenknecht stellt Behauptungen über die Literatur- oder die Architekturgeschichte auf, ohne sie, scheint es, ausreichend zu kennen. Allein die Frage, ob Dantes *Divina Commedia* das letzte Werk des Mittelalters oder das erste der Renaissance ist, zeigt, wie vorsichtig man mit globalen Wertungen sein muss. Wäre Dantes *Commedia* das erste Werk der Renaissance, so würde Gleiches für die *Summa theologica* des Thomas von Aquin gelten. Statt die »wirkliche Welt« zu humanisieren, meint Wagenknecht, ästhetisiert sie die Romantik.[192] Aber jede Form von Dichtung, will sie Dichtung sein, ästhetisiert die wirkliche Welt, mehr noch, gerade in ihrer Ästhetisierung wird die wirkliche Welt zur wirklichen Welt der Dichtung – und bleibt nicht totes Abbild. Wie Hacks betrachtet sie Napoleon Bonaparte als Helden, der von Goethe verehrt wird. Im Gespräch mit Hans-Dieter Schütt antwortet sie auf die Frage, welche militärische Leistung sie am meisten bewundert: »Die Kriegsführung Napoleons.«[193] Wie hatte doch Hacks formuliert: »Die Romantik, das sind die in einer Stimmung versammelten Abneigungen gegen Napoleon ... Die Romantik ist der Überbau der gegenbonapartistischen Fronde.«[194]

Doch im *Meineiddichter* geht Hacks nur auf der ersten Ebene auf Schlegel los, denn eigentlich bekämpft er Heiner Müller. Darin besteht nun der Unterschied: Für Hacks liefern Klassik und Romantik nur die Masken und Kostüme, in die er sich kleidet, um sehr konkrete heutige Kämpfe auszufechten. Darin besteht auch die poetische Verfahrensweise des Dichters, wie man es ebenfalls in dem zu dieser Zeit entstehenden Stück »Genovefa« besichtigen kann. Für Peter Hacks müssen die Romantik und Friedrich Schlegel herhalten, um seinen Kampf gegen den Dramatiker Heiner Müller auszufechten und seinen Anspruch auf den Thron des Klassikers des Sozialismus anzumelden, was insofern lustig ist, weil in der DDR der Thron des Klassikers im Museum stand, wie auch Ulbricht und Honecker sich nicht einmal im Mindesten bemühten, einen Karl August abzugeben, und es überdies nach Lage der Dinge nun auch keine DDR mehr gibt.

Diese Dimension fehlt bei ihr, auch wenn sie im Interview zweimal von Hans-Dieter Schütt ärgerlich reagiert, als sie auf Heiner Müller angesprochen wird. Aus Wagenknechts Reaktion gewinnt man den Eindruck, der Interviewer erwähnt den »Duweißtschonwer« mit Namen.

Es sind ihre in vollster Überzeugung vorgetragenen Thesen, die nicht bewiesen werden, die Fragen aufwerfen. So bemängelt sie, dass die »bürgerliche Literaturwissenschaft, gegen die leider auch die DDR-Germanistik sich als nicht resistent erwiesen hatte«, behaupten würde, dass Goethes Helena-Akt die »große poetische Metapher einer angestrebten Versöhnung zwischen klassischer und romantischer Kunst«[195] sei. Auf wen bezieht sie sich dabei? Auf Herrmann August Korff, auf Erich Trunz, auf Richard Alewyn, auf Georg Witkowski, auf Friedrich Gundolf, auf Julius Petersen, auf Helene Herrmann, auf Hans Mayer, auf Gerhard Scholz? Auf Georg Lukács, der in seinem Goethe-Buch schreibt: »Und Goethe führt uns nun die entstehende Liebe Fausts und Helenas so vor, dass in den Wechselreden beider nunmehr die gereimten Strophen der mittelalterlich neuzeitlichen, nicht antiken Poesie erscheinen«?[196] Für Lukács entstand die individuelle Liebe von Faust und Helena im Mittelalter.[197] Aber das ist freilich der Lukács vor dem Sturz in »Die Zerstörung der Vernunft«. Wie erklärt sich die Goethe-Adeptin die Handlungsorte »Innerer Burghof«, der auf das Mittelalter verweist und auf den antiken Palast des Menelas folgt, und »Schattiger Hain«? Wie den Wechsel der Metrik? Obwohl sie den Begriff Allegorie in der Überschrift verwendet, wenn es zum Text geht, definiert sie nicht, was sie unter dem schillernden Begriff der Allegorie versteht, was sie, die vorher immer wieder Hegels Ästhetik traktiert, hätte unternehmen müssen, weil Allegorie ein zentraler Begriff vor allem im Barock und in der Romantik ist. Walter Benjamin hat hierzu sehr Bedenkenswertes zu Papier gebracht. Lukács spricht in seiner Ästhetik davon, dass für

Schlegel »alle Schönheit Allegorie« ist.[198] Und letztlich ist es verfehlt, Hegels Dramenvorstellung zugrunde zu legen, weil die Faust-Dichtung, insbesondere der *Faust II*, eigentlich kein Drama ist, sondern eine Dichtung, die ihre eigene Ästhetik, ihre eigene Narration und ihre eigene Dramaturgie erst schafft. Darin besteht ihre Inkommensurabilität, die mit der hegelschen Definition der Tragödie überhaupt nicht zu fassen ist.

Es bleibt die Frage, weshalb Sahra Wagenknecht einen Essay über ein Thema verfasst, wozu ihr die wissenschaftlichen Voraussetzungen und das wissenschaftliche Handwerkszeug fehlen, noch dazu in einer Zeit, in der sie an dem Buch über die »Antisozialistische Strategie« schreibt – und sich im politischen Kampf befindet. Geschieht es aus einer Sehnsucht heraus, über Goethe zu schreiben, weil sie sich so intensiv mit ihm beschäftigt hat, befeuert von den Gesprächen im Hause Hacks über den abwesenden Herrn von Goethe? Versucht sie, sich ihre ganze Beschäftigung von der Seele zu schreiben? Will sie zeigen, dass sie auch das kann? Haben die Gespräche mit Hacks ihr diese falsche Sicherheit gegeben? Es geht häufig schief, wenn Philosophen über Dichtung schreiben, wie man an der Goethe-Biografie Rüdiger Safranskis sehen kann oder an den Hölderlin-Texten Martin Heideggers, weil Philosophen im Text ihre eigenen Ideen suchen, anstatt den Text zu verstehen. Sucht sie Erholung oder Ablenkung gar? Liebäugelt sie mit einem Genre-Wechsel?

In einem Interviewbuch aus dem Jahr 2017 kommt sie noch einmal auf ihre Sicht auf die Literatur und auf den *Faust* zu sprechen. Geändert hat sich nichts in ihrer Sichtweise auf beides seit den Tagen des Aufsatzes in den *Weißenseer Blättern*. Durch den *Faust* habe sie als Schülerin, so die Legende, erst ernsthaft begonnen, über gesellschaftliche Fragen nachzudenken. »Warum sind die Verhältnisse so wie sie sind? Warum haben sich die Menschen bestimmte Institutionen gegeben, die eigentlich für viele eher nachteilig sind? Die von vielen gar nicht gewollt werden?

Was kann man ändern? Das war für mich der Zugang auch zum politischen Denken. Der *Faust* ist ja ein hochpolitisches Werk. Philosophisch und zugleich zutiefst politisch ist bei *Faust* schon die Ausgangslage.«[199]

Im Folgenden bleibt es bei einem platten Dualismus wie schon im Essay von 1993. Faust ist der Progressive, der Vertreter einer optimistischen, Mephisto der Reaktionär, der Protagonist einer pessimistischen Weltanschauung. Das wird zwar nicht der Komplexität des Verhältnisses zwischen Faust und Mephisto gerecht, erst recht nicht dem Grand Guignol des Auftritts von Mephisto als Phorkyas, der als Realität, als Stimme der Moderne in die Idealität, in die antike Welt bricht. Gerade im Helena-Akt kämpfen einerseits Realität und Idealität miteinander, andererseits schließen sie beide eine Wette auf die Zukunft ab, die Faust in der Realität verliert, denn Helena entschwindet. Goethes *Faust* ist keine Bebilderung des Kommunistischen Manifests, Wagenknechts Kurzbeschreibung des *Faust* in dem Gespräch 2017 beschränkt sich auf das Politische, genauer, statt auf das Philosophische auf das Ideologische. Die Eigenheit des Literarischen bleibt unberührt, die wirklichen Leistungen Goethes in der Literatur übrigens auch, weil er zu einem reimenden Marx-Vorläufer wird. Absurd wird es, wenn sie staunt, dass dem Minister Goethe die Armut der Strumpfwirker von Apolda auffällt. Um das zu sehen, musste man wahrlich kein Marxist sein. Dass in den protestantischen Landen, so auch in Goethes späterem Wirkungsgebiet, bereits im 16. Jahrhundert die Schulpflicht eingeführt und in Luthers *Ratsherrenschrift* großartig begründet wird, scheint ihr vollkommen entgangen zu sein. Wenn sie in dem Gespräch befindet, dass zu Goethes Zeiten keine Demokratie existierte, sondern »eine Fürstenherrschaft mit einem kleinen gebildeten Adel und einem sehr, sehr kleinen gebildeten Bürgertum, während alle anderen weitgehend Analphabeten waren«, und hinzufügt: »Es gab im 19. Jahrhundert aus gutem Grund das Bestreben, dass Menschen aus allen Schichten der Zugang zu Bildung eröffnet werden sollte«,[200] dann kennt sie sich in der Geschichte nicht besonders gut aus und lebt von ideologischen Vorurteilen. Bereits 1524 formulierte Martin Luther mit Blick auf eine umfassende Reformation ein so modernes wie beeindruckendes Bildungsprogramm: »Nun muss ja das junge Volk ausschlagen und springen oder jedenfalls etwas zu schaffen haben, woran es Lust hat. Darin ist ihm nicht zu wehren; es wäre auch nicht gut, wenn man's alles wehren würde. Warum sollte man ihm dann nicht solche Schulen einrichten und solches Wissen vorlegen? Ist's doch alles jetzt durch Gottes Gnade so eingerichtet, dass die Kinder mit Lust und spielend lernen können, gleichviel ob es sich um Sprachen oder andere Wissenschaften oder Historien handelt. Es ist jetzt nicht mehr die Hölle und das Fegefeuer unserer Schulen, in denen wir gemartert worden sind über Kasus und Tempora, wobei wir doch nichts als lauter nichts gelernt haben vor so viel Schlägen, Zittern, Angst und Jammer. [...] Ich rede für mich: Wenn ich Kinder hätte und besäße die Möglichkeit dazu, so müssten sie mir nicht allein die Sprachen und Historien hören, sondern auch singen und die Musik samt der ganzen Mathematik lernen. Denn was ist das alles als lauter Kinderspiel. Darin erzogen die Griechen vorzeiten ihre Kinder; dadurch sind aus diesen doch wundergeschickte Leute geworden, die nachher zu allem Möglichen tauglich waren.«[201] Die Bildung soll allen Kindern offenstehen, und dort, wo es den Eltern an Geld hierfür mangelt, springt die Öffentlichkeit ein: »Ist der Vater arm, so helfe man mit Kirchengütern dazu. Hierzu sollten die Reichen ihre Testamente geben, wie denn die getan haben, die etliche Stipendien gestiftet haben; das hieße, dein Geld der Kirche recht übergeben.«[202] Schließlich läuft es für Luther darauf hinaus: »Es wird doch dabei bleiben, dass dein und mein Sohn, das heißt: einfacher Leute Kinder, werden die Welt regieren müssen ...«[203]

Als 2013 Rüdiger Safranski seine Goethe-Biografie veröffentlicht, bittet die *Frankfurter Allgemeine* Sahra Wagenknecht, das Buch zu rezensieren. Für die Zeitung ist es ein journalistischer Coup, das in dem als konservativ geltenden Blatt die stellvertretende Fraktionsvorsitzende der Linkspartei im deutschen Bundestag über Safranski und über Goethe schreibt. Wagenknecht hat es längst zu einem Medienliebling geschafft. Ein extremer Linksruck in den Medien kommt ihr dabei sehr zu Hilfe. Sie ist inzwischen in Zeitungen, auf dem Buchmarkt und in Talkshows präsent.

Die Politikerin lobt die Biografie einmal bis zum Olymp und zurück, weil Safranski ähnlich herangeht und in Safranskis Anekdotensammlung der Dichter selbst eigentlich eine Leerstelle bleibt. Wäre es anders, hätte Safranski nicht an Goethes Leben vorbeigeschrieben. Wagenknecht fasst die Grundthese des Buches präzise zusammen: »Goethes Leben, so die Kernthese, ist selbst ein ›Werk‹, und zwar eines, dass sich hinter Goethes literarischen Werken nicht verstecken muss.«[204] Dann wäre Goethes literarisches Werk keine Dichtung, denn das ist schlicht falsch und unterschlägt den Politiker Goethe, für den Dichtung auch ein Nebenzweck bleiben muss, weil er im Hauptberuf Minister ist.

Was ein Biograf nicht versuchen sollte, ist, das Leben dessen zu ästhetisieren, dessen Leben er beschreibt. Nichts im Leben Goethes ist Kunstwerk, er ist kein »Meister des Lebens«, und auch kein Beispiel für »ein gelungenes Leben«, was immer auch ein »gelungenes Leben« sein soll. Tief in die Kitschkiste greift es, wenn Goethe es als seine Lebensaufgabe begriffen haben soll, der zu werden, der er war.[205] Wann soll ihm die kathartische Lebensidee gekommen sein? Als Dreijähriger auf dem Töpfchen? Im Kinderbett? Als Student in Leipzig oder als Minister in Weimar? Als unfreiwilliger Begleiter seines Fürsten zu den Koalitionskriegen? Anhand von Brief- und Tagebuchaufzeichnungen beglaubigt Safranski seine Theorien und gönnt sich olympische Stunden, doch eigentlich nicht an den Texten von Goethes Dichtungen. Pars pro toto: Safranski barmt: »Man wüsste gern, wann genau das berühmte Gedicht, dass in der späteren Fassung 1789 bzw. 1810 die Überschrift ›Willkommen und Abschied‹ trägt, entstanden ist«, denn, so der Meister tiefschürfender Betrachtungen im sonoren Bass, »es verknüpft so innig Begegnung und Abschied«.[206] Die Feststellung, dass ein Gedicht, das den Titel »Willkommen und Abschied« trägt, »innig Begegnung und Abschied« verknüpft, besitzt schon fast tautologisches Format, aber natürlich in der Tautologie wird die Logik besonders zwingend. Außerhalb der Tautopologie allerdings stimmt das nicht, denn erstens trug der Titel der zweiten Fassung, die in den *Schriften* 1789 erschien, noch das »Willkomm« in der Überschrift. Erst in der Ausgabe der Werke von 1810 findet man den Titel »Willkommen und Abschied«. Zweitens geht die Forschung ziemlich sicher davon aus, dass die erste Fassung 1771 fertiggestellt wurde, im Druck erschien sie erstmals 1775.[207] Übrigens beantwortet der Erforscher des »gelingenden Lebens« die Frage selbst vier Seiten zuvor, was ihm entfallen sein mag. Fragwürdiger ist aber, wie leichtfertig der Biograf über den Unterschied der Fassungen hinweggeht: »Der Liebhaber verlässt die Geliebte, und der Abschied war vielleicht anders als in dem Gedicht vom Frühjahr 1771 [hier kannte er das Entstehungsdatum noch Anm. d. Verf.]: *Du gingst, ich stund, und sah zur Erden,/Und sah dir nach mit nassem Blick.* Oder andersherum, wie in der späteren Fassung: *Ich ging, du standst und sahst zur Erden/Und sahst mir nach mit nassem Blick. Dichtung und Wahrheit* vermerkt über das Ende der Idylle lakonisch: *Es waren peinliche Tage, deren Erinnerung mir nicht geblieben ist.*«[208] Klappe zu, Affe tot. Ein Biograf, der für seine Tätigkeit vom Olymp in das platte faktische Leben herabgestiegen ist, hätte erst einmal die Frage gestellt, warum dieser Perspektivenwechsel stattgefunden hat; er hätte allerdings dazu eine Analyse beider Fassungen durchführen müssen, denn die Unterschiede sind bedeutend. Bereits in der ersten Strophe variieren beide Fassungen. In der älteren Fassung heißt es:

»Es schlug mein Herz. Geschwind zu Pferde!
Und fort, wild wie ein Held zur Schlacht.«[209]

In der späteren, der bekannteren dann:
»Es schlug mein Herz, geschwind, zu Pferde!
Es war getan fast eh gedacht.«[210]

Änderungen finden sich auch in der zweiten und in der dritten Strophe, keine Strophe blieb unbearbeitet. Weshalb also nahm Goethe das Gedicht aus einer längst vergangenen Zeit wieder hervor, das noch dazu an eine Episode erinnert, die er längst vergessen hat, was nicht recht glaubhaft ist, weil sie ihm Pein, Schmerzen, zumindest unangenehme Gefühle bereitet hat? Um zu werden, der er ist? Kann man die Erinnerung an etwas verlieren, obwohl man sich daran erinnert, wie das Nicht-Erinnerbare auf einen gewirkt hat? So viel zu der akribischen Recherche, die sich auf die Tagebuchnotizen, Briefe und Zeugnisse von Zeitgenossen bezieht, aber um die Dichtung selbst einen Bogen schlägt. Reden wir nicht über Goethe deshalb, weil er ein Dichter war? Ist nicht das, was einen Dichter auszeichnet, seine Dichtung? In dieser Ferne zu den konkreten Texten ähneln Wagenknecht und Safranski einander. Sie trifft in ihrer Rezension sogar den Nagel auf den Kopf, vielleicht ohne es selbst zu bemerken, wenn sie einschätzt, dass Safranski »Hunderte kleine Episoden« erzählt. Das ist richtig, Safranskis Biografie ist in der Tat eher eine Anekdotensammlung.

Doch Satz für Satz kommt sie schließlich auf ihren Goethe zu sprechen und auf Peter Hacks, der meinte, dass Klassische Kunst »Anthropodizee« sei, also die Rechtfertigung des Menschen in

Ansehung menschenverursachter Übel. Die Anthropodizee ist die ins atheistische gewendete Idee der Theodizee; wenn es nämlich keinen Gott gibt, fällt die Frage nach der Rechtfertigung Gottes angesichts der Übel der Welt weg; der Mensch ohne Gott trägt nun die volle Verantwortung. Dass aber Goethe, Schiller und Wieland sich nicht mit der Theodizee beschäftigt haben, nicht christlich im Glauben gewesen sein sollen, wird sich wohl schwer belegen lassen. Die These von Peter Hacks stammt eher daher, dass er nicht an einen Gott glaubte, sich aber gleichwohl als Goethes Stellvertreter auf Erden empfand. Die These, die Sahra Wagenknecht vertritt, dass ein Schriftsteller, der sich mit »Blick auf sein eigenes Leben unsouverän und würdelos verhält«, als Autor nicht die Kraft hat, »klassische Größe«, was immer das auch sein soll, zu erreichen, steht im Widerspruch zur Literaturgeschichte; sie wird nicht einmal durch Goethes Leben bestätigt. Wie schon in den *Weißenseer Blättern* wird Goethe für sie zu einem Prämarxisten, feiert sie ihn als frühen Kritiker des Kapitalismus. Deshalb kritisiert sie auch, dass Safranski Fausts Ende »erbärmlich« findet. Es verwundert kaum, dass ihre Rezension mit Hegel endet, denn Hegel gehört Wagenknechts große Liebe. Hegel und Goethe, erst dann kommen Marx und Lenin, Luxemburg und Lukács.

Doch während sie den Aufsatz für die *Weißenseer Blätter* schreibt, ziehen sich immer stärker die Gewitterwolken über ihrem Haupt zusammen. Und sie muss mit ihrer Masterarbeit zu Ende kommen. Fleißig ist sie.

11. DER GROSSE SHOWDOWN

Anfang Dezember 1992 mutmaßt André Müller, dass man Gysi »aus dem Verkehr gezogen« habe, »weil es ihm nicht wirklich gelungen ist, den Kommunismus in der PDS auszurotten«. Hacks antwortet zehn Tage später dünnlippig, dass die »Anwartschaft des Bisky« für Müllers Gysi-These spräche.[211] Tatsächlich verzichtet Gregor Gysi 1993 auf den Parteivorsitz, neuer Bundesvorsitzender wird der Brandenburger PDS-Chef Lothar Bisky. Biskys Ziel, das er mit allen Mittel zu erreichen gedenkt, besteht darin, die PDS in eine vollkommen linksozialdemokratische Partei umzubauen, um endlich mit der SPD koalitionsfähig zu werden. Er möchte sich zwar keinesfalls in finanzieller Hinsicht, dafür aber umso mehr in erinnerungspolitischer Hinsicht von der SED lösen und die Vergangenheit, die noch Gutteil der Gegenwart ist, vertuschen. Ehrlichkeit sieht anders aus. Ihm zur Seite springen die PDS-Intellektuellen, die Gebrüder Brie, André und Michael. Letzterer veröffentlicht im *Neuen Deutschland* im Dezember 1993 einen programmatischen Artikel unter dem Titel: »War der Sozialismus '89 noch verteidigenswert? Neudenken – gegen die unbelehrte Wissenheit mancher Zeitgenossen«.[212] Hacks beschwert sich bei André Müller, dass »in keiner ND-Ausgabe ... bisher so gegen die DDR gehetzt« wurde wie in dieser.[213] Nicht anders dürfte es Sahra Wagenknecht sehen. Der

Konflikt zwischen Bisky und Wagenknecht nimmt an Schärfe zu. Was vor allem Bisky bis zur Weißglut reizt, ist, dass Wagenknecht nicht devot ist und im Grunde all das vertritt, was Bisky und Gysi in platter, sich volkstümlich gebender Rhetorik zu verstecken suchen, wobei beide einander perfekt ergänzen: Bisky, der Professor, der Intellektuelle, Gysi, der Linkspopulist, der selbst die Plattitüde noch für zu kompliziert hält, denn er ist ein Meister darin, die reflexionsfreie, emotionale Schiene zu bedienen, sozusagen der Roland Kaiser der PDS.

Die heftigen Debatten auf den montäglichen Vorstandssitzungen dauern schon mal bis zu sieben Stunden. Entgegen kommt der PDS, dass bei vielen ehemaligen DDR-Bürgern nicht zu Unrecht das Gefühl entsteht, Deutsche zweiter Klasse zu sein. Diese spezielle Haltung vor allem westdeutscher Linksliberaler bringt noch am 3.10.2017 Ralph Bollmann in der *FAZ* zum Tag der deutschen Einheit voller westdeutscher Arroganz geradezu paradigmatisch auf den Punkt, wenn er die 17 Millionen Ostdeutschen erstens zu »Migranten im eigenen Land« erklärt und sie dann noch als Migranten zweiter Klasse framt: »Sie sind schon lange im Land, aber noch immer unterscheiden sich die neu Hinzugekommenen deutlich von denen, die bereits länger dabei sind.«[214] Die ausgesuchte Perfidie besteht darin, dass der Merkel-Biograf eine Redefigur aufgreift, die bei Merkel und anderen nach 2015 en vogue war, als sie die Bezeichnung Deutscher nicht mehr über ihre postmodernen oder woken Lippen bekamen und nur zwischen neu Hinzugekommenen und denen, die schon länger hier leben, unterschieden wurde. Bei dem medialen Ostdeutschen-Bashing gehörte es zu den Mitteln, die Ostdeutschen zu Migranten zweiter Klasse zu machen, ihnen die Heimat zu rauben. Zuvor hatte die *ZEIT*-Redakteurin Özlem Topcu, im Grunde die »Ossis« ausgebürgert, weil sie ihr Weltbild stören, denn: »Dabei wart Ihr ja eigentlich auch Einwanderer. Hatten wir nicht beide oft das Gefühl, dass uns die Wessis wie

Bürger zweiter Klasse behandeln, von oben herab?« Um beleidigt hinzuzufügen: »Nur leider habt Ihr uns vergessen bei Eurer schönen Einheit. Ihr habt uns nicht gemeint und uns wieder zu Ausländern gemacht. Dabei waren wir schon längst Wessis. Länger als Ihr.«[215] Dass die Ostdeutschen ein ganzes Land mit seinen Werten mitbrachten und viele an den Orten weiterlebten, fiel den Juste-Milieu-Redakteuren nicht auf. Auch nicht, dass die Ostdeutschen enteignet wurden. Der spätere Merkel-Biograf setzte dann fort: »Sie haben weniger Erfolg im Beruf und verdienen weniger Geld. Sie sind mit ihrer Lebenssituation im Schnitt weniger zufrieden und schimpfen über die Republik, die sie aufgenommen hat. ... Erstaunlicherweise nehmen die Abschottungstendenzen der zweiten Generation zum Teil sogar zu. Das ist ein deutliches Zeichen dafür, dass im Integrationsprozess etwas schiefläuft. Die Rede ist nicht von den Deutschtürken, die einst als Arbeitskräfte ins Land kamen. Auch nicht von den russlanddeutschen Einwanderern der Neunzigerjahre oder von den syrischen Flüchtlingen des Jahres 2015.« Allesamt fleißige Leute im Gegensatz zu den faulen Ostdeutschen? »Es geht um die damals rund 17 Millionen Ostdeutschen, die am 3. Oktober 1990 der Bundesrepublik beitraten, alle an einem Tag. Es war eine der größten und plötzlichsten Einwanderungswellen der Geschichte.« Bollmann belehrt dann die dummen Ostdeutschen gleichmal vom hohen Ross herab: »Einiges spricht dafür, dass die Ostdeutschen so etwas wie Migranten im eigenen Land sind. Und dass die besonderen Schwierigkeiten der Integration damit zu tun haben, dass sich das die Beteiligten zu wenig klar gemacht haben. Daher zogen sie oft die falschen Schlüsse mit fatalen Folgen.«[216] Mehr Demut, mehr Kniefälle, bitte! Dass beispielsweise Professoren, die aus den Universitäten gejagt werden, um Platz für Westdeutsche zu schaffen, dann auch noch nachgesagt wird, dass sie »weniger Erfolg im Beruf« haben und deshalb weniger Geld verdienen, ist schon infam. Was ist mit den Belegschaften abgewickelter Betriebe, die manchmal für eine Mark gekauft werden, um sie vom Markt zu nehmen? Das interessiert den späteren Merkel-Biografen nicht. Wie viel Zufriedenheit sollen diejenigen denn aufbringen? Weniger verdienen viele auch, auch im öffentlichen Dienst, weil sie nach Osttarif bezahlt werden. Bollmann erklärt den Ostdeutschen nicht nur, dass sie Verlierer sind, obwohl ohne ihren Mut die deutsche Einheit und die vielen schönen Karrieren von Westdeutschen in Ostdeutschland nicht zustande gekommen wären; sie werden enteignet, verlieren teils ihre Arbeit, haben in einem neuen System von vorn anzufangen, alles, was man in den hübschen Worten Transformation und Transformationsleistungen versteckt, und müssen sich überdies noch verhöhnen lassen. Vielen Westdeutschen ist nicht einmal bewusst, dass der Soli nicht nur im Westen, sondern auch im Osten zu entrichten ist. Peinlich spießbürgerlich wird es, wenn der spätere Merkel-Biograf in eine brav paternalistische Du-du-Prosa abgleitet, wenn er behauptet, dass Angela Merkel im Osten so viel Hass auf sich zöge, »weil sie ihren Landsleuten den Spiegel vorhält: Seht her, wer sich anstrengt, der schafft es auch«. Nur wird Angela Merkel in Ostdeutschland nicht als Ostdeutsche wahrgenommen. Wenn Sahra Wagenknecht aus ihrer Vergangenheit erzählt, weiß jeder Ostdeutsche, wovon sie redet. Bei Merkel fragt man sich im Osten, in welchem Land sie gelebt hat. Deshalb hält sie sich auch mit biografischen Details zurück, weil sie nichts zu erzählen hat oder weil sie das, was sie zu erzählen hat, nicht erzählen will. Dass Bollmann für gelungene Integration neben Merkel noch Katrin Göring-Eckardt, eine gescheiterte Theologiestudentin, die ihr Leben im Apparat der grünen Partei zugebracht hat, und Katja Kipping anführt, an die man sich nicht einmal mehr in der Linkspartei erinnert, bricht den Stab über den Text in der *FAZ* des späteren Merkel-Biografen. Es ist diese Arroganz, die das westdeutsche Juste Milieu, das 1990 schon deutlich linksliberal auf dem Weg zum Postmodernismus ist, was der PDS Auftrieb verschafft. In dieser Situation der Herabsetzung etabliert sich die PDS demagogisch und erfolgreich als Regionalpartei, als Partei der Ostdeutschen. Es geht auch um Selbstbewusstsein und auch darum, dass diejenigen, denen die deutsche Einheit zu verdanken ist, plötzlich als Verlierer dastehen.

Der PDS gelingt es 1994, informell in einem Bundesland an der Regierung beteiligt zu werden. Unter dem Begriff Magdeburger Modell duldet sie die rot-grüne Minderheitsregierung in Sachsen-Anhalt von 1994 bis 2002. Dieser Erfolg bestätigt Gysis und Biskys Strategie. Doch im Westen wird die PDS zu Recht immer noch mit der SED in Verbindung gebracht – daher kommt sie dort nicht voran. In Biskys Umfeld gibt man »Klara Klarsicht«, wie die Reformer Sahra Wagenknecht spöttisch nennen, und ihrer Kommunistischen Plattform die Schuld daran, die nach Einschätzung der Reformer durch Ideologie-Debatten die Arbeit des Vorstands lähmen. Bisky hat aus Sicht der Partei recht, denn würde sich Wagenknechts Position durchsetzen, würde die PDS zu einer Sekte verkümmern. Aber auch Wagenknecht liegt nicht völlig daneben, denn Gysis und Biskys Reformen entleeren die Partei, die nur noch Erfolg hat, weil sie von den Verletzungen, Herabsetzungen und Ressentiments lebt, ansonsten so etwas wie Jusos für Erwachsene wird. Das logische Ende dieser Entwicklung wird mit dem Wechsel von sozialpolitischen zu identitätspolitischen Positionen eintreten, wodurch sich die Partei ihrer Wählerschaft zunehmend entfremden wird.

Ende 1994 spricht der *Spiegel* von »Säuberungen« und spielt damit verlässlich grobschlächtig auf die stalinistische Vergangenheit der Partei an, die sie so schnell als möglich vergessen machen will – was gelingen würde, wenn nicht Sahra Wagenknecht da wäre. Schnell wird sie zum Gesicht der Kommunistischen Plattform. Die Medien nehmen sie an, sie passt in die Dramaturgie politischer Sendungen, besonders in die in dieser Zeit an Popularität gewinnenden politischen Talkshows. Bisky setzt alles auf eine Karte, er will, er muss ein neues Programm durchsetzen und einen neuen Vorstand wählen lassen, wenn er die Partei auf dem sozialdemokratisierenden Weg voranbringen will. Nicht weniger als ein Bad Godesberg schwebt ihm für die PDS vor. Vor allem möchte er endlich den 80-jährigen Trotzkisten Jakob Moneta und die Kommunistin Sahra Wagenknecht loswerden. »Nur ein arbeitsfähiger Vorstand kann verhindern, dass die Partei in verschiedenen Richtungen zerbricht«, mahnt Bisky und droht: »Für einen Parteivorstand, der auf der Stelle tritt, stehe ich nicht zur Verfügung.«[217] Bisky droht mit Rücktritt vom Parteivorsitz, wenn Sahra Wagenknecht in den neuen Vorstand gewählt wird. Sie oder ich, lautet die Devise, die er ausgibt. Gysi assistiert, dass auch er dann nicht mehr für den Vorstand kandidieren würde, wenn Wagenknecht wiedergewählt wird. Das kann man schon eine Erpressung nennen, wenn die beiden wichtigsten Führungskräfte der Partei wegen einer 25-jährigen Studentin ein Ultimatum stellen.

Zwar verfügt die kommunistische Plattform nicht über einen so großen Einfluss in der Partei, dass sie Biskys Plänen gefährlich werden kann. Die Regionalpolitiker in Ostdeutschland, die eher pragmatisch orientiert sind, hat er auf seiner Seite. Doch Bisky darf Wagenknecht nicht unterschätzen – und das macht er auch nicht, denn sie ist klug, rhetorisch geschickt, äußerlich nicht zu verunsichern, weil sie sich perfekt einmauern kann; sie ist jung und schön, verkörpert für viele Ältere einen Aufbruch, vor allem kommt sie dem Gefühl der Ostalgie entgegen. Äußerlich wirkt sie furchtlos. Man hat zwar verloren, der Westen hat dummerweise in der Systemauseinandersetzung gewonnen, doch man ist kein Verlierer, weil der Fortschritt, die Jugend, die kommende Zeit mit einem sind. Hinzukommt, dass die vielen, die sich in ihren Berufen engagiert haben, sich einen zwar überschaubaren Wohlstand aufgebaut haben, nun ihr Leben, ihre Biografie entwertet sehen. Einer der fragwürdigsten Sätze, die jemals niedergeschrieben worden sind, lautet: »Es gibt kein richtiges Leben im Falschen.«[218] Dieser Satz führt letztlich zu dem anmaßenden Vorwurf, kein Bürger der DDR habe ein richtiges Leben geführt – auch so kann man Biografien entwerten. Kommunismus, von einer jungen, schönen Frau vertreten, ist etwas anderes, als wenn ein grauhaariger Kämpe mit brüchiger oder schnarrender Stimme dafür wirbt. Es ist Kommunismus ohne Bitterkeit. Das macht die junge Politikerin, die junge Genossin für viele Ältere in der PDS so attraktiv.

Am ersten Weihnachtsfeiertag 1994 interviewt der *Spiegel* Sahra Wagenknecht. Mit Blick auf den anhebenden Machtkampf im Vorfeld des in einem Monat stattfindenden Parteitages fragt das Hamburger Magazin sie: »Ihr Parteivorsitzender Lothar Bisky plädiert neuerdings für einen ›liberalen Sozialismus‹. Wie gefällt Ihnen das?« Sie bemüht sich nicht einmal, ihre Abneigung gegen Bisky zu verhehlen: »Genosse Bisky sollte konkret erläutern, was er darunter versteht. Dann können wir darüber diskutieren. Jene Gesellschaftskonzepte, die sich heute gemeinhin liberale nennen, stehen bekanntlich für die besonders rücksichtslose Durchsetzung von Kapitalinteressen. Damit habe ich nichts zu tun.« Doch der *Spiegel* lässt nicht locker, ist an der Duellsituation interessiert: »Ist Bisky, der die PDS zum Partner der SPD machen möchte, für Sie überhaupt noch ein richtiger Sozialist?« Kühl und deutlich, die den Gegensatz zwar nicht benennt, ihn aber durchklingen lässt, antwortet sie im besten SED-Deutsch: »Ich gehe davon aus, daß der Vorsitzende der PDS das Programm der PDS akzeptiert. Und in diesem Programm ist sie eindeutig als antikapitalistische Partei definiert. Ich bin nicht der Auffassung, daß wir uns bei den bürgerlichen Politikern dauernd für unsere Herkunft und Geschichte entschuldigen müssen.« Ihrer Position zur DDR und ihrer Deutung der jüngsten Geschichte im Sinne von Peter Hacks bleibt sie treu: »Die sogenannte Wende war im Kern eine Gegenrevolution. Es ist vor fünf Jahren ein Land zugrunde gegangen, in dem jedenfalls der Ansatz gegeben war, eine Gesellschaft ohne Profitprinzip aufzubauen. Heute haben wir wieder die eindeutige Kapitalherrschaft; das ist für mich ein klarer Rückschritt. Im Vergleich zur BRD war die DDR, was immer man im Einzelnen an ihr aussetzen mag, in jeder Phase ihrer Entwicklung das friedlichere, sozialere, menschlichere Deutschland. Ich wünsche mir, daß die PDS das Ziel einer sozialistischen Gesellschaft nicht aus den Augen verliert.«[219] Damit hat sie die Gegenposition zu Michael Brie und zu Lothar Bisky formuliert. Als ihre Vorstandkollegen das Interview lesen, dürfte es ihnen, wie Bisky einmal bemerkte, eiskalt den Rücken heruntergelaufen sein. Gut vierzehn Tage bevor der Parteitag beginnen sollte, erneuert Bisky sein Ultimatum und erklärt, dass er nicht wieder zur Wahl antreten werde, wenn kein Trennungsstrich zu den Stalinisten gezogen werde. Fast zur gleichen Zeit finden sich zur traditionellen Demonstration für Karl und Rosa über 50 000 Menschen auf dem Berliner Friedhof Friedrichsfelde ein. Das ist ein eindrucksvolles Votum gerade in Richtung PDS-Vorstand für die DDR und für den Sozialismus, denn nicht wenige Genossen marschieren mit. Der Journalist Reiner Oschmann, der den Reformern nahesteht, schlägt im *Neuen Deutschland* nachdenkliche Töne an: »Das Wetter in Berlin war mies, der Andrang in Friedrichsfelde groß. Das sagt etwas über die Anziehungskraft der Ideen von Karl und Rosa und über die Mobilisierungskraft der Linken aus. Nichts sagt es darüber, wohin diese Kraft versickert, wenn die Demonstrationen vorüber und die Nelken verwelkt sind.« Er warnt mit Blick auf Sahra Wagenknecht: »Einige Mitglieder der Kommunistischen Plattform beklagen, daß mit Stalins Tod eigentlich auch der Sozialismus zu sterben begann. Bisky läuft es darob kalt über den Rücken, und wieder mal kündigt ein PDS-Chef Rücktritt für den Fall an, daß der Stalinismus schein- statt mausetot ist.«[220] Doch das »stalinistische Teufelchen«, wie die Medien Sahra Wagenknecht gern nennen, macht seinem Ruf alle Ehre und publiziert sein Buch *Antisozialistische Strategien im Zeitalter der Systemauseinandersetzung*. Das im Verlag Pahl-Rugenstein erscheinende Buch setzt den Aufsatz »Marxismus und Opportunismus« fort. Die von ihrem Mentor Peter Hacks als meisterlich gefeierte Theorie der indirekten Strategie fällt, genau betrachtet, eher fantastisch als historisch, eher verschwörungstheoretisch denn analytisch aus.

Sahra Wagenknecht hat sogar einen halben Verbündeten in Hans Modrow, der vor einer Sozialdemokratisierung der PDS warnt und über die junge Kommunistin befindet: »Wer einen Streit mit Sahra Wagenknecht hat, soll ihn mit ihr persönlich austragen.«[221] Mit dieser Formulierung versucht Modrow zweierlei, erstens eine Grundsatzdebatte zu verhindern, die sich in theoretische Abstrakta verlieren und sich radikalisieren könnte, und zweitens Sahra Wagenknecht aus der Schusslinie zu nehmen, indem er die Auseinandersetzung auf der privaten Ebene ansiedelt nach dem Motto: Geht doch erst einmal einen Kaffee miteinander trinken. Doch in Biskys Strategie gegen Wagenknecht und die Kommunistische Plattform spielt Gysis Ziehkind Angela Marquardt, die Biskys und Gysis Reformlinie unterstützt, eine Hauptrolle. Gegensätzlicher können die beiden jungen Frauen nicht sein: Marquardt kommt als Punk daher und pflegt ihre Schnoddrigkeit, während Sahra Wagenknecht mit hochgestecktem Haar und Rüschenbluse an Rosa Luxemburg erinnert und sehr bürgerlich, für das Jahr 1995 sehr unzeitgemäß wirkt. Marquardt trägt Jeans und Weste. Wie die *taz* schreibt: da: das die Wange des Parteivorsitzenden streichelnde »reformerische Engelchen«, dort: das »stalinistische Teufelchen«. »Sahra Wagenknecht trägt das Banner der Kommunistischen Plattform, Angela Marquardt das der ›AG Junge GenossInnen‹, resümiert die *taz* im Frühgenderdelirium.[222]

Im bereits erwähnten Interview mit dem *Spiegel* zurrt Sahra Wagenknecht kurz vor dem Parteitag ihre Positionen noch einmal fest: »Der Profitmechanismus muss durch grundlegende Veränderungen in den Eigentumsverhältnissen überwunden werden. Wirklich soziale Politik setzt Volkseigentum zumindest an Banken und Großindustrie voraus.« Und zum Thema Demokratie und Einparteiensystem definiert sie: »Der künftige Sozialismus wird sich erheblich mehr Demokratie leisten können, weil er in hochentwickelten Industriestaaten entstehen und daher deutlich produktiver sein wird. Er ist dann nicht mehr mit dem Grundübel belastet, in ökonomisch rückständigen Ländern aufgebaut werden zu müssen, die im Kampf der Systeme von vornherein benachteiligt sind.« Als der *Spiegel* anmerkt, dass Bisky sie aus dem Vorstand wählen lassen möchte, macht sie eine Kampfansage: »Über die Zusammensetzung des Vorstandes entscheidet nicht der Genosse Bisky, sondern das entscheiden die Delegierten.«[223] Sie will kämpfen, sie wird kämpfen und den Kampf verlieren. Auf der 1. Tagung des 4. Parteitags, die vom 27.–29. Januar 1995 in Berlin stattfindet, erringt sie den Platz 8 auf der Frauenliste, doch nur Platz eins bis sieben gehören dem neuen Parteivorstand an. Angela Marquardt wird nicht nur in den Vorstand wiedergewählt, sondern auch stellvertretende Parteivorsitzende. Bisky hat gesiegt, doch nicht ganz. Zwei andere Kämpfe gewinnt Sahra Wagenknecht.

Im November 1994 verabschiedet der Parteivorstand zehn Thesen, in denen es um die Haltung der PDS zu ihrer Vergangenheit und zur künftigen Politik geht. Die These vier liest sich für Sahra Wagenknecht und die Kommunistische Plattform wie der Abschied vom Klassenkampf, wie Ketzerei, wie Opportunismus und Revisionismus: »Da es um das Überleben der Menschheit geht, lassen sich die Probleme der Gegenwart und Zukunft nicht mit einem vereinfachten und reduzierten Denken in den Kategorien von Klassenkampf und Sozialpartnerschaft erfassen.«

Statt auf Klassenkampf setzt der Vorstand auf einen neuen »Gesellschaftsvertrag«. Mit dieser Idee sind die Postkommunisten den Grünen weit voraus, die jetzt in der Regierung Scholz-Habeck versuchen, einen neuen Gesellschaftsvertrag durchzusetzen, dessen Notwendigkeit sie wie schon die PDS 1994 mit der halluzinierten Apokalypse, mit dem »Überleben der Menschheit«, begründen. Es muss immer ums Ganze gehen, wenn es ganz gegen die Demokratie geht. Denn »trotz aller Widersprüche zwischen den verschiedenen Klassen, Schichten und Gruppen der Gesellschaft (wird es) ohne eine neue Übereinkunft zwischen ihnen keine veränderte Entwicklungsrichtung in der Produktions-, Konsumptions- und Lebensweise geben«. Also nicht ohne Transformation. Nicht ohne Systemwechsel.

In der These acht, die auch nicht auf Applaus durch die Kommunistische Plattform stößt, wird der »Bruch mit der zentralistischen, demokratiefeindlichen Politik der SED, dem Stalinismus«, beschlossen und der heilige Eid geleistet: »Ein Zurück zu den politischen Strukturen der DDR gibt es für uns nicht.«[224]

Um sich mit den Thesen, die auf dem Parteitag beschlossen werden sollen, zu beschäftigen, räumt der Vorstand der Partei drei Wochen ein. Nicht nur die Kommunistische Plattform, nicht nur die viele Altgenossen, auch Hans Modrow fremdelt mit den Thesen. Doch das Vorgehen, das etwas von Überrumpelung an sich hat, mobilisiert in atemberaubend kurzer Zeit die Partei. Unter dem Druck von 92 Änderungsanträgen, 52 von Sahra Wagenknechts Kommunistischer Plattform, reduzieren Gysi und Bisky ihre zehn Thesen auf fünf und weichen sie auf. Zwar heißt es weiter, dass stalinistische Auffassungen unvereinbar mit der Mitgliedschaft in der PDS sind, doch stellen sie nun die »Bemühungen und Ergebnisse der Tätigkeit von Hunderttausenden Mitgliedern der SED, Hunderttausenden Bürgerinnen und Bürgern der DDR für eine sozial gerechtere, solidarischere und humanere Gesellschaft« heraus und legen sich fest, der »These vom

Unrechtsstaat (zu) widersprechen«. Wagenknechts Mentorin in der Kommunistische Plattform, Ellen Brombacher, verlangt, dass, wenn die Unvereinbarkeitsklausel gegenüber stalinistischen Auffassungen vom Parteitag beschlossen wird, dann »bitte schön auch eine Unvereinbarkeitsklausel gegen antikommunistische Positionen in der PDS«.[225] Der zweite Sieg der Sahra Wagenknecht besteht in der Publizität, die sie gewonnen hat. Das mag im Moment wie weniger als nichts erscheinen, doch ist es für die Zukunft ein großes Kapital. Sie hat sich als medientauglich erwiesen, die Welt der Talkshows öffnet sich ihr.

Doch erst einmal steht sie vor dem Nichts, ihr politischer Einfluss hat sich reduziert.

12. »ZU OFT SIEGT DIE POLITIKERIN«

Trotz ihres politischen Engagements, der damit verbundenen Kämpfe, die immer mehr Zeit und Kraft kosten, aber ihr anscheinend immer mehr Lust bereiten, denn sie ist ja nicht allein und isoliert, sondern ihre Popularität wächst unaufhörlich und wie von Geisterhand befördert, arbeitet sie an einer Magisterarbeit über die Hegelkritik von Karl Marx mit dem staubtrockenen Titel »Vom Kopf auf die Füße? Zur Hegelkritik des jungen Marx oder das Problem einer dialektisch-materialistischen Wissenschaftsmethode«. Diese Arbeit betreut der marxistische Philosoph Hans Heinz Holz, der im niederländischen Groningen lehrt. Noch immer denkt sie, dass es einer philosophischen Theorie bedarf, um praktische Politik zu machen, und dass es mit falschen theoretischen Grundsätzen keine richtige Politik gibt. Denn intuitiv weiß sie, dass theoretische Arbeiten sie aus der Banalität des Dutzendpolitikers – zumal in Zeiten, in denen der Typ des Politikerfunktionärs vom Schlag Göring-Eckardts, ohne Ausbildung, ohne Kenntnisse, des postmodernen Schwadroneurs zu reüssieren beginnt – und aus der Mediokrität deutscher Parteisoldaten und Parteifeldwebel herausheben. Sie hat inzwischen gelernt, dass man mit einer geschickt gesetzten Außenseiterposition, die bei Lichte besehen in der PDS keine Außenseiterposition ist, sondern in weiten Teilen der Basis mit Sympathie bedacht wird, Furore machen kann. Von Anfang an hat sie jedoch schon in den frühen Interviews ihre Biografie als Waffe eingesetzt, hat sie die immer gleichen biografischen Details ausgewählt und hervorgehoben und immer aufs Neue wiederholt, die sie als aufrechte Außenseiterin zeigen. Eine Außenseiterin, die sich fern des Weltgetriebes redlich zu erkennen bemüht hat, was die Welt im Innersten zusammenhält. Frühzeitig gesteht sie ein, der Einsamkeit den Vorzug zu geben, wenn sie sich auf Verhältnisse einstellen soll, die sie ablehnt. Sie ist die Autodidaktin, die sich alles selbst zu verdanken hat. Die Rolle ihrer Förderer tritt davor in den Schatten der einsamen Lichtfigur, zuerst Peter Hacks, der sich darüber beklagt, dass sie, wenn sie ihn schon »ausweidet«, ihn nicht einmal zitiert.

Nein, alles beginnt mit Sahra Wagenknecht und alles ist durch Sahra Wagenknecht. Sie hat früh – zumindest intuitiv – das begriffen, was man im Marketing ein Alleinstellungsmerkmal nennt. Die Medien benötigen das Besondere, das Andere, selbst wenn sie es vernichten oder verleumden wollen; sie benötigen die Nachricht so sehr, dass sie beständig in der Gefahr schweben, sie notfalls zu erfinden, wenn sie partout nicht aufzutreiben ist. Um das im Politischen durchzusetzen, zumal in einer politischen Kultur, in der eine gewisse Herdenmentalität gefragt ist, muss man sich eines systematisch abtrainieren: geliebt sein zu wollen. Es gilt, die Kunst zu beherrschen, stoisch mit Würde die Ablehnung zu ertragen, denn – und so lautet das Geheimnis – die Ablehnung der einen führt zur Liebe der anderen, man muss nur den anderen Mainstream bedienen und ein Gespür für divergierende Stimmungen besitzen. Es darf zwar einsam aussehen, nur muss es herausragend, aber in Wahrheit nicht einsam sein. Das lernt sie in der Kommunistischen Plattform, denn sosehr die Plattform abgelehnt wird, umso mehr stille Anhänger hat sie – und sie stellt das Andere dar, was die Medien und die politische Konkurrenz benötigen. Sie ist das Skandalon, aber nur, weil das

Andere, das Establishment, das eigentliche Skandalon ist. Das kann man Dialektik nennen, und die hat sie bei Hegel erlernt, dass Aufheben zwei Bedeutungen hat; sie ist das Besondere, in dem sich das Allgemeine konkretisiert. Im Aufheben stecken Auflösen und Bewahren.

Sie trainiert die Fähigkeit, sich äußerlich über Ablehnung zu erheben, sich nicht beeindrucken zu lassen. Was Sahra Wagenknecht in diesen Jahren lernt, ist die Kultivierung der Außenseiterposition, das Marketing der erratisch Aufrechten, die für ihre Ehrlichkeit und Prinzipienfestigkeit von allen verfolgt wird und verlässlich diejenige bleibt, als die sie sich präsentiert, die den Eindruck erzeugt, wie Safranski fälschlich über Goethe schreibt, in ihrem Leben nur ein Ziel zu verfolgen: nämlich die zu werden, die sie ist. Es wird ihr gut zwanzig Jahre später gelingen, diese Legende ihrem Biografen so zu vermitteln, dass er sich darin gefallen wird, sie für seine Idee, für seine Analyse zu halten.

Ihre Vorstellung von Theorie reduziert sich für sie allerdings nicht auf einen Mix aus Politikwissenschaft und Soziologie, sondern Wagenknecht will tiefer bohren; sie fragt, wie richtig gedacht wird, sie fragt nach dem Denken schlechthin. Allerdings bleibt fast die ganze moderne Philosophie zum Thema Denken und wissenschaftliche Methodik draußen vor der Tür von Wagenknechts Studierzimmer. Es kann nur eine Lehre geben, in der sie als Adeptin brilliert. Wie man andere Philosophien einfach diffamiert, beiseiteschiebt, das Argument durch das pejorative Epitheton ersetzt, kann sie bei Marx, aber vor allem in Lenins philosophischem Hauptwerk *Materialismus und Empiriokritizismus* erlernen. Weder der Neukantianismus noch die Phänomenologie, nicht die Lebensphilosophie, auch nicht die Existenzphilosophie oder der Existenzialismus, auch nicht Foucaults Poststrukturalismus oder Derridas Dekonstruktivismus, Glasers Konstruktivismus nicht, die gesamte Sprachanalytik von Wittgenstein bis Austin nicht, die Semiotik von Juri M. Lotman bis

Umberto Eco, der russische Formalismus, die Prager Schule und der Strukturalismus nicht, gar nicht zu reden von Adorno und Habermas, um sich wieder dem marxistischen Bereich anzunähern, geraten auch nur in den Randbereich der Reflexion. Wagenknechts Betrachtung, Wagenknechts Analyse ist hermetisch. Sie erledigt das Andere einfach mit dem bornierten Kommentar, dass ihr die spätbürgerliche Philosophie nichts gäbe, wiewohl Lotman im sowjetischen Tartu lehrte und sogar in der DDR rezipiert werden konnte,[226] wie sie auch die Literatur der Bundesrepublik nicht interessant findet. Im Interview mit Hans-Dieter Schütt, das 1995 erscheint, also zur Zeit, in der sie mit ihrer Magisterarbeit beschäftigt ist, urteilt sie mit einer Wagenknecht-Floskel pauschal über westdeutsche Autoren: »Einige habe ich gelesen.« Nur sagt sie wie so häufig nicht, welche, nennt keine Beispiele, wertet aber stattdessen umso sicherer – und zwar ab – und wie immer gern in Bausch und Bogen: »Das ewig gleiche Innenweltbild des Spätbürgertums gibt mir nichts.«[227] Seltsam daran ist nur, dass sie kurz darauf und dann an anderer Stelle Thomas Manns *Doktor Faustus* in den Himmel hebt.[228] Was soll denn Manns *Faustus* anderes sein? Ein Sittenbild aus der Zeit der Frühbürgerlichen Revolution? Wenn nach marxistischer Terminologie Thomas Mann kein Schriftsteller des Spätbürgertums par excellence ist, dessen Themen und Sujets ausschließlich aus der Innenwelt des Spätbürgertums[229] stammen, dann gibt es keinen. Günter Grass, Martin Walser, Wolfgang Heißenbüttel, Peter Härtling, Ingeborg Bachmann, Max von der Grün, Wolfgang Hildesheimer nur Miniaturmaler der Innenwelten des Spätbürgertums?

2017 wird sie in einem ihrer zahllosen Interviews zu Protokoll geben, dass sie Adorno und Marcuse im Studium gelesen habe, Heidegger schon vorher. Wieder hört man nur Namen, erfährt aber nicht, was konkret sie nun gelesen hat, auch wenn es keine Spuren hinterließ. Aber das ist vielleicht auch einerlei, denn in der Magisterarbeit merkt man nichts von dieser Lektüre, die ja fast gleichzeitig stattgefunden haben muss. Selbst wenn man zu Heidegger keinen »Zugang« findet, ist die Aussage von jemandem, der Aristoteles, vielleicht Platon, auf jeden Fall die klassisch deutsche Philosophie, besonders Kant und Hegel, gelesen hat. »Ich fand ihn zunächst einfach düster und dann, als ich ihn verstanden habe, reaktionär«[230] einfach zu dünn. Philosophie auf ein ideologisches Wörtchen zu reduzieren, »reaktionär«, ist einfach zu wenig und unangemessen. Je weiter sie sich von Hegel, Goethe und Marx entfernt, desto allgemeiner werden ihre Äußerungen.

Wagenknechts Studierzimmer ist sehr aufgeräumt und womöglich kleiner, als man denkt. Eines ihrer wichtigsten Prinzipien wird hier bereits deutlich: das Weglassen, was nicht in die Botschaft passt. Das Eigene wird als allgemein gesetzt, das heißt, ein Besonderes verdrängt alle anderen Besonderheiten aus der Allgemeinheit. Was man als Konsequenz missverstehen könnte, ist nur die Exklusion des Störenden. Falsifikation scheint ihr fremd zu sein, eine extreme Form von Verifikation allerdings nicht. Sie besitzt die Begabung für eine hochaggregierte Ignoranz, die dadurch überzeugt, dass sie viele Stimmungen anspricht und viele Entwicklungen richtig benennt.

In ihrer Magisterarbeit analysiert sie nicht nur, sie fragt nach der Analyse selbst, nach den Werkzeugen und ihrer Beschaffenheit, doch die Frage reduziert sich auf eine Methode, die dann *die* Methode sein soll: »Denn letztlich geht es um weit mehr als darum, Marx zu verstehen. Es geht darum, zum Verständnis einer Methode durchzudringen, die erwiesenermaßen die Realität – und insbesondere die gesellschaftliche Realität – in ihrer Bewegung und Entwicklung besser und adäquater zu erfassen vermag als jede bisher entwickelte andere.«[231]

Vermag sie das? Ist das wirklich erwiesen? Worin ist sie den anderen überlegen, und überhaupt welchen anderen? Wer sind

»jede«? Es gehört zu den rhetorischen und stilistischen Eigenheiten Wagenknechts, eine These als »erwiesen« vorauszusetzen, die sie eigentlich erst beweisen müsste. Man nennt das einen Zirkelschluss, wenn man voraussetzt, was am Ende herauskommen soll. Aus dieser Methode, etwas als gesichert zu setzen, was vollkommen unsicher ist und erst eines Beweises bedarf, entsteht der unverwechselbare Wagenknecht-Sound, der ruhige, selbstgewisse Ton des Wissenden, des Adepten in die großen Weltläufe.

Die Vergewisserung ist in der Magisterarbeit für sie aus zwei Gründen dringend geboten. Zum einen gerät sie angesichts der Wirklichkeit mit der orthodox marxistischen Sicht in ein Dilemma, andererseits erachtet sie den politischen Voluntarismus und die rein taktisch orientierte Beliebigkeit der Sozialdemokratisierung der PDS für schädlich. »Soll die marxistische Theorie je wieder wirkliche und breite Überzeugungskraft gewinnen, steht sie in der Pflicht, das, was sich seit Lenins Tod auf diesem Planeten zugetragen hat, wissenschaftlich zu analysieren und begrifflich zu fassen. Das betrifft sowohl die Gesamtgeschichte des ersten sozialistischen Weltsystems – seinen Aufstieg, Niedergang und letztlich Zusammenbruch – als auch die Entwicklungen, Veränderungen und Anpassungen im Kapitalismus der zweiten Jahrhunderthälfte.« Erst daraus kann eine für die Gegenwart »angemessene Strategie entwickelt werden«.[232] Zu nichts Geringerem dient ihr die Arbeit, eben nicht als Türöffner für eine akademische Laufbahn, sondern als intellektuelle Flurbereinigung für die politische Arbeit. A la longue und ohne dass sie das damals ahnen kann, wird sie mit der immanenten Kritik an der Theorieabstinenz der PDS recht behalten, denn die Übernahme des Postmodernismus, wodurch die Linke sich nicht mehr von der SPD und den Grünen unterscheiden lässt, besitzt ihren Ursprung darin, dass die PDS keine eigenen Konzepte zu entwickeln vermag, in der theoretischen Schwäche der Partei, die übrigens auch die frühere Programmpartei SPD eingeholt hat. In ihrem theoretischen Vakuum. Sie sind im Postmodernismus versunken, weil sie nichts Eigenes mehr besitzen, ihre Funktionäre mit denen der Grünen oder der SPD austauschbar sind. Die einzige Partei in der Bundesrepublik, die ein Konzept besitzt, sind die Grünen, nur ist es leider das falsche, ein zutiefst nihilistisches und suizidales Konzept, aber ein Konzept. Es zeigt sich, dass linkes Denken überhaupt aufgehört hat, weil es vom postmodernen Sammelsurium, das übrigens im linken Denken seinen Anfang genommen hat, vollständig aufgesogen wird. In einem Interview 2017 wird Sahra Wagenknecht resümieren: »Manche in der PDS hatten vor allem das Ziel, in dem neuen System anzukommen. Das war zwar menschlich verständlich, aber das ist natürlich nicht gerade das, was eine linke Partei ausmacht.«[233] Und wieder wirken geradezu unterschwellig in der wagenknechtschen Rhetorik die Selbstgewissheit und der Allwissenheitsanspruch, der sich in Wörtchen wie »natürlich« ausdrückt. Warum ist das von Natur aus so? Ihre Rhetorik lebt von Vorschaltungen auf der Mikroebene, von Dogmatisierungen durch Wörter, die nicht mehr als Füllwörter, sondern als Wertungen funktionieren.

Natürlich besitzt die Studentin keine Glaskugel, in die sie blicken kann, als sie ihre Masterarbeit schreibt, doch die Unzufriedenheit mit dem verhängnisvoll niedrigen theoretischen Niveau treibt sie um. Ursprünglich wollte sie ihre Masterarbeit über die Philosophie in der DDR schreiben, stellte dann jedoch fest, wie Hacks kalauerte, dass es keine gab.[234] Das ist zwar sachlich nicht richtig, muss aber als Begründung herhalten, weil sie sich die wahren Gründe dafür, ein anderes Thema zu wählen, nicht eingestehen will oder kann. Es wird ein Rückzugsthema werden, zurück in das Studierzimmer. Die Gründe hierfür finden sich in der Kombination von beginnender Abkehr und Distanzierung von der DDR, in der notwendigen Überarbeitung ihres Marxismus und damit verbunden, dass sie keine rein philosophiehistorische Abhandlung verfassen will. Eine Arbeit über die Philosophie in der DDR würde für Sahra Wagenknecht nicht historisch bleiben, denn sie müsste die Fragen, wenn ihre These lautet, dass es keine Philosophie in der DDR gab, genau beantworten, was für sie Philosophie ist, und feststellen, was in der DDR als Philosophie getrieben wurde. Sie hätte sich bei ihrem früheren Vorstandskollegen Reinhard Mocek erkundigen können, dem Philosophieprofessor aus Halle, der in seinen Vorlesungen vor 1989 bereits Talcott Parsons und Niklas Luhmann behandelt hat. Vor allem würde das die Frage nach der DDR und nach dem Marxismus an sich aufwerfen. Dem wich sie aus, weil sie zu vieles nicht hätte weglassen können. Letztlich hätte das verlangt, nicht nur zu lesen, sondern zu recherchieren, ihr Studierzimmer zu verlassen. Historisches Interesse, die Fähigkeiten des Historikers wie auch des Germanisten und des Literaturhistorikers sucht man bei ihr vergebens. Es ist keine Frage des Intellekts, es interessiert sie nur nicht. Geschichte und Literatur dienen lediglich zur Illustration und zum Beweis von politischen oder wirtschaftlichen Forderungen oder ideologischen Einschätzungen, gelegentlich von Populismus, den sie nicht scheut, aber durch Bildung zu verbrämen vermag.

Sie spürt immer stärker, dass die DDR mit ihr, mit ihrem Leben, mit ihrem Engagement wenig bis immer weniger zu tun hat. Hatte sie wirklich mit ihr zu tun? Sie verliert gesichert geglaubtes Hinterland. Das Einzige, was sie wirklich aus der DDR mitnehmen wird, sind wirtschaftswissenschaftliche Vorstellungen, die vom Neuen Ökonomischen System der Planung und Leitung. Doch an diesem Punkt ist sie noch nicht. 1995 steht sie vor der Frage, wie ihre künftige Arbeit nach der missglückten Wiederwahl und dem Ende der Arbeit im Vorstand aussehen wird, kurz vor der Frage nach ihrer Zukunft. Sie hat eine Machtposition verloren, niemand müsste sich mit ihr mehr politisch auseinandersetzen, wenn sie nicht konsequent von der Kommunistischen Plattform aus agierte. Und das macht sie. Peter Hacks bringt all seine Beredsamkeit auf, um ihr nach dem Parteitag zu verdeutlichen, dass »gegenwärtig nichts zählt als ihr Examen«.[235] Offensichtlich zweifelt sie, denn der Weg, den die akademische Qualifizierungsarbeit eröffnet, nämlich eine Universitätslaufbahn einzuschlagen, mag in den Tagen und Wochen nach dem Parteitag einen Reiz ausstrahlen und eine berufliche und mithin eine Lebensperspektive eröffnen; allein, es ist nicht ihr Weg, es ist nicht ihre Perspektive, es ist nicht ihr Leben. Sie könnte die Wissenschaft wählen, die aber ein anderes Arbeiten erfordert, weniger voluntaristisch, oder die Politik, die ihrer Spontaneität und der Art ihres Geltungsdrangs eher entgegenkommt. Bitter klagt Hacks André Müller gegenüber: »Ihrer eigentlichen Aufgabe, die PDS zu einem geeignetem Zeitpunkt zu zerschlagen, ist sie nicht nachgekommen.« Hacks konnte 2001 allerdings nicht ahnen, dass sie lange nach seinem Tod, »ihrer eigentlichen Aufgabe« schließlich doch noch nachkommen würde, und am 27.01.2024 die PDS, also Die Linke mit der Gründung der Partei Bündnis Sahra Wagenknecht »zerschlagen würde«. Übrigens fast auf den Tag genau 29 Jahre nachdem sie auf dem 4. Parteitag der PDS aus dem Vorstand gewählt wurde. Doch wie würde Hacks kommentieren, dass diese Partei ihren bürgerlichen Namen tragen würde? Das hatten nicht einmal Lenin oder Stalin geschafft.

Doch Hacks ärgert sich sehr über sein »Pflänzchen«: »Dabei will sie immer ins Fernsehen. Sie hat nun mal eine Neigung zum PDS-Politiker.«[236]

Mit dem Ende des Studiums muss sie sich entscheiden. Sie hat die Frage für sich jetzt zu beantworten, ob sie Berufspolitikerin werden möchte. Kann sie auf die Politik noch verzichten, ist sie nicht vom Leerlauf des Studiums, so wie sie es empfand, in die Politik geflüchtet? Vieles, was in der Philosophie gelehrt wird, interessiert sie zudem nicht. Im Gespräch mit André Müller wird Hacks schließlich resigniert äußern: »Mit der Rolle einer Theoretikerin und einer Politikerin kommt sie im Grunde genommen nicht klar. Leider zu oft siegt die Politikerin.«[237]

Aber die Magisterarbeit birgt noch eine zweite Chance, so banal es klingen mag, nämlich Ordnung in ihren Pantheon zu bringen. Sie hat das Verhältnis von zwei ihrer drei Hausgötter, das von Karl Marx und von Georg Friedrich Wilhelm Hegel, zu klären. Darin besteht das eigentliche Thema ihrer Magisterarbeit, eine Ordnung zu errichten, das bedeutet, Hierarchien zu schaffen. Sosehr sie Marx politisch und gesellschaftlich zuneigt, so sehr liebt sie Hegels Philosophie. Nun wird Hegel zwar von den Marxisten seit der Religionsstiftung von Marx und Engels geschätzt, doch bezieht sich das ausschließlich auf die Methode, die auf die Dialektik reduziert wird, den Rest sieht man als überwundenen Idealismus an. Man muss dazu wissen, dass der Marxismus als Grundfrage der Philosophie definiert, ob man das Materielle oder das Ideelle als ursprünglich ansieht, wodurch Materialismus, der vom Primat der Materie, und Idealismus, der vom Primat der Idee ausgeht, bestimmt werden. Engels schrieb grundlegend dazu: »Die große Grundfrage aller, speziell neueren Philosophie ist die nach dem Verhältnis von Denken und Sein ... Was ist das Ursprüngliche, der Geist oder die Natur?« Lenin präzisiert diese Vorstellung, nachdem der Begriff der Materie durch die Entwicklung der Physik eine Veränderung erfahren hat, in der Gegenüberstellung von Materie und Bewusstsein, wobei für ihn das Bewusstsein das Sekundäre und die Materie das Primäre ist. Danach wird mehr oder weniger dogmatisch die Philosophiegeschichte aufgeteilt. Das bedeutet allerdings nicht, dass für die Marxisten jeder Materialismus per se, weil er Materialismus ist, über dem Idealismus steht, also Ludwig Büchner, Carl Vogt und Jakob Moleschott, die Materialisten des 19. Jahrhunderts, über Kant oder Hegel. Im Gegenteil, sie werden gern als Vulgärmaterialisten geschmäht. Martin Heidegger hatte die Grundfrage problematisiert, die Frage selbst gestellt, wieso und wie wir überhaupt danach fragen. Zudem hat die marxistische Philosophie eigentlich das Problem, dass es streng genommen nach den Vorstellungen von Karl Marx, besonders aber von Friedrich Engels keine Philosophie mehr nach Hegel geben dürfte. Karl Marx hatte ja in der berühmten 11. Feuerbachthese gesagt, dass die Philosophen die Welt nur verschieden interpretiert haben, es aber darauf ankomme, sie zu verändern. Es geht also nicht mehr ums Philosophieren, sondern ums Handeln, statt Vita contemplativa Vita activa. Friedrich Engels legt als Bilanz des Denkens von Marx und von ihm in der Schrift *Ludwig Feuerbach und der Ausgang der klassischen deutschen Philosophie* apodiktisch fest: »Mit Hegel schließt die Philosophie überhaupt ab; einerseits weil er ihre ganze Entwicklung in seinem System in der großartigsten Weise zusammenfasst, andrerseits weil er uns, wenn auch unbewusst, den Weg zeigt aus diesem Labyrinth der Systeme zur wirklichen positiven Erkenntnis der Welt.«[238]

Positive Erkenntnis der Welt bedeutet handelnd eingreifen. Was Engels unter wirklich positiver Erkenntnis der Welt versteht, sind Gesellschaftstheorie, Soziologie, Wirtschaftswissenschaften, Organisationswissenschaft. Und in der Tat wird die Beschäftigung von Karl Marx mit der Philosophie mit steigendem Alter von Gesellschaftstheorie, politischer Ökonomie und politischer Theorie und Organisationstheorie verdrängt. Das Problem der marxistischen Philosophie, dort, wo sie sich nicht mit Philosophiegeschichte beschäftigte, bestand nun darin, dass alles Philosophische scheinbar schon gesagt wurde. Dennoch stellten sich neue Fragen, beispielsweise in der Technikphilosophie, in der Kybernetik, in der medizinischen Ethik, in der Herausforderung des Humanismus durch den Transhumanismus, in der Entwicklung der Beziehungen der Menschen im kommunikativen, schließlich im digitalen Zeitalter. Insofern bestand die Aufgabe der marxistischen Philosophie darin, auf ontologische, erkenntnistheoretische und ethische Probleme, die sich in der Entwicklung des Lebens und der Sinnhaftigkeit im Leben ergaben, sowie auf die philosophischen Richtungen der Lebensphilosophie, der Existenzphilosophie, der Phänomenologie, deren Verknüpfung mit dem Marxismus über Poststrukturalismus und Dekonstruktivismus schließlich zum Postmodernismus führen sollten, einzugehen, sie zu bearbeiten und Antworten zu geben. Die Frage stand im Raum, ob die marxistische Philosophie das überhaupt kann, ob sie nicht zeitlich, allzu zeitlich ist. Allerdings stellt sie sich nicht für Sahra Wagenknecht. Sie setzt voraus, dass es so sei. Georg Lukács hat es mit seinem letzten großen Projekt versucht: *Zur Ontologie des gesellschaftlichen Seins* – und ist gescheitert, weil er als »wesentliche Voraussetzung zur Erkenntnis der ontologischen Eigenart des gesellschaftlichen Seins ... die Rolle der Praxis in objektiver und subjektiver Hinsicht« sah.[239] Was Lukács auf marxistischer Grundlage in Angriff nahm, leistete im Grunde auf dem Gebiet der Soziologie Niklas Luhmann mit dem Werk *Soziale Systeme. Grundriss einer allgemeinen Theorie* 1984, das noch im Philosophiestudium in der DDR diskutiert wurde und schließlich in dessen Opus magnum *Die Gesellschaft der Gesellschaft* 1997 zu einer umfangreichen Systemtheorie wurde.

Sahra Wagenknecht wird ihre Masterarbeit beenden – und es ist ein wirklich beeindruckendes Ergebnis, das sie vorlegt. Vor allem gelingt es ihr, ihre beiden Hausgötter auszugleichen, wenngleich Hegel am Ende doch besser dabei wegkommt. Auch hier deutet sich an, dass sie sucht, weiter möchte, an die Grenzen des orthodoxen Marxismus gestoßen ist. Rückblickend sagt sie zwanzig Jahre später: »Der junge Marx ist noch der unfertige Marx, der sich von Hegel loslösen, mitunter auch freikämpfen musste, weil er etwas Eigenständiges vorlegen wollte. Deswegen ist Hegel an einigen Stellen von ihm stärker kritisiert worden, als das meines Erachtens angemessen ist. Ich habe versucht herauszuarbeiten, an welchen Stellen Hegel tatsächlich mehr recht hatte als der junge Marx, wobei der ältere Marx das an vielen Stellen auch schon wieder anders gesehen hat.«[240] Die Magisterarbeit ist letztlich ein Bekenntnis zu Hegel, denn sie handelt im Grunde nicht von Marx, sondern eben von Hegel. Würde sie mit Lukács, dessen Buch *Der junge Hegel* ihr sechs, sieben Jahre zuvor geholfen hat, Hegel zu verstehen, noch mit dessen Satz mitgehen, dass die Aufgabe darin bestünde, »für die Dialektik fruchtbare Wirkung dieser tätige Seiten« konkret herauszuarbeiten, so dürfte sie nicht mehr mit Lukács darin übereinstimmen, dass der ungarische Philosoph eine »verzerrte Widerspiegelung« der idealistischen Philosophie unterstellt, die es zu überwinden gelte.[241] Als marxistisches Dogma, dem auch Lenin folgte, galt der Satz von Friedrich Engels über die Kritik von Marx an Hegel: »Damit aber wurde die Begriffsdialektik selbst nur der bewusste Reflex der dialektischen Bewegung der wirklichen Welt, und damit wurde die Hegelsche Dialektik auf den Kopf, oder vielmehr vom Kopf, auf dem sie stand, wieder auf die Füße gestellt.«[242] Gleich im Titel problematisiert sie das Diktum Friedrich Engels', denn sie versieht das Dogma mit einem Fragezeichen. Eigentlich kann Hegel für sie nicht auf dem Kopf stehen, sie stünde dann selbst mit ihm auf dem Kopf. Während Engels behauptet, dass Marx Hegel vom Kopf auf die Füße gestellt habe, will Wagenknecht die Frage beantworten, ob das wirklich so sei. Letztlich kommt sie zu einem Nein und geht gut abgesichert so weit, dass die Kritik von Marx an Hegel in Teilen verfehlt und einen Rückfall hinter Hegel darstellt, ohne dabei den Marxismus an sich in Zweifel zu ziehen. Zunächst baut sie geschickt vor, dass sie nicht über die Hegelkritik von Marx spricht, sondern über die Hegelkritik des jungen Marx, also als im orthodox-marxistischen Sinne Marx noch nicht so ganz Marx war, und es geht auch schon nicht mehr um die Kritik an Hegel schlechthin, sondern um die Frage der Wissenschaftsmethode. Letzteres entschärft das Materialismusproblem, das genau betrachtet in einer ideologischen, nicht aber in einer philosophischen Frage besteht, denn »Gegenstand der

›Phänomenologie‹ ist also nicht die natürliche oder gesellschaftliche Geschichte im Allgemeinen«, wie Wagenknecht hervorhebt, obwohl darin die marxsche Öffnung von Hegel und der Grund seiner Kritik bestand, »sondern die *Geschichte des menschlichen Bewusstseins* in seiner Auseinandersetzung mit der natürlichen und gesellschaftlichen Außenwelt. Die ›Phänomenologie‹ ist die universelle historische Darstellung der verschiedenen erkenntnistheoretischen Einstellungen als jeweils spezifischer Versuch, die Realität gedanklich zu bewältigen und das Verhältnis des menschlichen Denkens zu ihr zu bestimmen …«[243] Engels' Formulierung läuft ins Leere, ebenso wie Teile der Kritik von Marx, wenn man den Geltungsbereich der hegelschen Philosophie verengt, ihn auf die Dialektik beschränkt. Damit ist klar, dass es um eine Frage der Methoden geht, darum, wie wissenschaftliches Denken funktioniert und welche Denkprinzipien bestehen. Sahra Wagenknecht will also nur über die Dialektik handeln, die als logisches Prinzip, als Verfahrensweise des Denkens nicht auf die Füße gestellt zu werden braucht, weil sie keine Füße hat. Das reine Denken wird zum geschichtlich handelnden Subjekt, die Denkbewegungen werden untersucht. Zweitens wendet die junge Philosophin den witzigen Trick an, dass sie die Kritik an Hegel fast ausnahmslos nur in den Frühschriften von Marx findet – und hier Marx aufgrund seiner Jugend Hegel noch nicht das Wasser reichen kann. Später ist das zwar anders, doch da schreibt Marx nicht mehr über Hegel. Der alternde Marx träumt davon, noch einmal Zeit zu haben, über Hegel zusammenfassend und konzis zu handeln. Dazu jedoch kommt es – auch zu Wagenknechts Glück – nicht mehr. Und schließlich bezieht sich ihrer Meinung nach ein Teil der Kritik von Marx gar nicht auf Hegel, sondern auf die Junghegelianer, auf Bruno Bauer beispielsweise, auf den Kreis der Schüler Hegels, zu dem auch Marx gehörte und aus dem er sich mühsam herausgearbeitet hat. Doch die Auseinandersetzung mit den Junghegelianern haben

Marx und Engels explizit in zwei Werken, und zwar 1844/45 in *Die heilige Familie oder Kritik der kritischen Kritik gegen Bruno Bauer und Konsorten* und 1845/46 in *Die deutsche Ideologie. Kritik der neuesten deutschen Philosophie in ihren Repräsentanten Feuerbach, B. Bauer und Stirner und des deutschen Sozialismus in seinen verschiedenen Propheten* geführt. Allerdings finden beide Schriften, die teils im gleichen Jahr der Ökonomisch-philosophischen Manuskripte, auf die sich Wagenknecht bezieht, bzw. ein bis zwei Jahre später in Zusammenarbeit mit Friedrich Engels entstanden sind und von der Hegel-Kritik der *Manuskripte* zur Kritik der Junghegelianer überleiten, in der Magisterarbeit keine Beachtung. Wenn man die These vertritt, dass die Hegel-Kritik des jungen Marx zum Teil eigentlich die Junghegelianer meint, wäre es Pflicht gewesen, die Denkentwicklung des jungen Marx von den Ökonomisch-philosophischen Manuskripten zu den beiden anderen Texten zu analysieren, mindestens aber zu vergleichen. Georg Lukács kommt dem Phänomen der Hegel-Kritik des jungen Marx übrigens näher, als er genauer als Wagenknecht feststellt, dass diese Kritik vom »Standpunkt eines radikalen Linkshegelianers … eines revolutionären Demokraten« aus erfolgt.[244] Marxens frühe Hegel-Kritik sei also nicht eine Kritik an den Junghegelianern, sondern eine Kritik an Hegel vom Standpunkt eines Junghegelianers, freilich von der Position eines »sehr wenig ›orthodoxen‹ Linkshegelianismus«.[245] Allerdings hat Lukács hier nicht die Ökonomisch-philosophischen Manuskripte«, sondern die Kritik an Hegels Rechtsphilosophie im Blick. Es erstaunt zumindest, wenn man nicht Wagenknechts Rasiermesser in Rechnung stellt, alles abzuscheiden oder wegzulassen, was stört. Zudem könnte es sich aber hier um eine Schwäche Wagenknechts handeln, die in ihrer extremen Autodidaktik besteht. Zuweilen will es scheinen, als seien ihr einige banale Grundsätze wissenschaftlichen Arbeitens fremd. Rein quantitativ, was sich qualitativ bestätigt, nimmt die Darstellung der Grundkategorien der hegelschen Philosophie in der Magisterarbeit mit 93 Seiten den größten Teil ein. Kein Kapitel ist so lang wie dieses – und man gewinnt beim Lesen den Eindruck, dass es ihr am meisten Spaß bereitet hat. Zusammengefasst heißt das: Hegel spricht erstens über etwas anderes als das, was Marx kritisiert; zweitens ist Marx da noch nicht Marx; und drittens meint er auch nicht Hegel, sondern dessen Schüler. Damit gelingt der Philosophin etwas gänzlich Neues, die umgekehrte Negation als Negation, im gewissen Sinne eine retrograde Negation der Negation. Das ist alles brillant gemacht. Und: Ihr eigentlicher Gott ist und bleibt Hegel. Auffallend ist, dass sie anscheinend nur mit den Originaltexten von Marx und Hegel auskommt, weder parallele, noch Sekundärliteratur nutzt. Das wäre aber notwendig gewesen, um die hegelschen Begriffe selbst infrage zu stellen, so bleibt doch alles etwas hermetisch, ein Billard zwischen Marx und Hegel, ohne dass ein Dritter zugelassen wäre. Nicht einmal Engels durfte mitspielen. Doch letztlich wird diese Arbeit, sie mag es selbst noch nicht wissen, zum Abschied von der Philosophie und von der Theorie. Sie dürfte für sich an einen Endpunkt angelangt sein. Als Theoretikerin, wie Hacks bemerkt. Die Frage, die sich ihr ganz persönlich stellt, lautet, ob sie weiter Politik betreiben will. Oder soll sie sich zurückziehen? Etwas anderes suchen? Mit diesem Prozess verbindet sich auch die Entfernung von ihrem Mentor.

Im September 1994 schwärmt Peter Hacks noch im Gespräch mit André Müller über »sein Pflänzchen«: »Sie ist nach Ulbricht der einzige theoretische Kopf, den die Kommunisten haben.«[246] Doch will sie wirklich der theoretische Kopf der Kommunisten sein? Instinktiv wird ihr wohl langsam klar, dass die Welt ihres Mentors, die eines alternden Dichters, nicht die einer jungen Frau ist. Peter Hacks ist trotz aller groben Sottisen, vielleicht aber auch deshalb, ein sensibler Mann. An den Freund schreibt er kurz nach der 1. Tagung des 4. Parteitages am 31. Januar: »Ich hoffe, Sahra überzeugen zu können, dass gegenwärtig nichts zählt als ihr Examen.«[247] Dass Hacks hofft, wo er doch sonst anweist, belehrt, heranzieht, deutet auf einen schwindenden Einfluss hin. Peter Hacks bleibt nicht verborgen, dass sich »sein Pflänzchen« von ihm zu emanzipieren beginnt, dass die politischen Kämpfe, die sie zu bestehen hat, sie auch reifen lassen. Früher hat er ihr empfohlen, wie sie sich verhalten soll, jetzt hofft er, sie überzeugen zu können. Er schimpft über den »antistalinistischen Schwur« und über die Leute, die in geleistet haben, die »Abschaum« sind und vor denen man sich »doch immer wieder neu ... ekeln« kann. [248] Doch er verschweigt ein nicht unwichtiges Detail in dem Brief an den Freund, so als suchte er, es zu verdrängen, zumindest nach außen hin. Und das Schweigen, das eine Scham andeutet, wird nur umso lauter, als er sich über den »antistalinistischen Schwur« echauffiert. Über die, die den Eid geleistet haben, über den Abschaum. Doch sein André lässt es an Feingefühl mangeln und spricht den »liebsten Peter« direkt auf das verschwiegene Detail an: »Aber kannst Du mir sagen, weshalb Sahra auf dem P(artei)T(ag) sich von den ›Verbrechen der Stalinzeit‹ distanzierte? Ich hörte es selber im F(ern)S(ehen). Sie war eine Woche vorher zwei Tage bei mir in Köln, und wir stimmten überein, sie solle das unter keinen Umständen tun, und es werde bestimmt von ihr verlangt werden.«[249] Gehört »sein Pflänzchen« nunmehr auch zum Abschaum, da sie mit abschwor? Hacks antwortet nicht. Er schweigt. Eine Woche später schickt André Müller dem sich ins Schwiegen hüllenden Dichter einen sehr langen Brief, in dem es vor allem um englische Geschichte und um Shakespeare, um Hamlet, um Maria Stuart, um Darnwell, um Bothwell, um Winstanley, um »Maß für Maß« und »Othello«, um »Richard II«, um »König Lear« und um »Macbeth« geht. In dem lang und immer länger werdenden Brief macht er einen immer größer werdenden Bogen um das, was ihn brennender interessiert. Er wiederholt zwar seine Frage nicht, doch aus diesem Brief ruft es laut heraus, dass er nach einer Antwort verlangt, denn er versteht die Handlungsweise ihrer »Rosa« nicht. Und Hacks? Kann nun nicht länger schweigen. Doch antwortet der Dichter ungern. Vielleicht spürt er auch, dass sie ihm allmählich und unausweichlich entgleitet, und will es sich nicht eingestehen. Er lässt noch eine ganze Woche verstreichen, ehe er endlich dem Freund Antwort auf dessen ungehörige Frage erteilt. Zunächst nutzt er die neutrale Möglichkeit, auf die Shakespeare-Etüden des Freundes einzugehen. Doch dann ringt er sich endlich zu einer Antwort durch, die verzweifelt locker klingt: »Sahra hat Stalins Verbrechen in ihren schönen Mund genommen, weil sie eine echte Politikerseele besitzt und folglich die Wahrheit als solche für keinen Wert erachtet. Sie war nahe daran, über Gossweiler ernstlich in Zorn zu geraten, und ich habe ihr auf den schönen Mund gegeben.«[250] Man spürt die Verstimmung, denn Gossweiler ist nicht das Problem, das Problem ist er selbst, Peter Hacks. Denn eigentlich geht es nicht um Gossweiler, eigentlich war sie nahe dran, über ihn in Zorn zu geraten. Gossweilers Position ist zu 90 % Hacksens Position. Sie hat sich klug, sie hat sich politisch verhalten. Er ist zutiefst enttäuscht. Der »einzige theoretische Kopf, den die Kommunisten haben«, hat der Politik den Vorzug gegeben und der Theorie vale gesagt.

André Müller kommt, nachdem der Dichter ihn in Juntersdorf besucht hat, zu dem Schluss: »Überhaupt existiert für Hacks die DDR eigentlich weiter, die er auch immer wieder als das eigentliche Deutschland ansieht. Ich bin sicher, er wird bereits zufriedener sein, wenn er wieder im Bereich der alten DDR ist, die Bäume, den Himmel und auch die Menschen werden ihm besser gefallen als hier im Westen. Aber das war schon immer so. Er findet auch Schauspieler und Autoren der früheren DDR in ihrem heutigen Schaffen besser und begabter als ihre westlichen Kollegen, und während ich in erster Linie ihr Herunterkommen wahrnehme, sieht er zuerst, was noch von ihrem alten Können übrig bleibt.«[251] Peter Hacks hat sich für die DDR entschieden und einen Großteil seines Lebens dort zugebracht – Sahra Wagenknecht nicht. Als die DDR zusammenbrach, war er 61, sie 20 Jahre alt. Im Jahr 2000 wird der Philosoph Georg Fülberth über Peter Hacks schreiben: »Der Kommunismus lebt, nämlich in den Stücken, Versen, Erzählungen und Essays von Peter Hacks. Einen anderen Ort hat er gegenwärtig nicht ...«[252]

Ihre Zeit mit Peter Hacks geht dem Ende zu, er kann ihr nichts Neues mehr mitteilen, sie weiterbringen. Sie hat wie ein Vampir an ihm gesaugt und ihn leer getrunken.[253] Es mag ihr noch nicht vollkommen bewusst sein, aber sie wird die Politik nicht mehr verlassen, sich nicht aus der Politik zurückziehen wollen, und beileibe nicht nur, weil sie nicht aufgeben will, nicht aus Trotz, sondern sie hat den Platz gefunden, auf dem sie kämpfen kann. An dem sie leben möchte. Sie hat Öffentlichkeit eingesogen, das Rampenlicht genossen. Erst von diesem Punkt aus wird die tiefe Ratlosigkeit des Dichters einsehbar. Hacks als alternder Goethe? Im Juni sprechen Hacks und André Müller über das Interviewbuch von Hans-Dieter Schütt mit Sahra Wagenkencht, das gerade erschienen ist. Müller findet, dass dieses Buch keinen Fortschritt darstellt, denn er hat seine Hoffnungen aufgegeben, die auf sie gerichtet sind. Hacks jedoch kann das noch nicht. »Ich habe ihr einen zustimmenden Brief geschrieben, aber er enthält auch den Satz: ›Sie schwitzen ganz schön!‹, nebst dem Vorschlag, künftig ihre Interviews doch selber zu schreiben.«[254] Diesen Vorschlag, ob er nun ironisch gemeint ist oder auch nicht, wird sie sogar aufnehmen und umsetzen. In dem Gesprächsbuch »Kapital, Crash, Krise … Kein Ausweg in Sicht? Fragen an Sahra Wagenknecht« wird sie von dem Journalisten Pierre Curieux interviewt. Doch mit dem vielsagenden Namen des Journalisten Pierre Curieux ist es schon kurios, denn *curieux* bedeutet auf Deutsch neugierig – und ein Journalist, der Peter Neugier heißt, kann eigentlich nur ein Pseudonym sein.

Wagenknechts Biograf behauptet, Wagenknecht habe ihn erfunden, sie habe sich schlicht selbst befragt.[255] Ihr Biograf ist stolz auf ihr Vertrauen und dass sie ihm die Wahrheit über Pierre Curieux anvertraut habe. Wieder ganz im Sinne Wagenknechts schwelgt er in einer großen psychologischen Theorie über die Verfasserin, über die Bühne, die sie sich baut, darüber, dass sie sich im »fingierten Dialog ... unauffällig, aber folgenreich von den Fesseln des marxistische genormten Denkens befreit«.[256] Verständlich, dass sie das heute so sehen will, wo sie nicht mehr den Kommunismus, stattdessen aber einen »kreativen Sozialismus« vertritt; es stellt sich nur die Frage, worin der Unterscheid besteht, doch nicht in den ordoliberalen Spitzendeckchen, die die kommunistische Wirtschaftsmaschine in der Konstruktion der aktualisierten NÖSPL verdecken sollen? Denn auch ein kreativer Sozialismus ist eben Sozialismus. Wagenknechts Magisterarbeit hat gezeigt, dass letztlich nicht Marx, sondern Hegel ihr Denken von Grund auf geprägt hat. Das, was Schneider im Interview-Band mit dem kuriosen Curieux finden will, hätte er in der Magisterarbeit entdecken können. Hübsch auch die Anekdote, dass Wagenknecht überdies auch gern herausfinden wollte, ob die Leser den Fake bemerken würden.[257] Laut Schneider »gab es nur einen einzigen, der es tat: Peter Hacks. Er meinte damals, Curieux' Stellungnahmen seien viel zu vorsichtig. Das habe ihn stutzig gemacht.«[258] Kunststück, von Hacks kam ja auch die Idee für diese Eskamotage. Aufschlussreich auch die knappe, aber präzise Begründung des Dichters: »Sie schwitzen ganz schön!«[259] Das heißt, sie ist noch nicht gewappnet für so lange Interviews, der Interviewer vermag es noch zu gut, sie in die Enge zu treiben, sie zu Fehlern oder zu unvorsichtigen Statements und Offenbarungen zu treiben, aus diesem Grund sei es vorerst besser, die Interviews selbst zu schreiben und sich selbst zu befragen.[260] Vor allem antwortet man nicht auf Fragen in Interviews, sondern nutzt die Fragen für eigene Statements, funktioniert die Fragen für die eigenen Botschaften um. Das trainiert sie in diesem Buch

Sie steht buchstäblich am Ausgang des Studierzimmers. 1995 wird sie von einem gleichaltrigen Journalisten und »Filmmenschen« interviewt, Ralph T. Niemeyer, Sohn eines Ministerialbeamten, ein Hansdampf in allen Gassen, dessen Glauben an sich selbst man mit Charisma verwechseln könnte. Sie dürfte in ihm den Medienprofi gesehen haben, von dem sie im souveränen Umgang mit Medien einiges lernen kann, genau das, was sie braucht, eine Technik, die ihr hilft, nicht mehr zu »schwitzen«. Zudem steht sie vor der Frage, wie es in der Studierzimmerszene von *Faust I* heißt: »Wohin soll es nun gehen?« Worauf Niemeyer ihr das versprochen haben wird, was sich mit Mephistos Antwort so beschreiben lässt: »Wir sehn die kleine, dann die große Welt./ Mit welcher Freude, welchem Nutzen/Wirst du den Cursum durchschmarutzen.«[261]

Doch Ralph T. Niemeyer wäre nicht Ralph T. Niemeyer, wenn er nicht gleich zum Wesentlichen gekommen wäre und die kleine Welt mit ihr übersprungen hätte, um gleich in die große Welt zu reisen. Mitte Juni 1995 schreibt André Müller nach einem Besuch Sahra Wagenknechts bei ihm in Juntersdorf an Peter Hacks: »Dass Sahra einen Freund hat, mit dem sie in Cannes und Kalifornien war und mit dem sie nach Moskau und Irland fährt, wirst Du wissen; er handelt wohl mit Filmen oder lässt welche machen und bezahlt alles und scheint hohe Verbindungen zu haben. Ich nehme also an, dass sie auch mit ihm schläft, ohne es natürlich genau zu wissen.«[262] Ende Juli repliziert Hacks übellaunig: »Der Filmmensch fickt sie und stört sie beim Denken.«[263]

2001 wird Müller in einem Gespräch den Schlussstrich unter das Projekt Sahra Wagenknecht ziehen, denn er habe, alle Hoffnung aufgegeben ..., »dass sie jemals das werde, was wir von ihr erwartet haben«. Hacks stimmt zu: »Es ist noch schlimmer, sie nimmt nicht nur am Kampf gegen den Revisionismus nicht mehr teil, sie schreibt zum Beispiel nie im *Rotfuchs*, sondern hat auch noch dafür gesorgt, dass die Vertreter von *offen-siv* nicht mehr in der Kommunistischen Plattform sind. Das wird nichts mehr. Ich habe ihr zuletzt sogar verboten, mich zu besuchen. Es ist nicht ihr Liebhaber, so obskur der auch ist, sondern es ist ihr launischer und schräger Charakter, der sie zu diesem Liebhaber geführt hat.«[264]

Doch zu diesem Zeitpunkt hat sie ihre Walpurgisnacht längst hinter sich. Sie betritt neue Pfade. Die Zeit mit Peter Hacks endet im Eigentlichen im Frühjahr 1995 mit dem Auftritt des »Filmmenschen«, auch wenn sie immer sporadischer in Verbindung bleiben. Sahra Wagenknecht hat sich für die Politik entschieden.

MAN KANN MICH NICHT KALTSTELLEN

»MARCEL: Wenn sie hübsch sind, das macht sie selbstbewusst. Es ist eine rare Gabe, besonders unter Politikerinnen.«

»MARYAM: Es ist einmal die einzige Richtung, die noch keiner besetzt hatte. Wir besaßen vor mir Mädchen, die närrisch genug waren, sich als Anhängerinnen von Marx auszugeben. Aber Närrinnen, die Marx tatsächlich gelesen hatten, gab es nicht, und daran bin ich kenntlich. Laß mich veröffentlichen, was ich verkaufen kann, und baue darauf, dass ich dir im gesamten Vorstand am bedingungslosesten gehöre. Wenn ich links bin, Rosi, aber das ist einfach eine Geschäftsidee.«

Peter Hacks »Der Parteitag«

13. DIESES MASCHINENGEHIRN IST UNZERSTÖRBAR

Vielleicht trifft es zu, was André Müller über ihre Beziehung zu dem »Filmmenschen« an Hacks schreibt, dass sie Leben nachholen will »mit einem, der mit ihr durch die Welt jettet«.[265] Doch liegt die Erfahrung, dass sie klug genug ist, sich genau die Hilfe und die Inspiration zu suchen, die sie für ihre Bildung, auch im Weltläufigen, in der Welt der Medien benötigt, noch vor ihm. Von heute aus betrachtet, zeigt sich, dass die Männer in ihrem Leben immer auch eine bestimmte Zeit, eine Entwicklungsphase und damit verbunden bestimmte Bedürfnisse repräsentieren: der väterliche Freund und Mentor Peter Hacks, der Liebhaber und Medien-Öffentlichkeitscoach Ralph T. Niemeyer und schließlich der Ehemann, Freund, Partner, Berater, Consigliere und Politikcoach Oskar Lafontaine, der einen wesentlichen Einfluss auf ihre politische Theorie, Strategie und Taktik nehmen wird. Zumindest, was Hacks betraf und für Lafontaine zutrifft, ist, dass sie für beide Männer auch eine Art Frontfrau ist, die mithilfe ihrer Popularität und ihrem Charisma ihre Ideen vertritt und in die öffentliche Diskussion einbringt. Von Anfang an hat sie ein Gespür für Öffentlichkeitswirksamkeit. Die Rücksichten, die später die PDS-Führung auf sie nimmt, hängen nicht etwa mit Sympathie zusammen, sondern mit ihrer medialen Präsenz. Sie ist als Parteirebell, als Enfant terrible der Partei gleichzeitig auch ein Aushängeschild, sie generiert in der Mediendemokratie Aufmerksamkeit. Oder anders ausgedrückt, sie weiß aufzufallen, dafür hat sie eine Begabung als Inkarnation der hegelschen Kategorie der Besonderheit. Denn die Besonderheit ist bei Hegel laut Lukács eine Vermittlung von Einzelnen zum Allgemeinen.[266] Oder noch hübscher, denn darum geht es, die Besonderheit ist, wie Hegel meint, die »sich auf sich beziehende Bestimmtheit, das bestimmte Bestimmte«.[267] Wenn Sahra Wagenknecht nicht nur für sich, sondern auch für die Welt, um die es ihr geht, denn sie ist nicht an der Vita contemplativa des Gelehrten oder Wissenschaftlers, sondern an der Vita activa des Politikers interessiert, kenntlich und interessant sein will, dann muss sie sich für die Welt bestimmen, indem sie der Welt ein Bild von Sahra Wagenknecht, die Marke Sahra Wagenknecht, verkauft.

Kurz vor seinem Tod wird Peter Hacks noch verbittert ein leider schlechtes Dramolett schreiben, in dem er die Parteichefin Gabi Zimmer unter dem Namen Rosi, Dietmar Bartsch oder André Brie oder Gregor Gysi oder eine Melange aus den dreien als Marcel und Sahra Wagenknecht als Maryam auftreten und Maryam sagen lässt: »Wenn ich links bin, Rosi, aber das ist einfach eine Geschäftsidee.«[268] Hierfür, für ihr Marketing, kommt ihr deshalb der »Filmmensch« wie gerufen, denn der göttliche Ralph T. Niemeyer ist im Neben- oder im Hauptberuf auch noch Anlageberater dazu. Was das bei ihrem Partner heißt, hätte ihr im November 1995 in der Türkei klar werden können. Die Liebesreise in die Türkei entpuppt sich recht schnell als Flucht Niemeyers vor der deutschen Polizei, denn er wird wegen Betrugs mit einem Haftbefehl gesucht. Zuvor hat sie in einem Hotelzimmer noch den Mannheimer Parteitag mit Lafontaines Auftritt gesehen, der ihr imponiert zu haben scheint, und zwar durch die Chuzpe des Napoleons von der Saar, so unverfroren nach der Macht zu greifen. Kurz darauf wird Ralph T. Niemeyer auf dem Flugplatz von Antalya verhaftet und in ein türkisches Gefängnis gebracht. Sie muss Geld organisieren für Bakschische an den Gefängnisdirektor und an einen Arzt, um eine Haftverschonung zu erwirken. Sie kämpft darum, dass ihr Geliebter freikommt. Um das zu erreichen, pendelt sie zwischen Deutschland und der Türkei. Nach zwölf Wochen Haft wird Niemeyer an die Bundesrepublik ausgeliefert. Beschleunigt dürfte sie die Überstellung womöglich haben, doch die Auslieferung selbst liegt im Wesen der Amtshilfe, in diesem Fall durch die Türken.

Wegen Betrugs in 46 Fällen wird Niemeyer schließlich 1996 nach der Untersuchungshaft in Deutschland zu drei Jahren und vier Monaten Haft verurteilt. Die Strafe setzt das Gericht zwar zur Bewährung aus, doch als Finanzberater legen ihm die Richter ein Berufsverbot von fünf Jahren auf. Niemeyer geht nach Irland, kauft dort ein Haus. Sie besucht ihn dort, sooft sie kann und will. Er wird behaupten, dass er kein Finanzberater war, sondern als Undercoverjournalist im High-Trading-Business ermittelt habe. Oder wie ihn die *taz* zitiert: »Ich war nie Finanzberater! Sie sagen ja auch nicht zu Günter Wallraff, er hätte bei der Bild-Zeitung als Journalist gearbeitet.«[269]

André Müller erfährt von Sahra Wagenknecht selbst von ihrem »Unglück«. Möglich, dass sie Geld braucht, denn die Rettungsaktion für ihren »Verlobten« ist teuer. Jedenfalls tischt sie André Müller eine Geschichte auf, dass sich die Haare wie wild zu Locken kräuseln: »Journalisten, die das tun müssen, um das Geld für ihre Arbeit zu haben, Papiere, die nichts wert sind, was aber ihr Vertreiber nicht wusste, Sicherstellung von Geldern auf eigene Faust, und dann auch noch ein kölner Klüngel, bei dem die Justiz bestochen sein soll, wofür es aber keine konkreten Beweise gibt. Und so weiter.« Der Kölner André Müller glaubt von der Räuberpistole, die ihm Sahra Wagenknecht schildert, kein Wort. »Jedenfalls drängt sich mir die Vermutung auf, Sahra könne auf einen Hochstapler hereingefallen sein, und glaube gegen alle Vernunft etwas, weil sie es glauben will.« Doch dann nimmt er sie mit einem Stoßseufzer in Schutz: »Ich kann unrecht haben, aber Sahra verstand von der gewöhnlichen Welt bisher immer überhaupt nichts. Und zudem riecht es so sehr nach dem klassischen Fall, dass sich mir meine letzten Haare sträuben.«[270] Er bittet den Freund um dessen Meinung. Peter Hacks ist verletzt, er ist verärgert, aber er ist nicht eifersüchtig. Dass sie sich auf eine so windige Figur einlässt, kratzt an seinem gewiss nicht kleinen Ego, nur steht neben dem überlebensgroßen Ego von Peter Hacks auch eine nicht geringe künstlerische Leistung, was man von Niemeyer nicht behaupten kann. Was den Dichter aber am stärksten schmerzen dürfte, ist, dass seine neue Rosa auf menschliches Normalmaß schrumpft. Sein Projekt ist gescheitert. Dem Freund gegenüber winkt er ab. Er habe der »Verlobten« geschrieben, »dass das Wort Verlobte in der deutschen Sprache nicht enthalten ist. Ich habe sie wohl wenig beeindruckt.«[271] Soll heißen, er ist mit seinen mahnenden Worten bei ihr nicht durchgedrungen. Zumindest empfiehlt Hacks ihr einen Kölner Anwalt, »weil sie eine vertrauenswürdige Person braucht, der Einblick in die K(ölni)schen Justizzustände genießt.«[272]

Im März 1996 empfängt Hacks wieder die »Verlobte«, die er »schlecht in Form findet und doch – wie immer – fähig, nach Hause zu eilen und, was man ihr zu ihrem Zorn beibrachte, nachträglich zu kapieren«.[273] Hacks plant ein Ulbricht-Drama, und Sahra Wagenknecht hilft ihm bei der Material-Recherche. André Müller zweifelt an einer Idee von Hacks, nämlich dass in dem geplanten Drama Walter Ulbricht mit Rosa Luxemburg ein Kind zeugt, das Sahra Wagenknecht ist, weil ihm wie letztlich auch Hacks die Fantasie fehlt, sich vorzustellen, wie der Dichter das dramaturgisch gestalten will. Aber auch dessen Erzfeind, Heiner Müller, scheitert mit dem Dramen-Albtraum »Germania Tod in Berlin. Germania 3, Gespenster am toten Mann«. Ihm wie Hacks ist die Voraussetzung zur Dramen-Produktion, die DDR, verloren gegangen. Überdies stirbt am 30. Dezember 1995 Heiner Müller. Mit dem Tod des Intimfeindes wird es einsam um Hacks, nun fehlt auch der. Hacks wirkt zunehmend wie jemand, der seinen eigenen Tod überlebt hat.

Frucht der Beschäftigung mit Ulbricht wird ein Artikel über Wagenknechts und Hacksens Heros in der linken Zeitschrift *konkret* von ihr sein, den Hacks lobt. Ein Besuch beim Meister glättet jedenfalls erst einmal die Wogen. Hacks empfindet sogleich Mitleid mit der vom Schicksal hart Geschlagenen. Im Juli 1996 liest Hacks ihre Magisterarbeit – und ist begeistert, wie es ihr trotz allem gelingt, die Arbeit fertigzustellen, »wenn man bedenkt, dass sie zwischendurch immer als Fidelio verkleidet ins Zuchthaus von Köln reiste«. Und dann folgt ein atemberaubender Satz ihres Mentors über sie: »Dieses Maschinengehirn ist unzerstörbar und produziert wie ein Gerät von Panasonic.«

Dass Wagenknechts Magisterarbeit für sie den praktischen Wert der theoretischen Selbstverständigung in sich ändernden Zeiten besitzt, dass sie eine hochaggregierte Orientierungssuche darstellt, hat niemand genauer begriffen als Hacks, wenn er André Müller gegenüber präzise urteilt: »Wenn Marx der Mann für vorrevolutionäre Lagen war und Hegel der für postrevolutionäre, dann sind wir leider in den letzten sechs Jahren vom Hegel auf den Marx heruntergekommen.«[274] Genau das sagt in anderen Worten Wagenknecht in der Magisterarbeit auch, dass, wenn die marxistische Theorie wieder nützlich sein soll, sie alles, was sich seit Lenins Tod »auf diesem Planeten zugetragen hat, wissenschaftlich zu analysieren und begrifflich zu fassen« hat.[275] Der Weg führt über Hegel, lernt Hacks von Wagenknecht, oder ist es umgekehrt? Beide sind sie Hegelianer, wohl am Ende mehr als Marxisten.

Dass André Müller ihr widerspricht und ihr mitteilt, dass die Kölner Richter, die über ihren »Verlobten« zu richten haben, im Ruf stehen, unbescholten, also nicht korrupt zu sein, nimmt sie ihm übel, denn sie will ihrem Verlobten die Geschichte von der

Intrige und dem Kölner Klüngel so gern glauben. Während sie nur vorübergehend mit Hacks nicht kommuniziert, bricht der Kontakt zu Müller ab. Doch auch das alte Verhältnis zum Meister und Goethe-Kenner hat einen Bruch bekommen, den Bruch der Zeit. Ganz sich lösen von ihm, kann sie noch nicht, doch hilfreich wird er immer weniger. Sie kennt seinen Kosmos, der ist ausgeschritten, und sie muss raus aus der geistigen DDR, endlich die Grenze überschreiten. Nicht zurück, sondern nach vorn hat sie zu blicken.

Im Januar 1997 veröffentlicht der Germanist Rüdiger Bernhardt eine exzellente, elegante, kenntnisreiche und zudem zutreffende Kritik zu der Aufsatzsammlung »Die Maßgaben der Kunst« von Peter Hacks in der *UZ*. André Müller hat nichts, Peter Hacks hingegen alles verstanden, exakt aus diesen unterschiedlichen Gründen erzürnt beide die Rezension. Das Sakrileg, dessen Rüdiger Bernhardt sich schuldig gemacht hat, besteht darin, dass er die Aufsatzsammlung Aufsatzsammlung nennt und in dem Band bestenfalls ästhetische Ansichten, aber keine geschlossene Ästhetik vorfindet. André Müller versteigt sich im Brief an Hacks, nachdem er die *Maßgaben* gelesen, zumindest darin geblättert hat, zu der tollkühnen Behauptung: »Es gibt jetzt vier große Ästhetiken: die des Aristoteles, die Goethes, die von Hegel und eben die von Dir. Und erschrocken stehe ich vor diesem Riesenwerk, vollbracht neben dem dramatischen und poetischen.«[276] In Wahrheit vereint der Band die Aufsätze von Hacks zu künstlerischen und zu ästhetischen Fragen und immer wieder die Selbstakklamation des Dichters auf das Amt des letzten Stellvertreters Goethes auf Erden. Zuvor hat André Müller klargestellt, dass Lukács gegen Hacks einpacken kann. Das ist dann auch für Hacks zu viel, und er wäscht dem Freund bezüglich Lukács den Kopf. André Müller blamiert sich mit der Maßlosigkeit über die *Maßgaben*. Was versteht André Müller unter einer Ästhetik? Eine philosophische oder ein rein praktisch künstlerisch ausgearbeitete Bestimmung der Kunst? Man kann Lukács – bei aller Kritik – nicht einfach so abtun, Immanuel Kant übrigens auch nicht, Platon nicht, Schiller nicht, und auch Marsilio Ficino, Giorgio Vasari und Benedetto Croce nicht. Doch der Hacks-Intimus schäumt ob der Rezension, er wünscht sich inbrünstig eine Entgegnung. Nur, wer soll sie schreiben? Auf ihn geben sie bei der *UZ* »einen Dreck«.[277] Deshalb bittet er Sahra Wagenknecht und fängt sich einen Korb ein. Sie weicht aus, das »Maschinenhirn« schützt Erschöpfung vor, macht die anstrengende private Situation, die Magisterarbeit und eine Veranstaltungsreise im Herbst des vergangenen Jahres zu wirtschaftswissenschaftlichen Themen geltend. Doch all diese Gründe haben vor der großen Wut des André Müller keinen Bestand. Deshalb richtet er in einem zweiten Brief einen Appell, der pathetischer nicht hätte ausfallen können, an sie. »Glaube mir: wenn Du im Sterben lägest, würde ich Dich auch bitten. Die Partei, nicht diese *UZ*-Banditen – muss erfahren, dass sie eine Kunst hat. Das ist von politischer Bedeutung, die Du Dir nicht groß genug vorstellen kannst. Ich würde es tun: aber ich bin für die einen Dreck oder den Genossen als Hacksfreund bekannt.« Und dann benennt er, worauf er eigentlich spekuliert: »Zudem hast Du ganz allein das politische Gewicht.«[278] Will sie ihr politisches Gewicht für den Mentor, von dem sie sich innerlich verabschiedet, in die Waagschale werfen? Sie ist klug genug, sich der Aufforderung zu entziehen. Ob sie gespürt hat, dass ihr literaturhistorisches und literaturtheoretisches Wissen für diese Aufgabe nicht genügt, nicht ausreicht, um sich auf diese Auseinandersetzung einzulassen, dürfte man angesichts ihres Selbstbewusstseins nicht ohne Weiteres annehmen, aber hier handelt es sich in der Tat um Bereiche, die, wenn überhaupt, von ihr nur mit einer pauschalen Bemerkung gestreift werden. Dass sie für Hacks nicht in die Schlacht zieht, sagt eigentlich alles.

In diesen Wochen und Monaten vollzieht sich bei ihr eine Präzisierung der Interessen. Von Marx inspiriert, stellt sich für sie die Frage nach der Wirtschaft. Wenn die Produktionsweise einer Gesellschaft als materielle Basis entscheidend ist, so muss sie genau diese verstehen. Politökonomische und wirtschaftswissenschaftliche Fragen rücken für sie in den Mittelpunkt. Hierin wiederholt sie nur die Bewegung, die Marx 150 Jahre zuvor vollzogen hat. Will sie also den Marxismus dynamisieren, auf die Höhe der Zeit bringen, dann wird sie sich vor allem wirtschaftlich mit dem zu beschäftigen haben, was seit Lenins Tod geschehen ist. Weder mit der *Lage der arbeitenden Klasse in England* von Friedrich Engels noch mit *Der Imperialismus als höchstes Stadium des Kapitalismus* von Lenin lässt sich am Ende des 20. Jahrhunderts ein Blumentopf gewinnen. Und last, but not least, sie will heiraten. Und das wird sie wie die Wendung zum Studium der Wirtschaft, wie die Justierung ihrer Karriere als Politiker auch verwirklichen. Am 5. Mai hat Karl Marx Geburtstag, am 5. Mai heiratet Sahra Wagenknecht Ralph T. Niemeyer in Goethes Weimar ganz in Weiß. Die Ehe wird 15 Jahre halten, auch wenn man sie nur die ersten sechs, sieben Jahre als Ehe benennen kann und sie in so etwas wie Freundschaft übergeht. In der Zeit ihrer Ehe zeugt der Wundergatte drei Kinder mit drei verschiedenen Frauen. Weil er keinen Vertrag mehr mit Deutschland besitzt und sich drangsaliert fühlt, zieht er nach Irland, wo er ein Haus erworben hat.[279] Über ihre Ehe schreibt die *taz:* »Wenn seine Frau ihn im Cottage besucht, schreibt er auch schon mal in seinem Blog über die ›üagF‹, die über alles geliebte Frau. Er schildert, wie beide sich über den Mauerbau streiten und die Systemfrage diskutieren. Sie, die medial umschwirrte Sprecherin der Kommunistischen Plattform – er, der Journalist und Filmproduzent mit West-Vita. Wagenknechts Partei, die damals noch PDS heißt, nennt er ›Partei der Schlaraffen‹.«[280]

Das Jahr 1998 beginnt für sie mit einer Chance, die ihr das Schicksal zuspielt und deren Brisanz sie sofort erkennt.

14. NUNMEHR MADONNA DES NEOKOMMUNISMUS

Im eisigen Januar 1998 reist Horst Manz, vormals Grüner, seit 1994 Mitglied der PDS, von Dortmund nach Berlin. Er will am 11. Januar an dem traditionellen Gedenkmarsch für Karl und Rosa teilnehmen, dem Hochamt ostdeutscher Kommunisten, Sozialisten und aller, die dazwischen sind. Dass die Fahrt zu einem bewegenden Erlebnis wird, kann er bei der Abreise noch nicht wissen. Über 100 000 Menschen nehmen an dem linken Hochamt teil. Das begeistert ihn. Doch nicht nur die Teilnahme an der Demo führt ihn nach Berlin, sondern auch eine kühne Idee, die der dümpelnden Dortmunder PDS aufhelfen könnte.

Horst Manz braucht sie im Menschengewühl nicht erst zu suchen, sie kommt ihm wie eine Göttin entgegen. Es fehlt nur die schneeweiße Stute, auf der sie reitet. »Fast sakral« habe es gewirkt, als sie durch das Spalier der Demonstranten geschritten sei, »fast Verehrungscharakter« hätte es gehabt, wie die Älteren zu ihr geblickt hätten. »Sie sah wirklich aus wie Rosa Luxemburg.«[281] Wagenknecht hat zu dieser Zeit stark darauf gesetzt, Rosa Luxemburg zu doubeln, und es gleichzeitig vehement abgestritten. Doch in Wahrheit liebt sie das Rollenspiel, die Selbstmystifikation. Im Jahr 2013 wird sie sich für ein Fotoshooting der *Gala* in die Malerin Frida Kahlo verwandeln und auf die Frage, ob sie sich gern verkleidet, antworten: »Ja, schon als Kind fand ich es faszinierend, Perücken aufzusetzen. Aber ich würde mich nicht in eine Person verwandeln, zu der ich keinen Bezug habe. Man möchte beim Verkleiden ja auch eine Facette von sich selbst entdecken.«[282] So hält sie es auch mit Rosa Luxemburg. Wie immer liegt ihre Antwort auch hier insofern knapp neben der Wahrheit, weil sie wieder etwas aus- bzw. weglässt, das Entscheidende. Denn sie möchte nicht nur eine Facette »von sich selbst entdecken«. Muss man sich verkleiden, um etwas von sich zu entdecken? Vielleicht. Doch in der Hauptsache will sie etwas von sich, eine Facette von sich nicht sich selbst, sondern der Öffentlichkeit offenbaren. Später wird sie mit Oskar Lafontaine zum Karneval gehen, er als Napoleon, als was sonst, sie als Kaiserin Joséphine, als Joséphine de Beauharnais, die in zweiter Ehe mit Napoleon Bonaparte lebte, nach dem sie sich von ihrem ersten Ehemann Alexandre, Vicomte de Beauharnais, getrennt hatte. Was das dem interessierten Publikum wohl sagen sollte?

Horst Manz jedenfalls war von der »Madonna des Neokommunismus«, wie der *Spiegel* titelt, von der wiedergekehrten und von den Toten auferstandenen Rosa Luxemburg so begeistert, dass er ihr den Vorschlag unterbreitet, für die PDS von Dortmund für den Bundestag zu kandidieren. Sie sagt zu. Für Sahra Wagenknecht kommt das Angebot wie gerufen. Nicht, dass sie sich große Chancen ausrechnen darf, denn bei der letzten Bundestagswahl 1994 holte die PDS nur 1,9 % der Zweitstimmen. Fünf Prozent will sie schaffen, doch sie weiß, auch wenn es ihr nicht gelingt, sie kann nur gewinnen. Allein im Westen anzutreten bringt ihr Publicity. Die Medien berichten von ihrem Wahlkampf, sie kommt ins Fernsehen, wird vom SWR zu einer Diskussion mit dem für ihn zum rechten Zeitpunkt zur Opposition gestoßenen Pfarrer Gauck über das *Schwarzbuch des Kommunismus* eingeladen. Im Osten sind die Wahlkreise verteilt, die aussichtsreichen natürlich an diejenigen, die zu Gysi und Bisky halten. Mit den beiden Parteioberen herrscht ein gewisser Burgfrieden, den ihr Engagement in Westdeutschland festigt, denn dort, weit weg im Westen, stört sie den Vorstand in Berlin nicht mehr, und im Westen rechnet man sich in Berlin ohnehin keine Chancen aus. Sie hofft mit ihren Klassenkampfparolen, ihrer Kritik am Kapitalismus und an den Reichen in einem Gebiet zu punkten, in dem die Arbeitslosigkeit so hoch wie im Osten ist. Deshalb lautet ihre These: »Das einzige, was sich durch PDS-Koalitionen in der Bundesrepublik ändern würde, wäre die PDS.«[283] Wenn sie das Mandat erringen würde, wäre es für sie schön und eine tiefe Genugtuung, doch allein schon anzutreten stellt einen Sieg dar. Sie weiß ja, dass sie die DDR endlich auch geistig verlassen muss, die mentale Grenze zum Westen zu überwinden hat. Hierbei hilft Ehemann Ralph T. Wenn ein Vierteljahrhundert später neben den Berlinern die größte Gruppe der Gründer der Partei Bündnis Sahra Wagenknecht am 27.01.2024 aus NRW kommt, dann beginnt diese Geschichte hier, in dem so tapferen wie aussichtslosen Wahlkampf. Obwohl sie mit dem Wahlkreis fremdelt, gelingt es ihr, 3,3 % der Erststimme gegenüber 2,2 % der Zweitstimme für die Partei zu holen. Das ist ein kleiner Achtungserfolg. Drei Jahre später wird sie rückblickend äußern: »Ich bin 1998 als Direktkandidatin der PDS in Dortmund angetreten. Und auch als soziale Erfahrung war dieser Wahlkampf für mich unheimlich wichtig. Ich war genauso bei den Rotariern wie bei den Gewerkschaftern und Arbeitslosen im Ruhrgebiet. Dabei habe ich viel über die Sozialisation in der alten Bundesrepublik erfahren.«[284] Die Frage, weshalb die Arbeiter und die Arbeitslosen, die sozial Benachteiligten nicht die PDS wählen, beschäftigt sie. Die Theorie bedarf einer Aktualisierung. Verelendungs-, Klassenkampf-, Revolutionstheorie, die historische Mission der Arbeiterklasse, all die heiligen Dogmen des Marxismus lassen sich nur so lange schön anschauen, solange man im Seminarraum träumt. Wirtschaft wird für sie das große Thema.

Im Jahr 2000 steht in der PDS ein Führungswechsel an. Der

friedenspolitische Antrag der Parteiführung »Positionen der PDS zur internationalen Krisen- und Konfliktbewältigung« unter Lothar Bisky fällt auf dem Parteitag im Frühjahr in Münster mit Pauken und Trompeten durch. Die sogenannten Reformer möchten die starre Ablehnung der PDS zu Kriegseinsätzen aufweichen, sie wollten im Ausnahmefall für den Stopp eines Völkermordes oder einer Aggression ein militärisches Vorgehen durch den UNO-Sicherheitsrat akzeptieren. Damit beabsichtigen sie, für die SPD koalitionsfähig zu werden. Erste Schritte auf dem Wege gelingen ihnen, denn seit 1998 wird Mecklenburg-Vorpommern von einer Koalitionsregierung aus SPD und PDS regiert.

Nach der Niederlage in Münster erklärt Lothar Bisky seinen Rücktritt als Parteivorsitzender, ebenso Gregor Gysi als Vorsitzender der Bundestagsfraktion der PDS. Damit steht die PDS vor einem Führungsproblem. Dank der Unterstützung durch Bisky gelten vor dem Parteitag im Oktober in Cottbus als aussichtsreiche Kandidaten Dietmar Bartsch und die Chefin des Berliner Landesverbandes, Petra Pau, eine ehemalige Pionierleiterin und FDJ-Funktionärin, auch vom intellektuellen Zuschnitt her, die heute als Bundestagsvizepräsidentin eher in Stalins Schoß als auf dem Stuhle der Versammlungsleiterin des Hohen Hauses sitzt, wenn sie Geldstrafen für die Äußerung biologischer Wahrheiten, dass es nur zwei Geschlechter gibt, verhängt.

Allgemein heißt es, dass in Münster die sogenannten Reformer, die Bartsch, Brie, Pau und Claus, eine Niederlage erlitten hätten. Doch so ist es nicht. Gysi und Bisky werkeln eifrig an einer neuen Parteiführung. Sahra Wagenknecht agiert klug. Sie verzichtet mit der Kommunistischen Plattform darauf, einen eigenen Kandidaten für den Parteivorsitz aufzustellen. Sie tappt nicht in Biskys Falle und begründet den Verzicht damit, dass sie dem Parteitag einen Richtungsstreit ersparen wolle. Stattdessen wünscht sie sich einen Parteivorsitzenden, »der integriert und die Breite der PDS repräsentiert, hingegen profiliere sich Petra

Pau durch Ausgrenzung.«[285] Ihre Taktik, Pau durch Zimmer zu verhindern, geht auf. Gabi Zimmer wird auf dem 7. Parteitag der PDS in Cottbus mit 93,3 % der Stimmen zur neuen Parteichefin gewählt. Sie versucht in der Tat, die Partei zu einen, und vermittelt zwischen den Flügeln einen Burgfrieden. Der *Freitag* kommentiert: »Gabi Zimmer teilt innerparteiliche Kritik aus und macht zugleich das Angebot der loyalen Zusammenarbeit auf glaubwürdige Art ... Die heikle Öffnung der PDS zur ›Mitte‹ hin behandelt sie so, dass sich die Skeptiker wie die Befürworter auf sie berufen können. Und das wirkt nicht unentschieden, sondern als Ausgangspunkt für künftige Debatten. Wir sind doch nicht ein exklusiver Klub, keine Avantgarde, keine Versammlung von Moralaposteln ... Wir sind mitten in der Gesellschaft und nicht etwa an deren Rande.«[286] Sahra Wagenknecht, die in ihrer Bewerbung für den Vorstand erklärt, dass sie sich nicht als »Gralshüterin der reinen Lehre« verstünde, mit politischen Partnern gemeinsam gesellschaftliche Veränderungen vorantreiben wolle, aber in der SPD in sozialen Fragen keinen Bündnispartner sehe, wird wieder in den Parteivorstand gewählt. Peter Hacks spottet im Dramolett »Der Parteitag« über die Helden der PDS Zimmer, Wagenknecht und Brie/Bartsch/Gysi:

> »ROSI: Nach dem Willen des Parteitages werden die Exponenten der Flügel aus der Partei ausgeschlossen.
> [...]
> MARCEL: Du meinst, wer einem Flügel angehört, wird gefeuert.
> ROSI: Das ist die Idee.
> [...]
> MARYAM: Du meinst, wir sollen eine Fußgängerpartei werden?
> ROSI: Was soll denn nun wieder das?
> MARYAM: Wenn wir alle keine Flügel mehr haben sollen.«[287]

Doch die Partei zu befrieden gelingt nicht. Gegen den Widerstand von Sahra Wagenknecht und nur mit einer Gegenstimme – der von ihr – nimmt der Parteivorstand 2001 die Erklärung zum 40. Jahrestag des Mauerbaus an. In der Erklärung, die maßgeblich von Gregor Gysi und dem Berliner PDS-Politiker Thomas Flierl verfasst wurde, entschuldigt sich die PDS zwar nicht für den Mauerbau und distanziert sich auch nicht von der SED. In der Erklärung werden aber Bedauern und Gedenken geäußert für die »an der deutsch-deutschen Grenze zu Tode Gekommenen, die Verletzten und von Repressalien Betroffenen sowie ihren Angehörigen«. Geradezu über ihren Schatten springen dann die Autoren mit dem lendenlahmen Satz: »Wir bedauern das von der SED als der dafür verantwortlichen politischen Kraft ausgegangene Unrecht«.[288] Doch auch diese in keiner Weise ausreichende Erklärung geht Sahra Wagenknecht schon zu weit. Für sie ist die Erklärung zu undifferenziert. Damit hat sie recht, allerdings hätte sie sie noch weniger akzeptieren können, wäre sie noch differenzierter gewesen. Nicht aus Jux oder historisch schlechtem Gewissen haben Flierl und Gysi sich an die Arbeit gemacht, denn wer handelt sich schon unnötigerweise Ärger ein, sondern wegen der bevorstehenden Wahlen zum Berliner Senat. Gysi und Flierl sehen richtig, dass sie vor der Wahl ein in Berlin hochsensibles Thema abräumen müssen, zumal der 40. Jahrestag des Mauerbaus für ein großes mediales Interesse sorgen wird. Ihre Strategie wird sich auszahlen, am Ende wird unter Klaus Wowereit eine rot-grüne Minderheitsregierung gebildet, die nach dem Magdeburger Modell von der PDS toleriert wird.

Das externe Studium der Wirtschaftswissenschaften an dem fragwürdigen Potsdamer Institut für Klimafolgenforschung, das die wissenschaftlich aussehenden Argumente für die große Transformation in eine klimaneutrale Gesellschaft liefert, mit dem Sahra Wagenknecht beginnt, verfestigt eher ihre marxistischen Vorstellungen. So äußert sie auch 2001 in einem Interview:

»Ich frage mich eher, ob der Kapitalismus nicht dorthin gehört [auf dem Müllhaufen der Geschichte, Anm. d. Verf.]. Krasseste soziale Gegensätze, taumelnde Finanzmärkte, wieder steigende Arbeitslosigkeit und Krieg – finden Sie diese Weltlage komfortabel? Ohne Vergesellschaftung wird man die globale Unterwerfung unter die Renditegier nicht durchbrechen können. Jede politische Entscheidung ist heute von den großen Unternehmen, von der Reaktion der Finanzmärkte bedroht. Diese Machtverhältnisse will ich umkehren. Man braucht starke außerparlamentarische Gegenbewegungen. Revolution heißt nicht Barrikadenkampf oder Steinewerfen. Im Gegenteil: Man entmachtet die Deutsche Bank nicht, wenn man ihr eine Scheibe zerdonnert. Und auch Daimler wird auf diesem Weg nicht vom Waffen- und Minen-Produzieren abgehalten. Wenn aber der Staat solche Unternehmen übernimmt, dann ist er nicht mehr durch Kapitalflucht erpressbar.«[289]

Doch wieder gerät sie in die Schlagzeilen, aufgrund der dubiosen Geschäfte ihres Ehemannes. Im Jahr 2002 durchsucht die Berliner Polizei im Auftrag der Kölner Staatsanwaltschaft ihre Berliner Wohnung. Niemeyer soll einem Journalisten des Nachrichtenmagazins *Stern* die Fälschung eines Gemäldes von Leonardo da Vinci angeboten haben, außerdem Kunst im Schätzwert von 80 Millionen Euro. Gegen ihn wird Haftbefehl erlassen, doch er kommt gegen Zahlung einer hohen Kaution wieder auf freien Fuß. Die Anklage wird später fallen gelassen.

Der glücklosen Parteichefin Zimmer gelingt es nicht, die Flügelkämpfe zu beruhigen. Als die PDS 2002 aus dem Bundestag fliegt, sind ihre Tage gezählt. Am 7. Mai 2003 gibt sie bekannt, nicht wieder für den Parteivorsitz kandidieren zu wollen; ab dem 28. Juni 2003 übernimmt Lothar Bisky wieder die Führung der Partei, und Sahra Wagenknecht lässt sich als Kandidatin für das EU-Parlament aufstellen.

15. DER OST-WESTLICHE DIWAN

Im Juli 2003 scheitert Dieter Dehm daran, wieder in den Vorstand gewählt zu werden, doch 2004 ist er bereits Landesvorsitzender der PDS in Niedersachsen, nachdem er schon ohne Erfolg zur von der PDS-Führung vergeigten Bundestagswahl 2002 als Spitzenkandidat für die PDS Niedersachsen angetreten war. Und in Niedersachsen wird Sahra Wagenknecht Spitzenkandidatin der PDS für die Europawahl 2004. Auf dem Parteitag versucht Bisky, sie fernab einer realen Chance nämlich auf den Listenplatz 7 zu schieben, doch in einer Kampfabstimmung auf dem Europarteitag erringt sie mit 53,4 % der Stimmen den Listenplatz 5. Das genügt für den Einzug in Straßburg.

In der alten Bundesrepublik galten Brüssel und Straßburg immer als Sinekure für erfolglose, aber verdiente Parteipolitiker, die auch noch etwas verdienen sollten, aber die man nicht unbedingt jeden Tag sehen wollte. Und nirgends verdient man als Abgeordneter so prächtig wie in Brüssel und Straßburg und hat zudem als Volksvertreter so wenig Einfluss auf die Politik der Brüsseler Bürokratie. Europa leistet sich in Straßburg ein exorbitant teures Parlament als demokratisches Mäntelchen für die Brüsseler Oligarchie und schadet sich letztlich selbst damit, denn die Interessen der EU-Oligarchie haben so viel mit den Interessen der Bürger Europas zu tun wie der Kaffeesatz und der Satz des Pythagoras.

Dass Sahra Wagenknecht ein Sitz im Bundestag lieber gewesen wäre als im EU-Parlament, lässt sich mit einem Blick auf Öffentlichkeitswirksamkeit und Einflussmöglichkeit unschwer nachempfinden. Doch was auch immer an Mythen über die in Brüssel und Straßburg leidende Europaabgeordnete fabriziert wird, so lässt sich hingegen nüchtern feststellen, dass sie finanziell versorgt ist, an ihrer Promotion arbeiten und sich ansonsten in Ruhe einem Comeback in Berlin widmen kann, denn in Berlin führt ihr treuer Widersacher Bisky wieder die Partei. Trotzdem verfügt sie über Einfluss in Deutschland, über die Kommunistische Plattform, über Dieter Dehm, den sie schließlich abserviert, als sie ihn nicht mehr benötigt, wie es heißt, und über die bald schon entstehende Vereinigung »Antikapitalistische Linke«. Fleißig, wie schon bemerkt, ist sie, deshalb gönnt sie sich in Brüssel und Straßburg keine Ruhe. Sahra Wagenknecht gehört nicht zu den Europapolitikern, die, je weniger sie real tun, desto wichtiger auftreten. Sie kämpft gegen die Dienstleistungsrichtlinie und den EU-Vertrag, arbeitet als angehende Wirtschaftswissenschaftlerin im Ausschuss für Industrie, Forschung und Energie mit, preist den Sozialismus von Hugo Chávez in Venezuela, unter dem das erdölproduzierende Land so verarmt, dass selbst das Benzin rationiert werden muss, in den höchsten Tönen. Als eine Resolution gegen die Menschenrechtsverletzungen auf Kuba verabschiedet wird, die ihre Parteifreunde mittragen, stimmt sie dagegen.[290] Allerdings frustriert sie wirklich, dass sie als EU-Parlamentarierin so wenig Einfluss auszuüben vermag.

Im Jahr 2005 beginnt sie mit der Arbeit an ihrer wirtschaftswissenschaftlichen Promotion, die sie auf Englisch verfasst, zum Thema »The Limits of Choice. Saving Decisions and Basic Needs in Developed Countries« (»Die Grenzen der Wahlfreiheit. Sparentscheidungen und Grundbedürfnisse in entwickelten Ländern«) im Fach Volkswirtschaftslehre, die sie im August 2012 an der Technischen Universität Chemnitz bei Fritz Helmedag,

Professor für Mikroökonomie, einreichen und schließlich mit magna cum laude verteidigen wird.

Doch in dieser misslichen Situation in Brüssel und in Straßburg kommt ihr wieder das Schicksal zu Hilfe. Als Protest gegen Schröders Agenda 2010 und gegen die Hartz-Reformen, die zwar Deutschlands internationale Wettbewerbsfähigkeit aufwerten, aber auf Kosten der inneren Abwertung Deutschlands, wird von enttäuschten SPD- und Gewerkschaftsmitgliedern zeitgleich mit Wagenknechts Wechsel zur EU die WASG (Arbeit & soziale Gerechtigkeit – Die Wahlalternative) gegründet. Im Jahr 2005 tritt auch der ehemalige Kurzzeitfinanzminister im Kabinett Schröder, Oskar Lafontaine, der nach 142 Tagen im Amt als Bundesfinanzminister am 11. März 1999 seinen Rücktritt erklärt hatte, der WASG bei.

Als nach den heftigen Verlusten der SPD in der Landtagswahl in NRW vom 22.09.2005 Gerhard Schröder vorzeitige Neuwahlen für den Bundestag (das hatte eine gescheiterte rot-grüne Regierung also schon einmal gewagt) ermöglicht, kommt es zum schrittweisen Zusammenschluss von WASG und PDS und nach einer Urabstimmung im Juni 2007 zur Gründung der Partei Die Linke. Im März 2006 bildet sich auf Initiative von Sahra Wagenknecht und Ulla Jelpke die Antikapitalistische Linke, die zunächst in der WASG und in der PDS wirkt.

Sahra Wagenknecht gehört nicht nur dem Vorstand der neuen Partei an, sondern auch der Programmkommission. Die beiden Vorsitzenden der neuen Partei heißen Lothar Bisky und Oskar Lafontaine.

Wenn man auf Wagenknechts Leben schaut, dann findet man eine muntere Illustration dessen, was man die Ironie des Schicksals nennt. Alles, was sie bekämpft hat, alles, wogegen sie verloren hat, schlägt ihr zum Vorteil aus. Sie möchte nicht, dass die DDR untergeht, doch studieren kann sie nach dem Ende der DDR. Sie leistet heftigen Widerstand dagegen, dass die PDS zu einer linkssozialdemokratischen Partei wird, statt zu einer kommunistischen zu werden, doch nur dadurch, dass Gysi und Bisky die PDS zu einer bundesdeutschen Partei machen und der Realpolitik öffnen, überlebt die PDS, fährt sie 2009 einen großen Wahlerfolg ein, der Sahra Wagenknecht in den Bundestag bringt. Sie wird mit nichts recht behalten und dennoch von ihren Irrtümern profitieren. Genau genommen eine Art Mephisto ihrer selbst.

Im Juni 2005 hält sie die »gewichtigste Gegenrede« gegen die Vereinigung mit der WASG und gegen die Umbenennung der PDS. Scharf wendet sie sich gegen »eine Zusammenarbeit mit Oskar Lafontaine – denn er werde die PDS sozialdemokratisieren«.[291] Sie noch weiter nach rechts verschieben. Wenig später sind beide ein Paar, anfangs und lange Jahre noch, so gut es gelingt, mehr oder weniger geheim gehalten. Im Februar 2010 klingt ihre Meinung über Oskar Lafontaine dann so: »Die Partei ist nach links gerückt – durch die Vereinigung, durch Oskar Lafontaine, aber auch durch unsere vielen neuen Mitglieder, die den neoliberalen Einheitsbrei der anderen Parteien nicht mehr ertragen wollen. Wir formulieren eindeutiger antineoliberale Positionen, als die PDS das früher getan hat.«[292]

Oskar Lafontaine gibt ihre Beziehung im Jahr 2011 öffentlich bekannt. Viel später hätte es auch nicht erfolgen können, denn im Juni 2012 zieht sie zu ihm nach Merzig in den Stadtteil Silwingen. Im Februar 2013 wird Lafontaines Ehe geschieden, im März die Ehe zwischen Sahra Wagenknecht und Ralph T. Niemeyer. Am 22. Dezember 2014 heiraten Oskar Lafontaine und Sahra Wagenknecht.

Nähergekommen sind sich die beiden Politiker, als Sahra Wagenknecht 2005 für eine Pressekonferenz über die von ihr im EU-Parlament bekämpfte Dienstleistungsrichtlinie, die am 12.12.2006 beschlossen werden wird, einen prominenten Partner sucht und sie Oskar Lafontaine anfragen lässt, der dann auch zusagt. »Und damit beginnt ein politisches Märchen eigener Art.«[293] Doch mit der sozialpsychologischen Ausdeutung und Ausschmückung des »Märchens« im Telenovela-Format kann man den Biografen getrost alleinlassen, um eine Wendung aus Goethes *Wilhelm Meister* zu paraphrasieren. Neben der notwendigen Sympathie – auch in der eigentlichen Bedeutung des Wortes – dürften beide sich nicht eine Sekunde darüber hinweggetäuscht haben, dass sie ein starkes Team zu bilden und den politischen Betrieb in einer Art und Weise aufzumischen vermögen, wie es ihnen einzeln verwehrt bliebe. Bei produktiven und ehrgeizigen Menschen ist Liebe auch immer Liebe zu den Möglichkeiten, die sich eröffnen. Lafontaine steckt voller Erfahrung, und seine politischen Instinkte funktionieren exzellent. Wagenknecht hat den Zugang zu den Medien, und sie hat es zu einer Originalität, einer Einzigartigkeit gebracht, die ihr Aufmerksamkeit sichern. Seine Zeit als Frontmann ist vorbei, die als Berater, als Strippenzieher, als Stratege und Taktiker ist im Kommen. Deutlich spürt er das Alter, als er sich 2009 einer Krebsoperation unterziehen muss. Im Anschluss zieht er sich von seinen Parteiämtern zurück.

Es gelingt ihm noch nicht, 2008 Sahra Wagenknecht als stellvertretende Parteivorsitzende durchzusetzen. Sie zieht nach dem deutlichen Widerstand von Bisky und Gysi, die nicht nur Sahra Wagenknecht, sondern auch Oskar Lafontaine als heimlichen oder unheimlichen Mit-Partei-Vize fürchten, ihre Kandidatur zurück. Als sie sich 2009 auf dem Parteitag der Linkspartei NRW, ihrem Machtzentrum seit den Tagen der ersten Nominierung zur Bundestagswahl vor über zehn Jahren, den Listenplatz 5 erkämpft, zieht sie in den Bundestag ein, wird zwar als stellvertretende Fraktionsvorsitzende vom Fraktionsvorsitzenden Gregor Gysi aus machtpolitischen Gründen verhindert, bekommt dafür aber das Amt des wirtschaftspolitischen Sprechers der Fraktion. Ein Amt, aus dem man etwas machen kann – und aus dem sie etwas macht, mit Lafontaines Unterstützung im Hintergrund.

Die Finanzkrise ermöglicht es ihr, aus glänzenden Analysen kommunistische Schlussfolgerungen zu ziehen. So verkündet sie am 11. November 2009 im Bundestag in der Aussprache zur Regierungserklärung: »Wir brauchen einen politischen Neuanfang und perspektivisch eine andere Wirtschaftsordnung. Wir brauchen eine andere Wirtschaftsordnung, weil dieser entfesselte Kapitalismus, der mit den Ideen der sozialen Marktwirtschaft längst nicht mehr das Geringste zu tun hat, eine kleine Schicht von Leuten, nämlich die Besitzer großer Kapitalvermögen, in beispielloser Weise gegenüber allen anderen Gruppen der Gesellschaft privilegiert und zu einer Einkommensverteilung führt, die die Einkommen genau bei denjenigen konzentriert, die sowieso schon viel zu viel haben. Deswegen brauchen wir andere Formen wirtschaftlichen Eigentums. Wir brauchen eine radikale Umverteilung der Einkommen und Vermögen von oben nach unten. Nur wenn wir eine solche Einkommensverteilung hinbekommen, werden wir perspektivisch aus dieser Krise herauskommen.«[294]

Allerdings wird sie in ihren Äußerungen geschickter, distanziert sich von der DDR, aber eigentlich ist damit die DDR Honeckers, nicht die Ulbrichts gemeint, dessen wirtschaftspolitischen Vorstellungen sie dennoch anhängt, auch wenn sie das nicht mehr sagt, eben in der wagenknechtschen Manier weglässt. Ihr gelingt es schließlich, so zu reden, dass die Leute nur das hören, was sie hören wollen, und das andere, was dazugehört, einfach überhören. Darin erlangt sie eine Perfektion, die ihr Aufmerksamkeit weit über das linke Lager hinaus beschert.

Oskar Lafontaine ist derjenige, der die Mehrheiten zu organisieren pflegt, Bündnisse und Übereinkünfte schmiedet, der den ihr so sehr verhassten Hinterzimmerbereich der Politik kennt und zu bespielen vermag.

Auf der Ebene des Yellow-Press-Journalismus schildert die *Bunte* den Konflikt zwischen Bisky und Brie auf der einen und

Lafontaine auf der anderen Seite so: »Es ist schon kurios, wenn ausgerechnet ein langjähriges Mitglied der diktatorischen SED wie André Brie bemängelt, dass es einen ›Rückfall in eine altkommunistische Parteikultur‹ gebe und dabei ungeniert mit dem Finger auf den Mann von der Saar zeigt. Der schaffte es zwar, beim Parteitag der ›Linken‹ am vergangenen Wochenende diese Misstöne wieder in den Hintergrund zu drängen. Aber dennoch: Es wird offenbar durchaus bemerkt, was Lafontaine für einer ist – nämlich eine autoritäre, egozentrische und unberechenbare Figur, die deswegen irgendwie ›strange‹ wirkt … Wenn er mit rotem Kopf lospoltert, dann fallen Wörter wie ›neoliberaler Scheiß‹, ›Raubtierkapitalismus‹, ›Millionärssteuer‹ und und und. Die *Süddeutsche Zeitung* hatte ihm vor einiger Zeit einen Ton attestiert, ›wie man ihn mit den Extremen der Weimarer Zeit, kaum aber mit der Tradition bundesrepublikanischer Rede verbindet‹. Erst am Samstag bellte er auf dem Parteitag in Berlin folgenden Satz in die Menge: ›Der Finanzkapitalismus hat die Demokratie zerstört.‹ Das ist faktisch falsch, und dennoch stößt dieser durchaus helle wirkende Mann, der schon 65 Jahre alt ist und eigentlich weise sein müsste, das im Brustton der Überzeugung aus. Glaubt er wirklich daran oder ist das einfach nur eiskalt kalkulierte Demagogie? Bei Lafontaine weiß man das irgendwie nicht.«[295] Heute würde man es gnadenlosen Populismus nennen. Egozentrik und Unberechenbarkeit werfen Gysi, Bisky und Brie auch ihr vor. Aus der Sicht der früheren »Reformer« braut sich da etwas sehr Ungutes für die Partei zusammen, zwei, die sich gesucht und gefunden haben.

Sind Wagenknecht und Lafontaine wirklich so weit auseinander und hat sie wirklich von ihm so viel lernen müssen, was ihre theoretischen Positionen betrifft, wie Wagenknechts Biograf es darstellt?

Was sie Goethe in ihrer Beziehung mit Oskar Lafontaine entgegenstellt, seinen west-östlichen Diwan, ist nun ihr ost-westlicher Diwan. Sie hat in Lafontaine einen Partner gefunden, der auch Mentor ist, wie Peter Hacks einst ihr Mentor war.

Die Männer in ihrem Leben sollten auch immer zu etwas nütze sein, sie halfen ihr stets – und sie ahnte oder wusste, was sie benötigte, was sie selbst Sahra Wagenknecht schuldig ist. Hacks, der sie intellektuell prägte, Niemeyer, der ihr den Weg in den Westen ebnete und sie im Umgang mit den Medien schulte, Dieter Dehm, der ihr in der Partei verlässliche Hilfe und Unterstützung bot, und Oskar Lafontaine, mit dem sie nun ein Powerpaar bildet, eine Gemeinschaft, um maximalen politischen Erfolg zu erzielen. Zumal sie beide »political animals« sind – aus ganzer Leidenschaft. Als sie Niemeyers und Dehms nicht mehr bedurfte, ließ sie beide fallen. Mitleid allerdings wäre fehl am Platz, denn Tugendbolde sind beide auch nicht.

Aber eines ist wichtig, das wird letztlich über ihren politischen Erfolg entscheiden. Sie ist die Ostfrau, die ihren politischen Erfolg nicht dem Osten, sondern dem Westen zu verdanken hat. Darin besteht ihre Schwäche. Sicher gewinnt man keine Bundestagswahlen im Osten, aber man verliert sie dort.

Doch was hat es nun auf sich mit der großen politischen Wandlung Sahra Wagenknechts, mit der Politikerin der Linken, die plötzlich keine Kommunistin mehr sein soll?

Deutlich werden ihre Positionen, das, wofür sie steht, auf zwei Gebieten: auf dem Gebiet der Wirtschaftspolitik und auf dem Kampfplatz zwischen sozialpolitischen und identitätspolitischen Linken.

16. GEGEN DEN MAINSTREAM

Die Kämpfe in der Linkspartei nehmen an Härte zu, insbesondere seit sich Oskar Lafontaine aus der Parteiarbeit zurückgezogen hat. Von 2012 bis 2021 werden Katja Kipping und Bernd Riexinger Vorsitzende der Partei Die Linke sein. Kippings Talente liegen nicht im programmatischen, auch nicht im intellektuellen Bereich, sondern eher in der Parteiarbeit, im Leben im Apparat. Unterschiedlicher können zwei Persönlichkeiten wie Kipping und Wagenknecht kaum sein, die in diesen neun Jahren harte Konflikte ausfechten werden.

Der Absturz der Linken hat indes sehr viel mit den Parteivorsitzenden Kipping und Riexinger zu tun, ihre Nachfolger Susanne Hennig-Wellsow, Janine Wissler und Martin Schirdewan werden sogar noch unglücklicher agieren.

Hinter den großen Auseinandersetzungen zwischen Sahra Wagenknecht und Katja Kipping und ihren Nachfolgern steht eine grundsätzliche Frage, die mit der Wahrnehmung der Wirklichkeit zusammenhängt, zu deren Lösung die Linke unfähig ist und an der sie nun zerschellen wird. Und diese Frage lautet Sozialpolitik oder Identitätspolitik, Marxismus oder Postmodernismus. Genau diese Frage beantwortet Wagenknecht in dem Buch *Die Selbstgerechten. Mein Gegenprogramm – für Gemeinsinn und Zusammenhalt,* das im Jahr 2021 erscheint und sofort heftige Aversionen bei den inzwischen in der Partei tonangebenden Identitätspolitikern hervorruft. Es wird sogar ein Parteiausschlussverfahren gegen sie beantragt, weil sie mit dem Buch der Partei »schweren Schaden« zugefügt habe. Liest man die Formulierungen, käme man auf den Begriff identitätspolitischer Stalinismus. Während auf liberaler und auf konservativer Seite das Buch freundlich bis begeistert aufgenommen wird, weil einige Einsicht auf linker Seite als Erleichterung empfinden, ruft das Buch auf der linken Seite des politischen Spektrums ein geteiltes Echo hervor, das von heftiger Ablehnung über das berühmte Sowohl-als-auch bis hin zur Zustimmung reicht, weil auch einige im linken Lager sich wünschen, dem Bunker des Postmodernismus zu entkommen. Doch Wagenknechts Bewunderer auf liberaler und konservativer Seite dürften das Buch bestenfalls bis zur Hälfte oder nicht genau gelesen haben, denn wirtschaftspolitisch schimmern die kommunistischen Vorstellungen deutlich hervor.

Was allerdings Kipping und ihre Nachfolger übersehen haben, ist, dass Wagenknecht die existenzielle Frage für die Partei gestellt hat, denn eine identitätspolitische Partei gibt es in Gestalt der Grünen schon. Wozu bedarf es da noch der Linken, die inzwischen ihre Wähler an die AfD verliert und immer stärker um das gleiche hippe Wählerpotenzial in den Innenstädten mit den Grünen und der SPD kämpft? Dass es jemand wagt, dem Mainstream der Postmodernen, den, wie Wagenknecht sie nennt, Linksliberalen zu widersprechen, verschafft ihr auf der einen Seite die Bannflüche derselben, und auf der anderen Seite verschafft es ihr Gehör bis weit ins konservative Lager hinein, denn sie spricht die Missstände an, die von den linken Parteien als rechte Mythen, als Hass und Hetze hingestellt werden. Dabei würde eine linguistische Studie ergeben, dass diejenigen, die am lautesten über Hass und Hetze klagen, am intensivsten hassen und am meisten hetzen. Im Entstehen der linken Diktatur in Ostdeutschland trug sich der Romanist Victor Klemperer mit den philologischen Vorbereitungen einer LQI, einer Lingua Quarti Imperi, zu beginnen.

Um eines klarzustellen: Der Mainstream ist bei Weitem nicht die Mehrheit der Gesellschaft, sondern nur die Mehrheit der Streamer, um es genauer zu sagen: Der Mainstream ist nur eine kleine Minderheit in der Gesellschaft, die allerdings durch gesellschaftliche Regulation die Mehrheit der Streamer bildet, die Inhaber der Diskursherrschaft, was nur ein anderer Ausdruck dafür ist.

Wagenknechts Buch *Die Selbstgerechten* zerfällt in zwei Teile. Im ersten Teil analysiert sie den Zustand der Gesellschaft, indem sie den Titel von Poppers berühmten Buch *Die offene Gesellschaft und ihre Feinde* paraphrasiert und ex negativo zitiert. Er lautet: »Die gespaltene Gesellschaft und ihre Freunde«, denn die Feinde der offenen Gesellschaft sind die Freunde der gespaltenen Gesellschaft, derjenigen, die die Gesellschaft in tausendundeine Opfergruppen aufteilen und die noch verbliebene Mehrheitsgesellschaft dazu zwingt, für die Opfergruppen zu zahlen und vor ihnen unter frenetischen Mea-culpa-mea-maxima-culpa-Rufen auf die Knie zu gehen. Wagenknecht unterteilt die Linken in die sozialpolitische Linke oder »traditionelle Linke«, die sich für »Gerechtigkeit« und »soziale Sicherheit«, die sich »für das Aufbegehren gegen die oberen Zehntausend und das Engagement für all diejenigen, die in keiner wohlhabenden Familie aufgewachsen sind«, einsetzen, und definiert: »Als links galt das Ziel, diese Menschen vor Armut, Demütigung und Ausbeutung zu schützen, ihnen Bildungschancen und Aufstiegsmöglichkeiten zu eröffnen, ihr Leben einfacher, geordneter und planbarer zu machen.«[296] Zwar existieren diese traditionellen Linken wie Bernie Sanders, wie Jeremy Corbyn oder Jean-Luc Mélenchon noch, doch zumindest verliert Bernie Sanders an Einfluss. »Die deutsche Partei Die Linke wurde 2007 noch auf der Grundlage eines traditionellen Verständnisses von *links* gegründet, aber diejenigen, die an diesen Traditionen festhalten möchten, haben in den Parteigremien immer weniger Einfluss. Geradezu eine Rarität sind traditionelle Linke heute in den Medien und an den Universitäten.«[297] Stattdessen wird die Linke von Lifestyle-Linken dominiert, die sich dadurch auszeichnen, dass im Mittelpunkt ihrer Politik die Fragen des »Lebensstils, der Konsumgewohnheiten und moralischer Haltungsnoten«[298] stehen. Wagenknecht hat recht, wenn sie diese Ideologie am reinsten bei den Grünen verortet, doch verkennt sie den wahren Charakter dieser Ideologie – und muss ihn auch verkennen –, wenn sie ihn als Linksliberalismus oder als Linksilliberalismus bestimmt. Sie kommt auch sofort in Schwierigkeiten, wenn sie es unternimmt, den Begriff vom älteren, vom traditionellen Linksliberalismus in der Bundesrepublik abzugrenzen. Was Wagenknecht aus deutscher Sicht unter das Etikett Linksilliberalismus versammelt und Nancy Fraser aus US-amerikanischer »progressiven Neoliberalismus« nennt, muss aus analytischer Sicht als Postmodernismus verstanden werden. Da aber eine Wurzel des Postmodernismus im Marxismus zu finden ist, wird es verständlich, dass Marxistinnen wie Wagenknecht und Fraser um diesen Begriff einen Bogen schlagen, wahrscheinlich instinktiv. Doch beim Buch zu bleiben bedeutet, sich auf der Ebene der Phänomene aufzuhalten, die Wagenknecht zutreffend beschreibt. Werte wie unbegrenzte Einwanderung, offene Grenzen, Diversität, Antirassismus, der Kampf gegen den Klimawandel, gegen rechts, gegen die Coronaleugner und Impfgegner machen das Tafelsilber der Lifestyle-Linken aus. »Heimat und Volk« gehören zu den Triggerwörtern »und sind folgerichtig tabu, auch der Begriff Zuwanderer ist mindestens heikel, weil doch alle, die nach Europa kommen, *geflüchtet* sind, und Fremde und Parallelwelten gibt es schon gar nicht«.[299] Wagenknecht würde es so nicht benennen, aber im staatlich verordneten und demnächst auch gesetzlich abgesicherten Transsexuellen-Kult gehen die Lifestyle-Linken gegen den Feminismus und gegen die Emanzipation der Frauen vor, indem zur Wortarmut der Lifestyle-Linken – Wortschatz kann man es nicht mehr nennen – Cis-Frauen für weibliche Mitbürger, die keine Transsexuellen sind,[300] hinzugefügt wird. Wagenknecht spottet und legt zugleich den Finger in die Wunde: »Wer sich ungescholten an Lifestylelinken Diskussionen beteiligen will, braucht also vor allem eins: genug Zeit, um in Fragen korrekter Ausdrucksweise immer auf dem Laufenden zu sein.«[301] Ihren Lebensstil halten sie für die Tugend schlechthin, weshalb ihnen selbst alles, aber allen anderen nichts mehr erlaubt ist. Verachtung empfinden die Lifestyle-Linken für alle diejenigen, die nicht ihren Hafermilch-Lebensstil teilen, und vor allem für alle, die nicht ihrer Meinung sind. Traditionelle Lebensentwürfe entwerten sie. Gegen alle, die ihre Meinungen und Ansichten nicht teilen, gehen sie illiberal und rücksichtslos und brutal mithilfe von Cancel Culture und Stummschalten durch Deplatforming, mit Mitteln der Diffamierung und auch der Hetze vor. Alles, was anders ist als sie, hassen sie ohnehin.

Soziologisch beschreibt Sahra Wagenknecht genau und stilistisch gekonnt den Durchschnitts-Linksliberalen, dass er nämlich in einer Großstadt oder in einer schicken Unistadt anzutreffen ist, über gute Fremdsprachenkenntnisse verfügt, studiert hat oder über ein abgeschlossenes Hochschulstudium verfügt, für eine Post-Wachstums-Ökonomie eintritt und auf Bio-Essen besteht. »Discounterfleischesser, Dieselautofahrer und Mallorca-Billigflugreisende sind ihm ein Graus.«[302] Er selbst genehmigt sich natürlich Bildungsreisen in ferne Länder via Flug und fährt auch einen E-Wagen, wenn Mama oder Papa ihm das spendieren können. Überhaupt ist er nicht darauf angewiesen, Geld zu verdienen, denn Papas oder Mamas Vermögen reicht, um ihn zu finanzieren, sodass er unbezahlte Praktika absolvieren kann. Und ein Job in einer steuerfinanzierten NGO, muss hinzugefügt werden, steht demjenigen, der über die richtige illiberale Ideologie verfügt, ohnehin offen. Vorzugsweise, muss ebenfalls ergänzt werden, studieren sie irgendetwas Künstlerisches oder Geschwätzwissenschaften, wo es nicht auf Wissenschaft oder Logik, sondern auf Gesinnung ankommt: »Was den Lifestyle-Linken so unsympathisch macht, ist seine offensichtliche Neigung, seine Privilegien für persönliche Tugenden zu halten und seine Weltsicht und Lebensweise zum Inbegriff von Progressivität und Verantwortung zu verklären. Es ist die Selbstzufriedenheit des moralisch Überlegenen« – eben nicht intellektuell Überlegenen –, »die viele Lifestyle-Linke ausstrahlen, die allzu aufdringlich zur Schau gestellte Überzeugung, auf der Seite des Guten, des Rechts und der Vernunft zu stehen. Es ist die Überheblichkeit, mit der sie auf die Lebenswelt, die Nöte, ja sogar auf die Sprache jener Menschen hinabsehen, die nie eine Universität besuchen konnten, eher im kleinstädtischen Umfeld leben und die Zutaten für ihren Grillabend schon deshalb bei Aldi holen, weil das Geld bis zum Monatsende reichen muss. Und es ist der unverkennbare Mangel an Mitgefühl mit denen, die um ihr bisschen Wohlstand viel härter kämpfen müssen, so sie überhaupt welchen haben, und die vielleicht auch deshalb härter oder grimmiger wirken und schlechter gelaunt sind.«[303] Das ist die zentrale Aussage des ersten Teils des Buches.

Im Weiteren unternimmt sie eine kleine Reise durch die soziale Geschichte der Bundesrepublik mit ihrem Aufstiegsversprechen, Aufstieg und Wohlstand für alle. Das ändere sich fundamental mit der Globalisierung. Die soziale Mobilität, die Aufstiegschancen haben sich ihrer Meinung deshalb dramatisch verschlechtert, und den Akademikern aus der Mittelschicht, die nie Existenzprobleme hatten und nie mit ernsthaften sozialen Problemen konfrontiert worden sind, mangelt es an sozialer Empathie für die weniger Privilegierten. Diese Situation verschärft sich beim Übergang von der Industrie- zur Dienstleistungsgesellschaft und zur Wissensgesellschaft. Allerdings sind die

Begriffe Industrie-, Dienstleistungs- und Wissensgesellschaft mindestens fragwürdig, denn hinter ihnen könnte ein ökonomischer Fehlschluss von Soziologen stehen.

Damit argumentiert sie klassisch sozialpolitisch und marxistisch gegen die identitätspolitische und postmoderne Ideologie der Lifestyle-Linken. Ihr Vorwurf auf der polit-ökonomischen Ebene lautet: »So wurde aus Egoismus Selbstverwirklichung, aus Flexibilisierung Chancenvielfalt, aus zerstörten Sicherheiten Abschied von Normalität und Konformität, aus Globalisierung Weltoffenheit und aus Verantwortungslosigkeit gegenüber den Menschen im eigenen Land Weltbürgertum. Wie der Neoliberalismus schreibt auch der Linksliberalismus die Geschichte der letzten Jahrzehnte von der Warte der Gewinner aus.«[304] Aus US-amerikanischer Sicht klänge Wagenknechts Diagnose so: »Die US-amerikanische Form des progressiven Neoliberalismus beruht auf dem Bündnis ›neuer sozialer Bewegungen‹ (Feminismus, Antirassismus, LGBTQ) mit Vertretern hoch technisierter, ›symbolischer‹ und dienstleistungsbasierter Wirtschaftssektoren (Wall Street, Silicon Valley, Medien- und Kulturindustrie etc.).« Nach Meinung der US-amerikanischen Marxistin Nancy Fraser führte die neoliberale Politik Clintons und Obamas »zu einer Verschlechterung der Lebensverhältnisse aller Arbeitnehmer, besonders aber der Beschäftigten in der industriellen Produktion«. Zur gesellschaftsauflösenden Ausweitung der Minderheitenrechte stellt sie fest, dass dieses neue Establishment die Emanzipation gleichsetzt »mit dem gesellschaftlichen Aufstieg der ›Begabten‹ unter den Frauen, Minderheiten und Homosexuellen« und dass es »die The-winner-takes-all-Hierarchie nicht mehr abschaffen«[305] will.

Während die progressiven Bewegungen, wie die Grünen, für eine woke und klimagerechte Fassade sorgen, benutzt die Finanzindustrie diese Fassade, um dahinter in die neue grüne Blase zu investieren, wodurch sie eine gigantische Form der Umverteilung etabliert. Man könnte auch kurz und knapp formulieren, dass es schwerfällt zu verstehen, dass Prinz John, der Sheriff von Nottingham und Robin Hood gemeinsame Sache machen. Richtig erkennt Sahra Wagenknecht, dass man, um mit Milton Friedman zu reden, einen Sozialstaat und offene Grenzen haben kann – nur nicht beides zur gleichen Zeit. Deshalb votiert sie konsequenterweise für den Nationalstaat, denn genau betrachtet müsste der Nationalstaat gegenwärtig ein linkes Projekt sein.[306] Denn es gibt zwar einen Nationalstaat ohne Sozialstaat, aber es gibt keinen Sozialstaat ohne Nationalstaat. Was Wagenknecht antreibt, ist nicht nur marxistische Theorie, sondern vor allem die Beobachtung, dass die linken Parteien ihre Wähler verraten, die dann zur AfD gehen. Verkürzt gesagt, sie sieht den Niedergang der Linken und der Sozialdemokraten in ihrer Ergrünung, in der Herrschaft des Linksilliberalismus in beiden Parteien. Der Verlust, der Ausfall linker Politik führt zur Erstarkung der Rechten, weil gesellschaftliche Mehrheiten bei den Linksparteien, bei den Linken und Sozialdemokraten, keine Stimme mehr haben. Deshalb möchte sie im Linksilliberalismus und im »Rechtspopulismus« kommunizierende Röhren sehen. Diese Sichtweise soll sie vor dem Vorwurf schützen, rechts zu sein. In Wahrheit aber stimmen die Kategorien rechts und links nicht mehr, leisten sie hervorragend und effizient schlechte Dienste, weil rechts nicht mehr inhaltlich begründet ist, sondern für alle als pejorative Markierung benutzt wird, die Kritik an der Regierung üben.

Doch die soziophänomenologisch unterlegte Analyse Wagenknechts geht letztlich an der Wirklichkeit vorbei. Es sind nicht nur die weniger Privilegierten, nicht nur die sozial Benachteiligten, die sozial Deklassierten, diejenigen, die sich nur bei Aldi Grillfleisch leisten können, sondern zunehmend diejenigen, die die reaktionäre, die postmoderne Politik der Ampel-Koalition trifft, seien es die Bauern, seien es die Selbstständigen, sei es die mittelständische Industrie, und zwar auf wirtschaftlicher, auf politischer, auf gesellschaftlicher Ebene, auf der Ebene der Freiheit und der Demokratie, auf der Ebene der inneren Sicherheit, des Wohnens, der sozialen und logistischen Infrastruktur.

Aus einem einzigen Grund wird das Buch zu einem großen Erfolg: wegen der richtigen Beschreibungen woker Herrschaft von einer Linken, was Seltenheitswert besitzt. Der Erfolg des Buches liegt also vor allem nicht darin, was Wagenknecht sagt, das kann man auch von Liberalen und Konservativen hören, sondern darin, dass es von einer Linken gesagt wird. Es ist ein bisschen wie in dem Alfred Hitchcock zugeschriebenen Satz: Kommt ein Mann durch die Tür in eine Wohnung, ist es nichts, kommt er durch das Fenster, ist es eine Szene.

Dass trotz richtiger Beschreibungen Wagenknecht eher vom Kern des Problems ablenkt, liegt daran, dass sie die Autoimmunerkrankung unserer Kultur, den Postmodernismus, als Linksliberalismus verharmlost, weil ein wesentlicher Bestandteil des Postmodernismus der Marxismus, vor allem der westliche Marxismus, ist. Bevor jedoch der Frage nachgegangen wird, welches Gesellschaftmodell Wagenknecht vertritt, und deshalb auf ihre ökonomischen Positionen und Vorstellungen von einem kreativen Sozialismus eingegangen wird, muss in aller gebotenen Kürze geklärt werden, was Postmodernismus eigentlich ist. Dass dieses Thema den blinden Fleck ihrer Analyse darstellt, hängt nicht nur mit ihrem Marxismus zusammen, sondern auch damit, dass sie sich nach eigener Aussage im Studium nie für Sprachanalytik und Sprachphilosophie interessiert hat, nie für den an sich sprachwissenschaftlich leistungsfähigen Strukturalismus, der durch den Poststrukturalismus Foucaults und den Dekonstruktivismus Derridas in eine totalitäre Ideologie gestürzt wird, der sogenannten French Theory.

Das scheint verzeihlich angesichts dessen, dass die 3. Generation der Postmodernen, deren Partei die Grünen und der mit ihr Sympathisierenden sind, ihre theoretische Grundlagen selbst nicht mehr kennen und aufgrund mangelnder Bildung auch nicht rezipieren können, teils ihre Gründungsväter als alte weiße Männer schmähen, weil sie den Postmodernismus vollkommen untheoretisch nur noch als ideologisches System politischen Aktivismus begreifen, in dem der Gedanke durch die Gesinnung, das Denken durch Dogmen und die Meinungsfreiheit durch einen Moraltotalitarismus ersetzt wurde. Das Ergebnis der Machtübernahme der Postmodernen besteht im Sturz der aufgeklärten Gesellschaft in den Irrationalismus. Ein Kennzeichen der Geschlossenheit des Postmodernismus, der Abkehr von der Wirklichkeit besteht darin, dass das ontologische und schließlich epistemologische System des Postmodernismus so konzentriert ist, dass es jede Kritik an und jeden Widerspruch gegen sich sofort und nur als Bestätigung der eigenen Anschauungen aufzufassen vermag.

17. EXKURS: WAS IST POST-MODERNISMUS[307]

Der Postmodernismus scheint auf den ersten Blick auch deshalb so schwer zu fassen zu sein – weshalb auch Wagenknecht mit Metaphern wie Lifestyle-Linke oder Linksliberale agiert –, weil er in einer wachsenden Zahl von immer bunteren und gewichtiger klingenden Ideologien in Erscheinung tritt. In der Öffentlichkeit posiert er in seinen Spielarten Poststrukturalismus und Dekonstruktivismus und ihren Filiationen Identitätspolitik oder Social Justice, Gender Studies, Postkolonialistische Theorie, Critical Race Theory und Intersektionalität, um nur die wichtigsten zu nennen.

Der Postmodernismus entstand im Frankreich der Fünfziger- und Sechzigerjahre. An seiner Wiege stand vor allem die deutsche Philosophie, G. W. F. Hegel, Friedrich Nietzsche, Edmund Husserl und Martin Heidegger, vor allem aber Karl Marx und Sigmund Freuds Psychoanalyse. Stärker noch als der Wunsch, die Welt wirklich schon ein bisschen verbessern zu wollen, trieb damals einige Absolventen von Elite-Hochschulen, vor allem der École normale supérieure de Paris in der Rue d´Ulm der Ehrgeiz an, der wichtigste Intellektuelle Frankreichs zu werden. Schon in der Entstehung des Postmodernismus wirkte ein erstaunlicher Wille zur Macht mit, der sich in einen immer platter werdenden Aktivismus verwandelte, der in der dritten Welle des Postmodernismus zu seinem Hauptmerkmal wurde. Seine theoretische Klassifikation und habituelle Realisierung fand er in der marxistischen Klassenkampftheorie entweder in Lukács' *Geschichte und Klassenbewusstsein* oder in Stalins oder Maos Selbstermächtigung. Eine Eigenart im Selbstverständnis der modernen französischen Philosophie, die zum Verständnis wichtig ist, beschreibt Vincent Descombes so: »Die politische Stellungnahme ist und bleibt in Frankreich der entscheidende Prüfstein, an ihr entscheidet sich letztlich der Sinn eines Denkens. Es ist, als rührte man in dem Augenblick endlich an den Kern der Dinge, wo man von den Hypothesen über das Eine und das Viele oder über die Natur der Erkenntnis zur Frage der nächsten Wahl oder der Haltung der Kommunistischen Partei kommt.«[308]

Michel Foucault hat die Bedeutung des Einbringens und Sublimierens der autobiografischen Erfahrung, was von Anfang an die Befriedigung des Narzissmus, die Egozentrik in der neuen Theorie verankert, für den Postmodernismus so verdeutlicht: »Jedes Mal, wenn ich versucht habe, eine theoretische Arbeit zu leisten, ist sie von Elementen meiner eigenen Existenz ausgegangen: immer in Beziehung zu Prozessen, die ich in meiner Umgebung sich abspielen sah. Weil ich in den Dingen, die ich sah, in den Institutionen, mit denen ich zu schaffen hatte, in meinen Beziehungen zu anderen tiefe Risse und Brüche, Dysfunktionen, zu erkennen glaubte – gerade deshalb habe ich eine solche Arbeit unternommen, eine Art autobiografisches Fragment.«[309] Dahinter steckt letztlich der Solipsismus, dass die Welt nur existiert, weil man selbst existiert. 1991 offenbart Derrida einem amerikanischen Journalisten die Motivation seiner Arbeit, die sich in seiner Biografie findet, in einer Geschichte, wie sie sein Biograf Benoît Peeters zusammenfasst: »eines kleinen Juden von Algier, der sich weder als Franzose noch als Jude fühlte; die eines mittellosen Studenten, der sich bemühte, die psychologischen und sozialen Barrieren der Welt der Pariser Intellektuellen zu überspringen.«[310] Das Gefühl des Dazwischenseins wird bei Derrida zur Philosophie der Differenz sublimiert, das, wozu man nicht gehört, lässt sich nur als Konstruktion ertragen, die man zu dekonstruieren hat. Michel Foucault, der aus einer Arztfamilie stammt, entkommt zwar dem Zwang des Vaters, der ihn zum Studium der Medizin zwingen will, nicht aber dem medizinischen Blick, mit dem er die Gesellschaft betrachtet. Dabei fesseln Foucault die Ränder und dunklen Seiten der Gesellschaft, die Sexualität, das Verbrechen und der Wahnsinn, selbst homosexuell und gelegentlich besonders in der Jugend die Welt des Wahns berührend. Seine Methode, Gesellschaft zu begreifen, gerät zur sozialen Pathologie. Foucault sucht das Besondere, Außergewöhnliche, den Anderen in der Hoffnung, es wäre das Andere, was es jedoch nicht ist, um dadurch die Kultur der Majorität, der Tradition, der Überlieferung in der Konfrontation mit dem Anderen, dem Verdrängten, dem Ungesagten auszuhebeln. Doch der größte Teil der Menschheit ist nicht wahnsinnig, nicht einmal der größte Teil der Poststrukturalisten und Dekonstruktivisten, und die Außenseiter, die Wahnsinnigen, die Verbrecher stellen keinen Gegenentwurf zur Gesellschaft dar. Karl Marx hat im Gegenteil sogar noch in dem hübschen kleinen Text über Mandevilles Bienenfabel die Nützlichkeit des Verbrechers für die bürgerliche Gesellschaft dargestellt: »Ein Philosoph produziert Ideen, ein Poet Gedichte, ein Pastor Predigten, ein Professor Kompendien usw. Ein Verbrecher produziert Verbrechen. Betrachtet man näher den Zusammenhang dieses letzten Produktionszweigs mit dem Ganzen der Gesellschaft, so wird man von vielen Vorurteilen zurückkommen. Der Verbrecher produziert nicht nur Verbrechen, sondern auch das Kriminalrecht und damit auch den Professor, der Vorlesungen über das Kriminalrecht hält, und zudem das unvermeidliche Kompendium, worin dieser selbe Professor seine Vorträge als ›Ware‹ auf den allgemeinen Markt wirft (...) Der Verbrecher produziert einen Eindruck, teils moralisch, teils tragisch, je nachdem, und leistet so der Bewegung der moralischen und ästhetischen Gefühle des Publikums einen ›Dienst‹. Er produziert nicht nur Kompendien über das Kriminalrecht, nicht nur Strafgesetzbücher und damit Strafgesetzgeber, sondern auch Kunst, schöne Literatur, Romane und sogar Tragödien, wie nicht nur Müllners ›Schuld‹ und Schillers ›Räuber‹, sondern selbst ›Ödipus‹ und ›Richard der Dritte‹ beweisen. Der Verbrecher unterbricht die Monotonie und Alltagssicherheit des bürgerlichen Lebens. Er bewahrt es damit vor Stagnation und ruft jene unruhige Spannung und Beweglichkeit hervor, ohne die selbst der Stachel der Konkurrenz abstumpfen würde. Er gibt so den produktiven Kräften einen Sporn. Während das Verbrechen einen Teil der überzähligen Bevölkerung dem Arbeitsmarkt entzieht und damit die Konkurrenz unter den Arbeitern vermindert, zu einem gewissen Punkt den Fall des Arbeitslohns unter das Minimum verhindert, absorbiert der Kampf gegen das Verbrechen einen andern Teil derselben Bevölkerung. Der Verbrecher tritt so als eine jener natürlichen ›Ausgleichungen‹ ein, die ein richtiges Niveau herstellen und eine ganze Perspektive ›nützlicher«‹ Beschäftigungszweige auftun.«[311] Und er dient Foucault im Grunde die Gesellschaft, die er im Missverständnis über den Strukturalismus nur als Discourse der Macht zu verstehen vermag, als das eigentliche Verbrechen zu denunzieren. Damit ist der Weg frei für die intellektuelle Autoimmunerkrankung des Westens, dass seine Kultur Kräfte hervorbringt, die die Kultur zerstören, die Philosophie die Philosophie, die Moral die Moral, die Literatur die Literatur, das Theater das Theater, die Öffentlichkeit die Öffentlichkeit, die Wissenschaft die Wissenschaft, die wehrhafte Demokratie die Demokratie.

Aus Foucaults Aggression heraus muss die Wirklichkeit zum Schein werden, der Schein zur Wirklichkeit, das Reale zur Illusion, die nur die Wahrheit, nämlich die Strukturen, verschleiert. Insofern erstaunt nicht die Aggressivität des Postmodernismus, die Aggressivität hat von Anfang an die Entstehung des Postmodernismus motiviert. Für Foucault besteht die Welt daher nicht mehr aus Wirklichkeit, sondern aus Strukturen, mehr noch, die Strukturen erschaffen erst die Welt. Doch auch hier verkürzt er seine Sicht, denn Strukturen sind für ihn immer nur Ausdruck von Machtverhältnissen. Strukturen sind im vulgärmarxistischen Sinn Ausdruck von Macht. »Der Diskurs befördert und produziert Macht; er verstärkt sie, aber er unterminiert sie auch, er setzt sie aufs Spiel, macht sie zerbrechlich und aufhaltsam.«[312] Der Franzose hat in einem dreisten Akt den Strukturalismus, der eine hochproduktive Methode in der Linguistik ist, gekapert und ihn im Poststrukturalismus vollständig zur Ideologie umfunktioniert, indem er das Wissenschaftliche durch das Ideologische ersetzte. Dazu missbraucht Foucault die Erweiterung des Sprachbegriffs, denn zur Sprache wird ihm nun jede Äußerung, nicht nur als Gesprochenes und Geschriebenes, sondern die ganze wirkliche Welt, Techniken, Institutionen, Gesten, Handlungen, alles, was durch seine Existenz selbst zur Aussage wird. Und Aussage ist alles, denn die Aussage ist für ihn die Voraussetzung unserer Wahrnehmung, wir nehmen nur wahr, was zu uns spricht, so lautet der extrem solipsistische Grundsatz des Postmodernismus. Mit diesem Hütchenspielertrick lassen sich unzählige Sprachen – wie später unzählige Geschlechter, die Methode ist dieselbe – zaubern: die Sprache der Liebe, die Sprache der Krankheit, die Sprache der Gewalt etc. Wenn man so will, rücken die Spuren der Wirklichkeit an die Stelle der Wirklichkeit. Joëlle Proust erinnert sich: »Faszinierend war, dass das in der Linguistik ging, also trieben wir alle ein wenig Linguistik.«

Im Grunde ist das Problem der französischen Poststrukturalisten das gleiche, das sich auch Sahra Wagenknecht am Ende der Neunzigerjahre stellt – und das sie bis heute nicht befriedigend gelöst hat: der Verlust des revolutionären Subjekts, denn das revolutionäre Subjekt der marxschen Theorie, das Proletariat, hat den Job, die Revolution anzuzetteln, gekündigt. Und nun? Woher bekommt man eine neues revolutionäres Subjekt, woher die Abrisstruppe für die verhasste westliche Gesellschaft, woher die Jungs, mit denen Foucault das Haus und die Klinik seines Vaters abreißen kann? 1968 wird deshalb zum Trauma, weil sich so wenige Arbeiter auf den Barrikaden finden, und wenn die jungen Akademiker in die Betriebe gehen, werden sie für ihre Arbeitsleistung nur mitleidig angesehen und wegen ihrer wichtigtuerischen Agitation nur ausgelacht. Dem Proletariat geht es im Kapitalismus so gut, dass es keine Lust auf eine Revolution verspürt, die vielleicht noch zu Konsequenzen hinsichtlich seines Lebensstandards führt wie im sozialistischen Osteuropa. Der Lebensinhalt von Marxisten und Linken, da ist sich die sozialpolitische und die identitätspolitische Linke, da sind sich die verfeindeten Brüder oder Schwestern oder was auch immer einig, besteht darin, Diskriminierte und Unterdrückte zu finden – und wenn man sie mittels Sozialalchemie erst erfinden muss, die »Verdammten dieser Erde«. So zumindest beginnt die Hymne der Arbeiterbewegung, die Internationale: »Wacht auf, Verdammt dieser Erde,/die stets man noch zum Hungern zwingt.« Und Derrida schreibt in seinem intellektualisierten Courths-Mahler-Stil wie immer emotional triefend: »Immer wenn ich die Internationale höre, bin ich aufgewühlt, zittere vor Erregung und habe dann immer Lust, ›auf die Straße zu gehen‹ und den Kampf gegen die Reaktion aufzunehmen.«[313] So wie die Unterdrückten und Verdammten und Diskriminierten, die höllisch unter »Mikroaggressionen« leiden, gefunden und definiert werden, so muss auch die »Reaktion«, müssen nunmehr die »Rechten« als die Anderen, die keine Rechte mehr haben, markiert und bekämpft werden. Schließlich hat man Lust darauf, wenn man die Internationale hört. Den ersten Ausweg weist der algerische Psychiater Frantz Fanon, der bereits in den Fünfzigerjahren an die Stelle der Arbeiterklasse die »Kolonisierten«, die unter dem Kolonialismus Lebenden, setzt, die jetzt unbedingt befreit werden müssen. Gerade die Wanderung des Begriffs der »Verdammten dieser Erde« macht das besonders deutlich. Waren im »Kampflied der Arbeiterklasse« noch die Proletarier die »Verdammten dieser Erde«, werden das in Fanons gleichnamigem und einflussreichem Buch die kolonisierten Menschen, in heutiger Begrifflichkeit die People of Color. Bereits 1971 schreibt Jean Genet in einem Manifest: »An diesem Teil meiner Rede angelangt, rufe ich, um die Schwarzen zu retten, zum Verbrechen auf, zur Ermordung der Weißen.«[314] Das ist in sozialer Hinsicht die Basis für den Sieg der identitätspolitischen über die sozialpolitische Linke.

Bald schon kommen als Opfergruppen, die als Opfer »gelesen«, »sichtbar« gemacht, sprich befreit werden müssen, die People of Color, die Homosexuellen, die Transsexuellen, die indigenen Völker, die Nonbinären, die allzu Dicken, die körperlich wie geistig Behinderten. Die Vorstellung der Intersektionalität definiert dann noch, dass eine Person mehreren Opfergruppen angehören kann, was ihren Opferstatus natürlich noch erhöht. Die »Person« kann weiblich, homosexuell, schwarz und sehr dick sein und würde damit gleich vier Opfer-Kategorien angehören. Verursacher dieser omnipräsenten Unterdrückung ist natürlich der weiße, heterosexuelle Mann mit seinen perfiden Machtmethoden oder Herrschaftsdiskursen, zu dem auch die weiße Wissenschaft gehört, ebenso wie die Aufklärung, die dekonstruiert und damit entlarvt werden muss. Diskurse sind für Foucault Netze der Macht, sind dasjenige, wodurch Herrschaft ausgeübt wird. Indem man die Diskurse bestimmt, übt man Macht aus. Deshalb konzentrieren sich die Postmodernen auf die Sprache. So wie die Gesellschaft Netze der Macht durchziehen, so wie auch die Wissenschaft nur einen Diskurs der Macht darstellt, will Derrida diese Diskurse dekonstruieren, sie bloßstellen, während die jüngeren Postmodernen wie Butler die dekonstruierten Diskurse der Macht umdrehen. Da für sie alles Konstruktion der

Macht ist, Wissenschaft, Gesellschaft, Geschlecht, Ethnie – und zwar Konstruktion des heterosexuellen weißen Mannes, der rassistischen europäischen Aufklärung, muss die eben durch die Diskurse hervorgebrachte »Zwangsheterosexualisierung« dekonstruiert und über die Geschlechterverwirrung letztlich in eine Homosexualisierung der Gesellschaft übergeleitet werden, denn Geschlecht und sexuelle Orientierung sind nur soziale Konstrukte, also von der Gesellschaft vorgegebene. Da aber eine Zwangshomosexualisierung, die Butlers Ziel sein dürfte, nicht funktioniert, wie Butler weiß, muss die Vorstellung von Normalität und Normativität durch die »Geschlechterverwirrung«, wie sie schreibt, durch die fantasievolle Vervielfältigung der Geschlechter, durch die massive Durchsetzung von Transsexualität, durch die Diversität aufgelöst werden. Sie ist der Meinung, dass Sprache eine performative Macht besitzt; das heißt, dass man das ist, als was man angesprochen wird. Das ist der tiefe Sinn des Genderns. Indem man die Ansprache verändert, verändert man das Sein des Menschen. Der Sturm auf die Sprache gilt in der Gendertheorie als eine der zentralen Offensiven auf die Gesellschaft zum Zwecke ihrer radikalen Umgestaltung, die gern Emanzipation genannt wird. Butler träumt von der »performativen Macht«, die darin liegt; »wenn man sich gerade die Begriffe aneignet, von denen man verletzt wurde«.[315] Die Anrufung wird zur zentralen Kategorie für Butler, mit der sie begründet, weshalb wir durch Sprache zu dem gemacht werden, was wir sind, weshalb das Geschlecht ein gesellschaftliches Konstrukt ist, erzeugt durch die Diskurse der Zwangsheterosexualisierung oder durch die phallogozentrische Herrschaft. Butler bemüht viele kompliziert klingende Sätze, um die platte Idee glaubhaft zu machen, dass der Mensch das ist, als was er angesprochen wird. Sie zitiert sehr gern und sehr zustimmend ein geradezu paradigmatisches Beispiel dafür, das der französische Marxist Louis Althusser, ein Freund Derridas, gebracht hat: »In der berühmten Anrufungsszene ... ruft ein Polizist einem Passanten ›Hallo, Sie da!‹ zu. Der Passant, der sich wiedererkennt und sich umwendet, um auf den Ruf zu antworten ... existiert im strengen Sinne nicht vor diesem Ruf ... Indem der Passant sich umwendet, erhält er eine bestimmte Identität, die sozusagen um den Preis der Schuld erkauft ist. Der Akt der Anerkennung wird zu einem Akt der Konstitution; die Anrede ruft das Subjekt ins Leben ... Doch während Austin ein sprechendes Subjekt voraussetzt, postuliert Althusser in der oben dargestellten Szene, dass das Subjekt durch eine Stimme hervorgebracht wird.«[316] Das ist der Kern der Lehre Butlers, des Genderns und der Behauptung, dass das Geschlecht ein soziales Konstrukt ist. Nach Althusser wirkt die Ideologie über den Mechanismus der Anrufung. Diese Anrufung ist im Grunde ein Akt der Unterwerfung. »Das Individuum wird als (freies) Subjekt angerufen, damit es sich freiwillig den Anordnungen des *Subjekts* unterwirft, damit es also (freiwillig) seine Unterwerfung akzeptiert und folglich ›ganz von selber‹ die Gesten und Taten seiner Unterwerfung ›vollzieht‹. Es gibt Subjekte nur durch und für ihre Unterwerfung. Eben deswegen funktionieren sie ›ganz von selber‹.«[317] Für Butler existieren deshalb Geschlecht und Geschlechteridentität nur durch Anrufung. Menschen werden zwangsheterosexualisiert, weil sie als Heterosexuelle angerufen werden. Wir sind nicht, was wir sind, sondern wir sind, wie wir benannt werden, so Butlers extremer, fast obskuranter Nominalismus.

Hübsch ist, dass Derrida zum Schluss »zum Opfer seiner eigenen Kategorien« wird, »seines Kampfes gegen den Phallogozentrismus«, denn er »war ein Mann, ein Weißer, ein Verführer, ein Philosoph: alles potenzielle Makel, die dazu führen konnten, ihn auf der Seite der traditionellen Macht einzuordnen«. Doch das Mitleid mit Derrida muss nicht allzu lange anhalten, denn der geschickte Monsieur Derrida findet Abhilfe: »Seine Allianz mit einigen radikalen Frauen erscheint unter diesem Gesichtspunkt als ein wertvoller Trumpf«, wie die Derrida-Schülerin und Germanistikvernichterin Avital Ronell schreibt.[318]

Der Irrationalismus der Postmoderne benutzt sehr häufig und überaus gern den wohlbeleumdeten Namen der Theorie, der sich manchmal auch nur »die Theorie« oder »Die Wissenschaft« nennt. Doch Wissenschaft, die nur noch »Die Wissenschaft« genannt wird, und Theorie, die aufschneiderisch als »Die Theorie« posiert, als sei sie die einzige, wenn sie überhaupt eine ist, haben das spezifisch Wissenschaftliche und das Besondere des Theoretischen, das immer auch ein Spiel, eine Lust an jeder auf sich selbst gerichteten Falsifikation ist, gegen das Dogmatische des Aktivismus vertauscht. »Die Theorie« und »Die Wissenschaft« bemühen sich nicht erst wie plurale Wissenschaft und Theorien, Wirklichkeit zu analysieren und zu erklären und so zum Fortschritt des Wissens beizutragen, sondern sie wollen lediglich Wahrheiten verkünden, um Wissen durch Gesinnung zu ersetzen, statt Wissen zu vermehren. Sie sind nicht nur dekonstruktiv, sondern vor allem destruktiv, zerstörerisch. Sie benötigen nicht Kants mündigen Bürger, sondern Savonarolas oder Torquemadas fanatisch Gläubigen. »Die Wissenschaft« und »Die Theorie«, wie sie von den Postmodernen, von Luisa Neubauer über Greta Thunberg, Robert Habeck bis zu Olaf Scholz, immer wieder angerufen und wie zum Beweis zitiert werden, funktionieren nicht nach dem Konzept und der Methodologie der modernen Wissenschaft, die evidenzbasiert auf den Methoden der Falsifikation und Verifikation beruht und die Wirklichkeit als entscheidende Instanz betrachtet. Postmoderne Wissenschaft funktioniert, wie Pluckrose und Lindsay überzeugend gezeigt haben, nach dem postmodernen und nicht nach dem modernen Wissensprinzip.

Das postmoderne Wissensprinzip wird bestimmt durch einen radikalen Skeptizismus »gegenüber objektivem Wissen oder objektiver Wahrheit und das Bekenntnis zum kulturellen Konstruktivismus«[319], der besagt, dass unsere Welt nur ein soziales Konstrukt ist, wie beispielsweise das Geschlecht ein soziales Konstrukt und keine biologische Tatsache ist. Diese subjektivistische Ideologie wird durch die Macht des Aktivismus abgesichert, sodass eben das postmoderne Wissensprinzip durch das politische Prinzip des Postmodernismus durchgesetzt wird, das in der Überzeugung besteht, »dass die Gesellschaft auf Machtsystemen und Hierarchien aufgebaut ist, die darüber entscheiden, was als Wissen oder Wahrheit gilt«.[320] Besitzt man die Macht, bestimmt man, was Wissen und was Wissenschaft ist. Nicht Experiment, Falsifikation, Überprüfung an der Wirklichkeit gelten als Wahrheitskriterium, sondern Wahrheit kann nur durch die Dekonstruktion »der Machtsysteme und Hierarchien« erstellt werden. Über Wahrheit wird entschieden, sie wird nicht experimentell überprüft. Mit dem politischen Prinzip des Postmodernismus lässt sich die Ideologie in Wissenschaft und Gesellschaft gegen jeden Einspruch immunisieren. Denn jede Kritik an einer postmodernen Theorie, wie beispielsweise an der Critical Race Theory oder dem Intersektionalismus, die beide den Unterbau für die Identitätspolitik liefern, wird mit der Behauptung abgewehrt, dass die Kritiker nur Agenten der herrschenden Machtsysteme sind, womit klar ist, dass diese Machtsysteme existieren, sonst würde es ja keine Kritik an den postmodernen Theorien geben, was wiederum die Notwendigkeit begründet, gegen diese herrschenden Machstrukturen vorzugehen, d.h. sie zu dekonstruieren, was wiederum den Widerstand der Agenten der herrschenden Machtsysteme, in früher Benennung der Volksfeinde, der Klassenfeinde, in heutiger Benennung der weißen Männer, hervorruft – ad infinitum. Selbst wissenschaftliche Beweise werden nicht anerkannt, weil auch sie nur Konstrukte der Macht sind, also der Agenten der herrschenden Machtsysteme, in früher Benennung der Volksfeinde, der Klassenfeinde, in heutiger Benennung der weißen Männer. Pluckrose und Lindsay kommen zu der scharfsinnigen Einschätzung: »Anders ausgedrückt ist Wissenschaft in den Augen der Theorie so organisiert, dass sie den Interessen der Mächtigen, die sie etabliert haben – weiße westliche Männer –, dient und zugleich Barrieren gegen Teilhabe anderer errichtet.«[321] Und sie kommen zu dem Schluss: »Die postmoderne Theorie strebt nicht nach faktischer Wahrheit, sondern sie ist strategisch ausgelegt, um ihre eigenen Ziele zu verwirklichen, die moralisch unbedenklich und politisch nützlich seien.«[322] Moralisch unbedenklich bedeutet nicht ethisch, sondern moralisch unbedenklich im Sinne der postmodernen Moral. Postmoderne Theorie ist nicht Wissenshaft, sondern Funktion zur Machtgewinnung, sie ist in einem Wort Aktivismus. Deshalb unterstellen Grüne wie Habeck oder auch Neubauer, wenn man sie mit Fakten auf den falschen Ansatz ihrer energiepolitischen Vorstellungen hinweist, dass diese Argumente nur Angriffe der Fossillobby auf ihren richtigen Weg der Dekarbonisierung und der aus ihrer Sicht moralisch gebotenen Errichtung der klimaneutralen Gesellschaft sind. Beweisen können sie nichts.

Was der Postmodernismus mit anderen totalitären und irrationalen Theorien gemeinsam hat, ist, dass er das Individuum nicht kennt, nicht den Menschen, nicht den Bürger, nicht den Einzelnen, sondern nur die Gruppenidentität, nur Gruppen von Menschen, die entweder frei oder unterdrückt sind, die diskriminieren oder diskriminiert wurden, die ausbeuten oder ausgebeutet werden, je nachdem, welcher gesellschaftlichen Gruppe sie angehören. Da die Freiheit immer beim einzelnen Menschen beginnt und sie immer auch die Freiheit des Einzelnen ist, ist der Postmodernismus deshalb zutiefst freiheitsfeindlich. Postmodernismus und Marxismus lösen den einzelnen Menschen in Kategorien wie Masse, Klasse, Ethnie auf. Für den Marxisten Georg Lukács ist beispielsweise die Theorie »nichts als der gedankliche Ausdruck des revolutionären Prozesses« selbst.[323]

Im Übrigen hat das Standpunktbewusstsein für die Postmodernen wie das Klassenbewusstsein für die Marxisten etwas geradezu Mystisches, denn deren Träger können selbst in sachlichen Irrtümern nichts falsch machen, weil sie »eine Intention auf das Richtige haben«,[324] während die anderen, so redlich sie sich auch bemühen mögen, immer falschliegen, weil sie der falschen Klasse oder Gruppe angehören und damit nur über das falsche Bewusstsein verfügen, nur den falschen Standpunkt einnehmen können, den Standpunkt der »privilegierten Weißen«. »Die Theorie« der Postmoderne, auch gern kritische Theorie genannt, ist die Dekonstruktion der Diskurse als Strukturen der Macht zum Zwecke der Emanzipation der zahllosen Gruppen der Unterdrückten, Diskriminierten, Beleidigten. Im Speziesismus macht sich der beispielsweise schuldig, der einen anderen Menschen »Esel« nennt, nicht weil er den anderen Menschen, sondern weil er als Mensch die Spezies der Esel beleidigt hat. Worin der Postmodernismus es zu einer unglaublichen Produktivität geschafft hat, ist in der Produktion von Fettnäpfchen.

Das Kriterium, ob eine Theorie oder eine Vorstellung richtig ist, richtet sich nicht nach der Wirklichkeit, sondern im Marxismus nach dem Klassenstandpunkt, in der Postmoderne nach dem Standpunkt der jeweiligen Opfergruppe. In der Critical Race Theory entscheidet beispielsweise über die Frage, ob jemand rassistisch ist oder nicht, die Zugehörigkeit zu einer Gruppe. Deshalb lebt auch die Identitätspolitik von der Doppelmoral, die durchaus gewollt, weil sie das wichtigste Mittel ist, die eigene Hegemonie durchzusetzen. Nur Opfergruppen sind aufgrund ihrer Gruppenidentität, ihres Gruppenstandpunkts in der Lage, über sich zu sprechen. Wer nicht dieser Opfergruppe angehört, hat zu schweigen, denn würde er reden, würde er diskriminieren, weil er sich fremde Erfahrungen, die er nicht gemacht hat, aneignen würde. Von Tom Hanks, dessen Karriere mit dem Film »Philadelphia« einen großen Sprung macht, hört man, dass er die Rolle heute nicht mehr annehmen würde, weil er als Heterosexueller doch keinen an AIDS erkrankten Homosexuellen spielen dürfe. In Verkennung von alldem, was Schauspiel ausmacht, schwadroniert Hanks so woke wie antikünstlerisch: »Ich glaube nicht, dass die Leute die fehlende Authentizität eines Heteros, der einen Schwulen spielt, akzeptieren würden.«[325]

Denn all das bedeutet, dass kein kultureller Austausch, keine Rezeption, keine Erweiterung des eigenen Bewusstseins, keine gesellschaftliche Diskussion mehr sattfinden darf, dass keine Kunst, auch kein Schauspiel, dass keine Verständigung mehr möglich ist – und für die heterosexuellen Weißen, die keiner Opfergruppe angehören, am Ende sogar, dass sie sich in ein Rechtedefizit als die neuen und wirklich Diskriminierten einzurichten haben. Aber sosehr man sie auch in der Realität diskriminiert, können sie in der Theorie nicht diskriminiert werden, weil sie weiß sind.

Der Postmodernismus definiert in der Standpunktideologie der Critical Race Theory beispielsweise die Herrschaft von Minderheiten über die Mehrheit der Gesellschaft – und das nicht auf demokratischem Weg, weil es sich auf demokratischem Weg nicht verwirklichen lässt, sondern nur durch Despotie. Durch die Standpunkttheorie, die besagt, dass jeder geprägt ist durch die gesellschaftliche Gruppe, in die er hineingeboren wird und der er auch nicht entfliehen kann, dass Diskurse in der Gesellschaft allesamt Diskurse der Herrschaft sind, die dekonstruiert werden müssen, wenn Emanzipation möglich sein soll, dass die Wirklichkeit erst durch die Diskurse der Herrschaft entsteht, existiert für die postmoderne Theorie und Wissenschaft keinerlei objektives Kriterium, an dem die Argumente für oder wider gemessen oder beurteilt werden können. Das Standpunktbewusstsein der Identitätspolitiker kann seine Herkunft aus dem Klassenbewusstsein der Marxisten nicht verleugnen, nur dass es soziologisch nicht mehr an die Existenz von Klassen, die in Abhängigkeit von ihrer Stellung im Produktionsprozess und vom Besitz der Produktionsmittel definiert werden, sondern von den verschwimmenden Kategorien von Ethnie, Geschlecht, Alter, Hautfarbe, sexueller Orientierung bis hin zum Köpergewicht in den Fat Studies gebunden ist. Allen geneinsam ist ihnen nur, das sie auf irgendeine wirkliche oder halluzinierte Art Opfer des heterosexuellen weißen Mannes sind.

Um zur Erkenntnis nicht nur der Phänomenologie des neuen Linksilliberalismus, der nur eine äußere, kulturelle Form darstellt, sondern zum Wesen des Postmodernismus zu kommen, steht Sahra Wagenknecht der Marxismus im Weg, denn er gehört zu den, um mit Lenin zu sprechen, »Quellen und Bestandteilen« des Postmodernismus.

Zeit, den Blick auf Wagenknechts wirtschaftliche Vorstellungen zu werfen, die sie außer in Interviews und Reden jüngst in Teil II der *Selbstgerechten,* davor in einem interessanten Aufsatz in der Sammlung »Re. Das Kapital«, in der sich u.a. auch zwei bemerkenswerte Aufsätze von Hans-Werner Sinn und Wolfgang Streeck befinden, in dem Buch *Reichtum ohne Gier* und *Freiheit statt Kapitalismus* entwickelt worden sind.

18. WIRTSCHAFT, HORATIO, WIRTSCHAFT

Es überrascht, dass Sahra Wagenknecht nie einen Essay über die Erschaffung des Papiergeldes in *Faust II* verfasst hat, weil Goethe hier wirklich bis heute interessante Fragen und möglicherweise heute noch stärker interessierende Fragen zum Geld aufwarf. Die Wirtschaftspolitik von Robert Habeck ist auf die Enteignung und Ausplünderung der Deutschen zugunsten der vornehmlich amerikanischen Hochfinanz ausgerichtet. Wer die These illustriert haben möchte, muss nur einen Blick auf die Finanzierung von Habecks Thinktanks wie die Agora Energiewende werfen. Habecks Amtszeit wird womöglich mit der größten Umweltzerstörung enden, die jemals in Deutschland von einem Wirtschaftsminister zu verantworten ist. Würde man mit einer Wirtschaftsministerin Sahra Wagenknecht eine andere Wirtschaftspolitik bekommen, als man sie mit Robert Habeck hat? Beide sind fest davon überzeugt, dass ein starker Staat nötig ist, der in die wirtschaftlichen Kreisläufe massiv eingreift. Sie sehen den Staat als Unternehmer. Beide laufen einer fehlgeleiteten Klimapolitik hinterher. Beide halten dafür, dass die Wirtschaft im Prinzip ökologisch und klimaneutral umgebaut werden muss. Doch da beginnen schon die Unterschiede im Detail.

Wagenknecht lehnt höhere Abgaben und Steuern auf Verbraucherpreise zur Finanzierung der Transformation ab, weil sie die untere Mittelschicht besonders treffen würde. Wagenknecht setzt auf billigere Energie, indem sie erstens sich wieder mit Russland ins Benehmen setzt und auch nicht ideologisch gegen Atomenergie eingestellt ist. Sie würde einem vernünftigen, einem rationalen Energiemix den Vorrang vor ideologischen Altbeständen einer Partei geben, die wie keine andere in Deutschland aus der unglücklichen Verbindung von Inkompetenz und Irrationalismus lebt. Im Gegensatz zu Habeck, der sich weder für soziale noch für ökologische Fragen interessiert, der im Grunde seine Wasserstoff-Utopie verwirklichen will, und wenn darüber die Deutschen zurück in die Höhle müssen, hat Wagenknecht ein durch und durch soziales Anliegen. Ihr Buch *Die Selbstgerechten* ist im Grunde gegen die Parteigrünen und gegen die Grünen in der Linkspartei geschrieben. Wagenknecht, die im Gegensatz zu Robert Habeck über ökonomisches Wissen verfügt – ein Satz wie der über die Insolvenz wäre ihr nie über die Lippen gekommen –, versucht, kommunistische Ideen mit denen des Ordoliberalismus zu kombinieren, indem sie den Ordoliberalismus extrem sozialistisch auslegt. Während Habeck die Eigentumsverhältnisse unangetastet lässt, abgesehen von der Enteignung, die sein Gebäudeenergiegesetz und seine Energiepolitik, die in Chaos und Desaster enden wird, mit sich bringen, und die Unternehmen durch Vorgaben, das heißt durch Interventionen und Subventionen, leiten will, gehen Wagenknechts wirtschaftliche Vorstellungen letztlich auf das Neue Ökonomische System der Planung und Leitung zurück, das man in der ersten Hälfte der Sechzigerjahre in der DDR zu verwirklichen suchte. Ab Mitte der Sechzigerjahre verlor man dann an Umsetzungsdynamik, und schließlich wurde es durch Erich Honecker und die Kombinatsbildung Anfang der Siebzigerjahre völlig beendet. Die Grundvorstellung des NÖSPL besteht darin, so etwas wie eine sozialistische Marktwirtschaft zu schaffen, bei der neben den großen Volkseigenen Betrieben eine Vielzahl an mittelständischen und kleinen Betrieben existiert, die privatwirtschaftlich bzw. genossenschaftlich geführt werden. Die VEBs sollten weniger zentral vom Ministerium und von der Staatlichen Plankommission geleitet werden, sondern in Rechnungsführung, Investition und Planung selbstständiger agieren dürfen. Wettbewerb war erwünscht. Dadurch sollte Konkurrenz entstehen, die Wagenknecht für nützlich hält, als Leistungs- und als Innovationstreiber. Ihre Kritik an der Marktwirtschaft, dass der Markt nicht wirklich frei ist, wenn er von Oligopolen beherrscht ist, ist nicht von der Hand zu weisen. Kurios ist, dass Habecks Wirtschaftspolitik dem Mittelstand massiv schadet und die Marktmacht der Monopole und Oligopole sogar noch verstärkt. Doch bei genauerem Hinsehen ist es auch wieder nicht erstaunlich, denn wer verdient an Habecks Umbau der Wirtschaft, die zu einem Gutteil durch Kredite finanziert wird, wer profitiert von den milliardenschweren Subventionen, die ebenfalls zu einem nicht geringen Teil kreditfinanziert sind? Es ist die Finanzwirtschaft, die Kredite vergibt und gleichzeitig Miteigentümer der subventionierten Konzerne ist. Hinzu kommt, dass Deutschland auf dem Weg zu einer Subventionswirtschaft ist, die ebenfalls nur so lange funktioniert, wie die Subventionen fließen. Da den großen Monopolen und Oligopolen höhere Angestellte, Manager und nicht Unternehmer vorstehen, ist ihr Denken stärker auf die kurzfristige Rendite gerichtet. Wenn Thyssenkrupp in der Stahlproduktion rote Zahlen schreibt, dann ist es für den Manager keine schlechte Perspektive, wenn der Staat ihm dafür, dass er die Produktion auf grünen Stahl umstellt, 2,1 Milliarden Euro zugesteht. Zumal er weiß, dass der Staat, wenn er sich schon ein Mal so stark engagiert hat, gezwungen ist, sich weiter zu engagieren, schlechtem Geld noch schlechteres Geld hinterherzuwerfen. Das ist alles Hütchenspiel oder Hasard oder Casino, denn bis heute wird noch kein grüner Stahl produziert – und selbst wenn er produziert wird, wird er so teuer sein, dass er nicht konkurrenzfähig ist. Der Staat wird Thyssenkrupp also so lange subventionieren müssen, bis ihm Geld und Kreditwürdigkeit ausgegangen sind. Das ist die Konsequenz von Habecks Mazzucato-Wirtschaft. Wie sagte doch Habeck frei nach Mazzucato: Die Politik hat die Richtung der Wirtschaft zu bestimmen, und dann brauchen wir die Kreativität der Unternehmer, damit unsere Richtlinien umgesetzt werden. Oder nicht minder frei nach Stalin: Wenn die Richtung klar ist, entscheiden die Kader alles. Und die Richtung gibt die Politik, also der frühere »Kinderbuchautor« Robert Habeck, vor.

Diesen Weg will Wagenknecht so nicht gehen, auch wenn sie genau wie Habeck und Mazzucato den starken Staat favorisiert. Großkonzerne will sie in Stiftungsunternehmen umwandeln, Banken verstaatlichen, in Gemeinwohlbanken umbauen. Ihr dürfte da das deutsche Sparkassen- und Volksbanksystem vor Augen stehen. Aus ihrer Sicht ist der Kapitalismus nicht mehr kreativ, und er setzt keinen Fortschritt mehr in Gang, weil der kühne Unternehmer durch den profitorientierten Manager ersetzt wurde, weil die Finanzwirtschaft die Herrschaft über die Realwirtschaft errungen hat und der Globalismus mächtige Konzerne förderte, die eine größere Macht als die Staaten und die gewählten Politiker besitzen. Wagenknecht unterscheidet zwischen dem Unternehmer als Eigentümer und dem Manager als Angestellten. Unternehmer sind für sie keine Kapitalisten; Kapitalisten sind für sie Leute, die mit fremdem, nicht mit eigenem Kapital arbeiten. Der Kapitalist ist nicht am Kapitalismus interessiert, sondern daran, Geld zu verdienen, am Kapital. Sie kennt die berühmte Stelle aus dem *Kapital* von Karl Marx nur zu gut: »Das Kapital hat einen horror vor Abwesenheit von Profit, oder sehr kleinem Profit, wie die Natur vor der Leere. Mit entsprechendem Profit wird Kapital kühn. Zehn Procent sicher, und man kann es überall anwenden; 20 Procent, es wird lebhaft; 50 Procent, positiv waghalsig; für 100 Procent stampft es alle menschlichen Gesetze unter seinen Fuss; 300 Procent, und es existirt kein Verbrechen, das es nicht riskirt, selbst auf Gefahr des Galgens. Wenn Tumult und Streit Profit tragen, wird es sie beide encouragiren. Beweis: Schmuggel und Sklavenhandel.«[326]

Die Märkte agieren aus ihrer Sucht überdies nicht mehr frei, weil die großen multinationalen Konzerne die Märkte durch ihre faktische Marktmacht bestimmen, man könnte auch sagen, die Konkurrenz marginalisieren und knechten können. Damit wäre das Prinzip der Konkurrenz ausgehebelt. Gleichzeitig aber sieht Wagenknecht im marxschen Sinne den aktuellen Kapitalismus in eine finale Krise gekommen. Er ist aus ihrer Sicht nicht mehr in der Lage, sich zu erneuern. Die imposante Erneuerungskraft des Kapitalismus, die der auch von ihr gründlich studierte Ökonom Schumpeter als das Prinzip der kreativen Zerstörung beschrieb, versiegt.

Wagenknecht schlägt anstelle des unproduktiv gewordenen Kapitalismus einen kreativen Sozialismus vor. Sie kommt zu der Feststellung: »Es gibt Marktwirtschaft ohne Kapitalismus und Sozialismus ohne Planwirtschaft.« Doch schränkt Wagenknecht ein, dass auch sinnvolle Pläne existieren. Gut marxistisch sieht Wagenknechts Reform oder Revolution die Veränderung der Produktionsweise, insbesondere der Produktivkräfte und der Eigentumsverhältnisse vor. Letztere sollen derart modifiziert werden, dass eine Art Genossenschaftssystem entsteht, denn die Konzerne sollen fortan nicht mehr Aktionären gehören, sondern der Mitarbeitergesellschaft, also allen Arbeitnehmern des Unternehmens, sie werden Belegschaftseigentum oder Stiftungseigentum. Außerdem plädiert Wagenknecht komplementär für Staatseigentum, für den Staat als Unternehmer. Allerdings sollen Unternehmen bis zu einer bestimmten Größe im Privatbesitz verbleiben dürfen. Dass ist allerdings die Rolle rückwärts in den Sozialismus, der immer wieder kreativ darin war, an seiner Wirtschaft und der Organisation seiner Wirtschaft zu basteln, die am Ende dann doch nicht funktionierte: weder der Kriegskommunismus noch die Neue Ökonomische Politik, noch das Neue

Ökonomische System der Planung und Leitung, noch die Einheit von Wirtschafts- und Sozialpolitik. Alle Bibliotheken der politischen Ökonomie des Sozialismus führten letztlich zu keiner funktionierenden Lösung. So liest sich Wagenknechts Kritik der politischen Ökonomie des globalisierten Kapitalismus viel konkreter als ihre Vorstellung vom »kreativen Sozialismus«. Sie widerspricht Milton Friedman, dass der »Kapitalismus eine notwendige Voraussetzung für politische Freiheit« ist.

Es besteht kein Zweifel, dass Sahra Wagenknecht, was ihre Bewunderer sehen sollten, nichts anderes als die sozialistische Gesellschaft will, die diesmal kreativ zu sein hat: »Der Kapitalismus ist zum wichtigsten Hinderungsgrund für ein Leben in Freiheit, Demokratie und Wohlstand geworden. Deshalb lautet die politische Forderung unserer Zeit: Freiheit statt Kapitalismus.« Denn das wagenknechtsche Mixtum von Firmen auf einem regulierten Markt wird nicht funktionieren, wodurch der Zwang zu größeren und noch größeren Verstaatlichungen entsteht. Man kann keine halbe Marktwirtschaft machen.

EPILOG ODER PROLOG?

»Ihr wißt, auf unsern deutschen Bühnen
Probiert ein jeder, was er mag;
Drum schonet mir an diesem Tag
Prospekte nicht und nicht Machinen

Johann Wolfgang von Goethe:
Faust eine Tragödie

19. WAGENKNECHTS KRÖNUNGSMESSE

Zu den großen Regierungsleistungen der grünen Kanzlerin Angela Merkel zählt die Anfeuerung und Ermöglichung der Turbomigration in die deutschen Sozialsysteme. Einen ersten Erfolg dieser Politik konnte sie zum Jahreswechsel 2015/ 2016 in Köln feiern. Die Landnahme, die Belästigungen, die brutalen Diebstähle und die Angriffe auf und die Nötigungen von Frauen, die eigentlich nur Silvester feiern wollten, durch Menschen, die erst vor Kurzem dazugekommen sind, von Flüchtlingen, die grammatisch falsch und politisch demagogisch bald schon zu »Geflüchteten« geframt werden, sollten erst vertuscht und dann möglichst verharmlost werden. Die Fraktionsvorsitzende der Partei Die Linke, Sahra Wagenknecht, reagiert am 11. Januar als Einzige außer der AfD angemessen, als sie klar formuliert: »Wer Gastrecht missbraucht, der hat Gastrecht dann eben auch verwirkt.«[327]. Bei allen anderen Parteien, einschließlich der CDU, gewinnt man den Eindruck, dass die Opfer selbst schuld seien. Kaum hat sie die offensichtliche Wahrheit und die logische Konsequenz formuliert, fallen Politiker ihrer Partei über sie her, wird sie angegriffen und angepöbelt. Kippings und Riexingers Parteivorstand antwortet umgehend, dass die Linke Abschiebungen, Asylrechtsverschärfungen und das Ausspielen von Geflüchteten gegen Deutsche ablehnt. Am 12. Januar beschließt die Bundestagsfraktion der Linken eilfertig, dass sie Asylrechtsverschärfungen nicht will. Wogegen Wagenknecht immer gekämpft hat, dass die Linke eine postmoderne Partei wird wie SPD, Grüne und übrigens in Teilen auch die CDU, wenn man nach Schleswig-Holstein, NRW und Baden-Württemberg schaut, ist Realität, die sie nicht ignorieren kann. In der Fraktion, in der nun der blanke Hass regiert, sollen nur 6 der 64 Abgeordneten zu ihr gestanden haben. »Wer Merkel von rechts kritisiert, kann nicht Vorsitzender einer Linksfraktion sein«, wie der Bundestagsabgeordnete Jan van Aken twittert.[328] Dabei kritisiert man Merkel von rechts schon, wenn man die Position der Mitte der Gesellschaft vertritt. Merkels Amtszeit kennzeichnet eine so konsequente Verschiebung der politischen Achse der Bundesrepublik nach links, oder genauer ins Postmoderne, dass man von einer schleichenden Aushöhlung der Demokratie sprechen kann. Man kann in diesen Tagen beobachten, wie gleichstimmig die Presse von ganz links, klar, bis ganz zur vormals bürgerlichen *FAZ* ist. Es wird gegen Wagenknecht geschossen. All diejenigen, die heute kritisch über das Migrationsproblem in diesen Medien bis hin zur *FAZ* sprechen, haben damals frenetisch bis an den Rand zur Hetze, manche noch darüber hinaus, und Ehrabschneidung dafür gekämpft, dass Deutschland heute unter diesen massiven Problemen leidet. Merkels Tat und der Medien Beitrag.

Auf dem Parteitag 2016 in Magdeburg wirft ein tapferer Mann von der Antifa in typisch linkem Humanismus ihr eine Torte ins Gesicht. Der sächsische Parteichef Jürgen Kasek applaudiert und befindet zynisch, dass der Tortenwerfer ins Schwarze getroffen habe.[329]

Nach der Bundestagswahl eskaliert der Streit in der Bundestagsfraktion, die Positionen zwischen der sozialpolitischen und der identitätspolitischen Linken sind nicht mehr vermittelbar. Auf dem Bundesparteitag 2018 in Magdeburg bringt das Kipping-Lager all ihre Kandidaten in den neuen Vorstand, doch

Sahra Wagenknecht hat sich inzwischen eine Kommunikationsplattform als »Team Sahra« geschaffen. Sie wird zum Ausgangspunkt für die linke Sammlungsbewegung »Aufstehen«, in der sie über die Parteigrenzen der Linkspartei hinweg Menschen versammeln möchte, die sich für eine traditionell linke Politik engagieren wollen. Der Versuch hat Erfolg, weil sich viele interessiert zeigen; es wird jedoch ein Misserfolg, weil Sahra Wagenknecht die organisatorische Vorbereitung unterschätzt – und am Ende zu viele Leute hat, die Häuptlinge, aber keine Indianer sein wollen, zu viele Promis, die darauf brennen, wichtig zu sein, aber nichts an Arbeit zu leisten bereit sind, als im Scheinwerferlicht zu posieren. 2019 zieht sie sich zurück, angeblich wegen eines Burn-outs, aber auch weil sie gründlich über ihre weitere Strategie nachdenken muss. Sie wird nicht umhinkommen, eine eigene Partei zu gründen. Mit den Linken geht es nicht mehr. Erster Schritt auf diesem Weg wird das Buch *Die Selbstgerechten. Mein Gegenprogramm – für Gemeinsinn und Zusammenhalt* sein, eigentlich ein Manifest für diese neue Partei. Es vereint eine gesellschaftspolitische und eine wirtschaftspolitische Sicht, es wirkt genau genommen wie ein etwas zu lang geratenes Kommunistisches Manifest.

2022 beherrscht sie wieder die öffentliche Bühne mit ihrer Haltung zum Ukraine-Krieg, und vor allem dringen dosiert die Gerüchte über eine Parteigründung in die Öffentlichkeit. In ihrer Auszeit wird ihr deutlich, dass ohne eine Partei, ohne einen funktionierenden organisatorischen Unterbau keine politische Tätigkeit gelingen wird. Weder mit den Linken noch mit den Grünen und auch nicht mit der desolaten SPD ist eine wirklich linke, eine nicht postmoderne Politik, eine Friedenspolitik zudem, wie sie sie versteht, zu machen. So bereitet sie mit ihren Getreuen, zu denen ihre Nachfolgerin als Fraktionsvorsitzende der Linkspartei im Tandem mit Dietmar Bartsch, Amira Mohamed Ali, gehört, minutiös die Parteigründung vor. Eines der großen Probleme neben der Finanzierung besteht darin, dass man sofort einen großen Zulauf von Glücksrittern hat, die es schon in mehreren anderen Parteien letztlich erfolglos probiert haben, Karriere zu machen – und die nur durch Erfahrung in einem besser geworden sind: im innerparteilichen Intrigenkampf. Deshalb benötigen Parteien, bis sie sich einigermaßen gefunden haben, ungefähr zehn Jahre. Diese Zeit hat heute keine Partei mehr. Also beginnt Wagenknecht ihr Projekt mit einem erlesenen Verein, aus dem sich eine Partei gründen lässt, mit erst einmal ungefähr 450 Mitgliedern. Darüber hinaus soll es erst Probe-, dann Vollmitgliedschaften geben. Das ist im Grunde das Modell SED mit anfänglichem Kandidatenstatus, auf den, sobald man sich bewährt hat, nach einem Jahr die Vollmitgliedschaft folgt.

Im Parteivorstand der Linken ist man, als man von Wagenknechts Plänen hört, in heller Aufregung, bald schon in Panik. Wieder beginnt eine Diskussion, ob man sie ausschließen soll. Doch die Initiative liegt nun ganz bei Wagenknecht, sie bestimmt die Zeit, die Abläufe bis hin zur Dramaturgie ihrer Krönungsmesse, denn es sticht ein bizarres Detail hervor: Die neue Partei wird ihren Namen tragen: Bündnis Sahra Wagenknecht, fast so, als sei sie eine Firma, Lafontaines und ihre GmbH. Aber vielleiht ist es auch keine Firma, sondern ein Reich. Marketing und Öffentlichkeitsarbeit arbeiten perfekt, Interesse und Spannung steigen sukzessive bis zum Tag der Messe in der Öffentlichkeit an.

Am 27. Januar 2024 ist es dann endlich so weit. In Berlin ereignet sich, will man den Medien glauben, geradezu Historisches. Denn in der Berliner Republik der letzten Jahre kommen weder die SPD, schon gar nicht die Grünen, aber auch gelegentlich die Union und die FDP ohne das Attribut »historisch« aus. Historisch ist alles, selbst wenn der Vizekanzler sich allein die Schnürsenkel zubindet. Existierte noch ein genialer und geistig unabhängiger Theaterregisseur, würde er in Berlin den ganzen Molière aufführen, zuerst »Der Bauer als Edelmann« und natürlich den »Tartuffe« oder mit dem Blick auf die Ampel Michail Bulgakows »Die Kabale der Scheinheiligen«. Aber es gibt ihn nicht, im Sonnenstaat der Grünen; am Hofe der kleinen Sonnenkönige gibt es keinen Molière mehr, kann es keinen Molière mehr geben. Deshalb ist alles historisch, was morgen schon vergessen ist, weil dann das Nächste als historisch gefeiert wird.

Die Gründung des Bündnis Sahra Wagenknecht als Partei im alten DDR Großraumkino Kosmos findet dementsprechend als präzise choreografierte Krönungsmesse Sahra Wagenknechts im Kreise von Leuten statt, die zu diesem heiligen Zwecke weit aus Düsseldorf, aus München, aus Stuttgart angereist sind, um im Bündnisreich der Sahra Wagenknecht nicht Bauern, sondern die neue Aristokratie, Gralsritter der linken Gesinnung, Markgrafen der sozialen Gerechtigkeit und Barone des Friedens zu sein. Eine Gruppe Raubritter als Fachkräfte für Enteignung darf natürlich nicht fehlen. Im Hochamt der Krönungsmesse wird Sahra Wagenknecht zur Jeanne d'Arc der Erniedrigten, Beleidigten, Ungehörten und aller wirklich und auch nicht wirklich sozial Deklassierten gekrönt. Denn im Zentrum des Parteitags steht Wagenknechts Krönungsrede, nicht die Diskussionen über das Programm, nicht die Diskussionen über die Kandidaten für Parteiämter und für die EU-Kandidatur. Ihre Rede hält sie hochemotional nach außen und dabei kalt und kontrolliert von innen, immer auf den Effekt achtend. Die Pointen sitzen, sie sind gesetzt und hören sich zuweilen nach KI an, künstlich, kalkuliert. Wenn hier etwas fehlt, dann ist es der Zufall, der doch das Leben ist. Die Menschen werden zu Marionetten ihrer selbst. Und während Sahra Wagenknecht redet, schaut sie ins Publikum und mag für einen kurzen Moment geglaubt haben, den Geheimrat Goethe im Auditorium zu entdecken, der brav kommentiert: »Von hier und heute geht eine neue Epoche der Weltgeschichte aus, und ihr könnt sagen, ihr seid dabei gewesen.« Doch als sie näher hinsieht, war es dann doch nicht der Geheimrat, der den Satz murmelt, sondern der nicht viel jüngere Oskar Lafontaine, dem aber bei jedem Satz, den seine Ehefrau, seine politische Gefährtin spricht, dieser Goethe-Satz, den der Geheimrat uns glauben macht, in Valmy gesprochen zu haben, durch den Sinn gehen mag. Dabei beweist der erste Parteitag ein gerüttelt Maß an Humor, nicht nur wegen des Spotts, den Wagenknecht in ihrer Rede artig und erwartet über die Ampel und über Gestalten ausgießt, die wie Ricarda Lang im Bundestag die Bildungsmisere repräsentieren, sondern gleich zu Beginn des Parteitags, als der Generalsekretär der sich gründenden Partei, Christian Leye, von der Bühne manierlich grüßt: »So, liebe Sahra. Schön, dass du da bist.« Als wäre es denkbar gewesen, dass sie den Parteitag, den ersten, schwänzen würde. Was für ein Glück für die 400 Leute im Kosmos, dass sich Sahra Wagenknecht für den Tag freigenommen hat. Was für ein freundlicher Schelm der Generalsekretär. Darauf ein Bündnis »Kölle Alaf« oder »Düsseldorf Helau«. Denn mit 73 von ca. 400 Delegierten kommen die meisten Parteigründer, Delegierte kann man sie nicht nennen, aus NRW. Die Machtbasis und den größten Mitgliederanteil hat das BSW in Berlin und in Nordrhein-Westfahlen. Der Osten fehlt.

Zu stellvertretenden Parteivorsitzenden werden die Berlinerin Friederike Benda, Shervin Haghsheno aus Baden-Württemberg und Amid Rabieh aus Nordrhein-Westfalen gewählt. Des Weiteren gehören dem Vorstand der Bundestagsabgeordnete Christian Leye als Generalsekretär, Lukas Schön als Bundesgeschäftsführer, beide aus NRW, und als Schatzmeister der Unternehmer Ralph Suikat aus Baden-Württemberg an. Die Co-Vorsitzende Amira Mohamed Ali stammt aus Hamburg. Sahra Wagenknecht wurde zwar in Thüringen geboren, wuchs in Berlin auf, kandidierte aber dann für die PDS in NRW und einmal in Niedersachsen und lebt nun im Saarland. Für die Wahlen zum Europaparlament werden als Kandidaten Fabio De Masi und der ehemaligen Oberbürgermeister von Düsseldorf, Thomas Geisel, aus NRW als Spitzenkandidaten gewählt. Ihr Einzug ins EU-Parlament gilt derzeit als sehr sicher, aber bis zur Wahl wird noch viel Wasser die Spree und den Rhein hinunterfließen. Die Posten in der Wagenknecht-Partei besetzen Politiker, die noch vor Kurzem wie Wagenknecht der Linkspartei angehörten – und allesamt aus dem Westen stammen. Der Osten ist nicht repräsentiert – und das ist die entscheidende Schwäche des Bündnisses, dass es im Osten nicht vorkommt und man dort Wagenknechts Bündnis für eine Gründung der Berliner Blase hält. Man gewinnt zwar keine Bundestagswahlen im Osten, aber man kann sie dort verlieren. Bis jetzt ist auch nicht bekannt, ob man zu den drei entscheidenden Landtagswahlen im Osten antreten will oder kann. Dazu bedarf es Strukturen, die erst noch geschaffen werden müssen. Der *mdr* versucht, das BSW hochzuschreiben und hochzusenden in der Hoffnung, Wagenknechts Partei würde die AfD minimieren. Deshalb gehen auch die Medien wohlwollend mit Wagenknecht um, weil man sich innig wünscht, Wagenknecht möge glücken, was Habecks und Baerbocks Fußtruppen misslingt. Doch das beschreibt nur die eine Seite der Reaktionen der Regierung und ihrer willigen Medien, die andere Seite wird gespeist aus der Furcht vor der unberechenbaren Sahra Wagenknecht und dem unberechenbaren Oskar Lafontaine. Sie abzuschreiben hat sich schon immer als Fehler erwiesen. Wagenknecht ist niemand, der sich kaltstellen lässt. Hacks meinte, dass sie einen launischen und schrägen Charakter besitzt. Sie ist auf jeden Fall durchsetzungsstärker und in ihrer Ehrlichkeit manipulativer, als man denkt. Schräg dürfte ein präzises Wort sein; schräg heißt, es endet nie dort, wo man es erwartet, und es beginnt auch dort nicht neu, wo man denkt, dass es wieder anfangen könnte. Auf der anderen Seite wehrt sich das Establishment der Ampel und der Union, die ein bisschen dazugehört, gegen diese neue Partei, diese schräge und launische Partei. Deshalb unternehmen sie das, was man von ihnen erwartet, was so durchschaubar und so töricht ist: Sie werfen die AfD, die WerteUnion und Wagenknechts Bündnis in einen Topf. Das kommt, weil sie die Orientierung verloren haben, weil alle, die sie kritisieren, alle, die opponieren, inzwischen als »rechts« oder als »populistisch« geframt werden – wobei rechts gleich rechtsextrem oder rechtsradikal oder Nazi ist. Doch dort, wo man nicht mehr rechts sein darf, befindet man sich in einer linken Diktatur. Und dort, wo links oder kommunistisch plötzlich zu rechts wird, bewegt man sich nur noch in den Traumwelten des Postmodernismus, die, je weltabgehobener sie sind, nur desto drakonischer verteidigt werden müssen. Denn es wäre so schrecklich für sie, wenn sie aus ihren schönen postmodernen Träumen erwachen müssten. Wie schrieb Heinrich Heine in *Deutschland. Ein Wintermärchen:*

»Franzosen und Russen gehört das Land,
Das Meer gehört den Britten,
Wir aber besitzen im Luftreich' des Traums
Die Herrschaft unbestritten.

Hier üben wir die Hegemonie,
Hier sind wir unzerstückelt;
Die andern Völker haben sich
Auf platter Erde entwickelt.«

Daran hat sich in den letzten fast 200 Jahren nicht viel geändert. Doch damit macht die Ampel letztlich die Opposition groß. Sie haben die Warnung des biblischen Propheten Hosea vergessen: »Denn sie säen Wind und werden Sturm ernten.« (Hosea, 8,7) Die Ampel-Leute und ihre ungleichen Partner in der Union sind nicht in der Lage, Wagenknecht inhaltlich zu stellen, weil die postmodernen Politiker in ihrem Solipsismus das Andere nicht mehr verstehen. Sie sind nicht mehr zur Auseinandersetzung fähig, sondern haben stattdessen eine Meisterschaft im Canceln, im Marginalisieren, im Framen, im Wegschaffen erlangt. Es ist die Zeit, in der neue Parteien entstehen. Aus der Sicht der älteren Parteien, die sich in der überschaubaren Vorstellung eingerichtet haben, dass es nur sie gibt und nur sie geben wird, führt das dazu, dass sie sich einigeln, dass sie einen Alleinvertretungsanspruch und einen Herrschaftsanspruch auch dadurch formulieren, dass sie jede neue Parteigründung dämonisieren. Doch Parteien entstehen immer dann, wenn Wählerinteressen nicht mehr vertreten werden. Es ist aus einem Grund so gut, so legitim, so richtig, so demokratisch, dass neue Parteien entstehen, auch wenn man sie nicht mögen, sie sich in ihnen nicht wiederfinden mag, weil die sich selbst demokratisch nennenden Parteien sich wie Gutsherren dem Bürger gegenüber benehmen, in dem sie nur ein hilfloses, von jedem zu manipulierendes Dummerchen sehen, das zu blöd ist, ihre gute Politik zu verstehen, weshalb man ja kein Politik-, sondern nur ein »Vermittlungsproblem« hat. Dass diese sich selbst demokratisch nennenden Parteien immer weniger demokratisch sind, zeigt sich darin, dass sie alle Mittel gegen die neuen Parteien in Anwendung bringen, nur eines nicht: die inhaltliche Auseinandersetzung. Man könnte es auch mit dem Bonmot von Carl Schmitt beschreiben: »Der Feind ist unsere eigene Frage als Gestalt.«[330] Insofern sind die neuen Parteien die eigene Frage der sich demokratisch nennenden Parteien als Gestalt.

In ihrer Krönungsrede überrascht Wagenknecht nicht, und dennoch suggeriert es einen Aufbruch – nur wohin? Ihre Positionen sind bekannt, sie alternieren zwischen Sozialdemagogie, zutreffenden Analysen und falschen Lösungsvorschlägen; umso stärkeres AfD-Bashing dort, umso ähnlicher man sich in Kritik und Forderungen ist, beispielsweise in der Frage des Ukraine-Krieges, in der Kritik an der Wirtschafts- und Energiepolitik der Regierung, in der Frage der Migration und des Nationalstaates. Denn bei allen richtigen Problembeschreibungen, mit denen sie auch beim konservativen Publikum punktet, ist und bleibt sie eine Kommunistin. Gegen die AfD gewandt, äußert sie, dass auch sie »Angst vor dem Erstarken der AfD«, habe, nur müsse derjenige, der die AfD wirklich schwächen wolle, auch für einen Mindestlohn von wenigstens 14 Euro, höhere Renten und bezahlbare Energie demonstrieren. Der Begriff Lohnabstandsgebot beispielsweise kommt ihr nicht über die Lippen. Der Erfolg der AfD sei »nicht das Ergebnis genialer Arbeit der AfD«, sondern das Versagen der Ampel-Koalition, der »dümmsten Regierung Europas«. Dass die Politiker der Bundesregierung nun selbst auf die Straße gegen rechts gehen, sei »Heuchelei«. Wagenknecht wirft dem »Trio Infernale«, also Baerbock, Lindner, Habeck – und natürlich darf man da nicht den vergesslichen Bundeskanzler vergessen – vor, dass sie andere Meinungen ausgrenzen. Die Politik des Aussitzens und Wegdemonstrierens könne so nicht weitergehen. Deutschland stünde auf der Kippe und benötige einen politischen Neuanfang.

Zu Recht geißelt Wagenknecht es als Problem der deutschen Demokratie, wenn »verwöhnte Jungpolitiker ohne Abschluss« die Gelder für notwendige Weiterbildungen kürzen würden. Das Sinnbild dieser Abgehobenheit sei die Grünen-Bundesvorsitzende Ricarda Lang, die sich den »Fauxpas« geleistet habe, auf die Frage nach der Durchschnittsrente in Deutschland mit ihrer Schätzung von 2000 Euro völlig danebengelegen zu haben.

Nicht Orgelmusik, nicht Pauken und Trompeten begleiten ihre Rede, sondern Besseres noch: Begeisterter, sich selbst entäußernder Beifall unterbricht die Rednerin nach gefühlt jedem dritten Satz, und nachdem die Krönungsmesse gelesen ist, brandet ein Beifall unter Standing Ovations auf, der vermutlich ihre Redezeit übertrifft und so einem Gefühl von Erlösung Raum gibt im Kino, so einen wunderbaren Filmmoment, in dem die Schar derer, die aufbrechen, um die Welt zu retten, und die Filmmusik in voller Wucht anheben. Ein Beifall des mächtigen Häufleins von 400 Getreuen, die Sahra Wagenknecht nun per Akklamation zur unangefochtenen guten Königin des allerneuesten Bundes machen. Wagenknecht registriert die Begeisterung, und sie erlaubt sich, den Moment zu genießen. Ein Anfang ist gemacht. Haben Karl und Rosa jetzt den Spartakusbund gegründet?

Auch Oskar Lafontaine, der sich womöglich schmeichelt, ein Königsmacher zu sein, ist stolz und tief bewegt, denn wie ein Gespenst erheben sich in Berlin plötzlich die Eingangsworte des *Kommunistischen Manifests* von den untoten Texten: »Ein Gespenst geht um in Europa. Das Gespenst des Kommunismus.« Doch dann bricht der Text schon ab, denn in Europa findet keine Hetzjagd auf das arme, alte Gespenst statt, sondern nur in Deutschland, aber als mediale Hetzjagd auf den »Mistgabelmob«, auf Demokraten und wahre Liberale, auf diejenigen, die unter rechts einsortiert werden, auf die Opposition, nicht aber auf die Kommunisten, denn sosehr Wagenknecht rhetorisch nur allzu gekonnt auf die Regierung und die Lifestyle-Linken schimpft, sind sie doch letztlich Brüder und Schwestern im Geiste. Wenn Wagenknecht die Regierung kritisiert, hat man es mit einem handfesten Familienkrach zu tun.

Für Oskar Lafontaine mag ein Traum in Erfüllung gegangen sein, für Sahra Wagenknecht nicht minder. Doch die Mühen der Ebene, für die sie nicht gemacht ist, hat sie noch vor sich. Der Glanz der Talkshows, die Interviews in den Medien lagen ihr bisher stärker als die staubige Steppe.

Der Parteitag bezieht seine Wärme und seine Kraft und seine Zuversicht aus der Nostalgie. Wagenknechts Rede, auch im Furor des Vortrages, ist brillant und war es wiederum auch nicht. Die Pointen sitzen, die Polemik auch, so wie die Pausen, nur lädt die Rede niemanden zum Mitdenken ein, nicht zum Mitverfolgen der Gedanken, sondern lediglich zur Entgegennahme feurig vorgetragener und schneidig formulierter Statements, nicht zum Mitmachen, sondern zur Gefolgschaft.

Man wird sehen, ob die Ebenen am Stadtrand von Berlin enden. Ihr großes Problem besteht darin, dass sie als Ostfrau einer Westpartei vorsteht und den Osten (noch?) nicht hat: Prolog oder Epilog? Vorhang auf und alle Fragen offen.

Verzeichnis verwendeter Literatur

Adorno, Theodor W.: Minima Moralia. Reflexionen aus dem beschädigten Leben, Frankfurt am Main 2018

Adorno, Theodor W.: Noten zur Literatur, in: ders.: Gesammelte Schriften, Band 11, Frankfurt am Main 2022

Althusser, Louis: Ideologie und ideologische Staatsapparate, Hamburg 2016

Appellation an das Publikum... Dokumente zum Atheismusstreit Jena 1798/99, hrsg. v. Werner Röhr, Leipzig 1987

Außerordentlicher Parteitag der SED/PDS: Protokoll der Beratungen 8./9. und 16./17. Dezember 1989, Berlin 1999

Beiträge zur Stalinismus-Diskussion, Edition Kritischer Marxismus, Band 1, Berlin 1997

Benjamin, Walter: Gesammelte Schriften, Band I.2, Frankfurt am Main 1991

Bernhard, Rüdiger: Peter Hacks und der Weltgeist. Literarisches Thema und autobiografischer Anspruch, Typoskript im Besitz des Verfassers

Böckenförde, Ernst-Wolfgang: »Die Entstehung des Staates als Vorgang der Säkularisation«, in: ders.: Recht, Staat, Freiheit. Frankfurt am Main 2006

Bucharin, Nikolai: Gefängnisschriften 1. Der Sozialismus und seine Kultur, Berlin 1996

Bucharin, Nikolai: Ökonomik der Transformationsperiode - Texte des Sozialismus und Anarchismus

Bucharin, Nikolai: Philosophische Arabesken. Dialektische Skizzen, Berlin 2005

Butler, Judith: Das Unbehagen der Geschlechter, Frankfurt am Main 1991

Das Erbe des Christian Rosenkreuz. Vorträge, gehalten anlässlich des Amsterdamer Symposions, 18. – 20. November 1986. – Johann Valentin Andreae. 1586 – 1986 und die Manifeste der Rosenkreuzbruderschaft 1614 – 1616. . Bibliotheca Philosophica Hermetica. Amsterdam 1986

Derrida, Jacques: Marx' Gespenster. Der Staat der Schuld, die Trauerarbeit und die neue Internationale, Frankfurt am Main 2019

Descombes, Vincent: Das Selbe und das Andere. Fünfundvierzig Jahr Philosophie in Frankreich 1033 – 1978, Frankfurt am Main 1981

Deutsche Volksbücher in drei Bänden, Berlin und Weimar 1982

Dilthey, Wilhelm: Die Jugendgeschichte Hegels und andere Abhandlungen zur Geschichte des deutschen Idealismus, Leipzig und Berlin 1925

Elsässer, Jürgen: Ich bin deutscher. Wie ein Linker zum Patrioten wurde, Berlin 2022

Eribon, Didier: Michel Foucault. Eine Biographie, Frankfurt am Main 1999

Feher, Hans M.: Sahra Wagenknecht: Die rote Diva. Die unautorisierte Biographie, Berlin 2023

Foucault, Michel: Der Wille zum Wissen. Sexualität und Wahrheit, Band I, Frankfurt am Main 1983

Fraser, Nancy, Jaeggi, Rahel: Was ist Kapitalismus. Ein Gespräch über kritische Theorie, Berlin 2020

Fraser, Nancy, Vom Regen des progressiven Neoliberalismus in die Traufe des reaktionären Populismus, in: Heinrich Geiselberger (Hrsg.), Die große Regression. Eine internationale Debatte über die geistige Situation der Zeit, Berlin 2017

Gramsci, Antonio: Gefängnishefte, 10 Bde, Hamburg 2012
Geschichte der Deutschen Demokratischen Republik, von einem Autorenkollektiv unter Leitung von Rolf Badstübner, Berlin 1984
GW – Johann Wolfgang von Goethe: Werke, Hamburger Ausgabe in 14 Bänden, Fünfzehnte durchgesehene Auflage, München 1993
Gysi, Gregor: Ein Leben ist zu wenig. Die Autobiographie, Berlin 2017
Hacks, Peter und Müller sen., André: Der Briefwechsel 1957 – 2003, Berlin 2023
Hacks, Peter: Das Hemd der Königin, auf Wunsch gekürzt, Berlin 2004
Hacks, Peter: Essais, Leipzig 1984
Hacks, Peter: Werke in 15 Bänden, Berlin 2003
Hauschild, Jan-Christoph: Heiner Müller oder Das Prinzip Zweifel. Eine Biographie, Berlin 2001
Hegel, Georg Friedrich Wilhelm: Enzyklopädie der philosophischen Wissenschaften, Berlin 1966
Hegel, Georg Friedrich Wilhelm: Grundlinien der Philosophie des Rechts oder Naturrecht und Staatswissenschaft im Grundrisse, Berlin 1981
Hegel, Georg Friedrich Wilhelm: Phänomenologie des Geistes, Berlin 1975
Hegel, Georg Friedrich Wilhelm: Frühe Schriften. In: Werke in 20 Bänden; Band 1., Frankfurt am Main 1970
Hegel, Georg Wilhelm Friedrich: Briefe von und an Hegel, 3 Bde, Berlin 1970
Hein, Christoph: Die Ritter der Tafelrunde und andere Stücke, Berlin und Weimar 1990
Heine, Heinrich: Werke und Briefe, 10 Bde, Berlin und Weimar 1980
Hölderlin, Friedrich: Sämtliche Werke und Briefe, 4 Bde, Berlin 1995
Horaz: Sämtliche Werke, Lateinisch/Deutsch, Stuttgart 2006
Ich Zeige An. Berichte von Betroffenen zu den Ereignissen am 7. und 8. Oktober 1989 in Berlin, hrsg. von Manfred Butzmann, Berlin, 30. November 1989
Jahrbuch Extremismus und Demokratie, hrsg. v. Uwe Backes, Alexander Gallus und Eckhard Jesse, Baden-Baden 2011
Kant, Hermann: Das Impressum, Berlin 1976
Lenin, Wladimir I. Der »Linke Radikalismus«, die Kinderkrankheit im Kommunismus, in: ders.: Werke, Bd. 31, S. 1–105, Berlin 1960
Lenin, Wladimir I.: Ausgewählte Werke, 3 Bde, Berlin 1970
Lenin, Wladimir I.: Ausgewählte Werke, Band I–VI 1975
Lenin, Wladimir I.: Werke Band 21, Berlin 1960
Lukács, Georg: Ästhetik, Marxismus, Ontologie. Ausgewählte Texte, Berlin 2021
Lukács, Georg: Der junge Hegel, Berlin 1954
Lukács, Georg: Die Eigenart des Ästhetischen, 2 Bde, Berlin und Weimar 1981
Lukács, Georg: Die Zerstörung der Vernunft, Berlin 1954
Lukács, Georg: Geschichte und Klassenbewusstsein, in: ders.: Frühschriften Band 2, Bielefeld 2013
Lukács, Georg: Goethe und seine Zeit, Berlin 1955
Lukács, Georg: Über die Besonderheit als Kategorie der Ästhetik, Berlin und Weimar 1985
Luther, Martin: Von weltlicher Obrigkeit, in: derselbe: Luther Deutsch. Band 7: Der Christ in der Welt, Berlin 1954
Luther, Martin: Von weltlicher Obrigkeit, Calwer Lutherausgabe 10 Bde, Band 4, Stuttgart 1996

Luxemburg, Rosa: Gesammelte Werke, 5 Bde, Berlin 1975
Mai, Klaus-Rüdiger: Gorbatschow, Frankfurt am Main 2005
Malycha, Andreas und Winters, Peter Jochen: Geschichte der SED. Von der Gründung bis zur Linkspartei, Bonn 2009
Malycha, Andreas: Die SED in der Ära Honecker. Machtstrukturen, Entscheidungsmechanismen und Konfliktfelder in der Staatspartei 1971 bis 1989, München 2014
Mandelstam, Ossip: Mitternacht in Moskau. Die Moskauer Hefte. Gedichte 1930-1934, Zürich 1986
Marlowe, Christopher: Plays, London 1941
Mayer, Hans: Goethe. Ein Versuch über den Erfolg, Leipzig 1987
MEW – Marx Engels Werke, 44 Bände, Berlin ab 1962
Mittenzwei, Ingrid: Friedrich II. von Preußen. Eine Biographie. Deutscher Verlag der Wissenschaften, Berlin 1979
Müller sen., André: Gespräche mit Peter Hacks 1963 – 2003, Berlin 2008
Müller, Heiner. Werke, Bde Frankfurt am Main 2000
Neruda, Pablo: Dichtungen, Berlin 1978
Oelßner, Fred: Rosa Luxemburg, zweite verbesserte Auflage, Berlin 1952
Peeters, Benoiît: Jacques Derrida. Eine Biographie, Berlin 2013
Pluckrose, Helen und Lindsay, James: Zynische Theorien. Wie aktivistische Wissenschaft Race, Gender und Identität über alles stellen – und warum das niemandem nützt, München 2022
Rubiner, Frida: Diktatur und Demokratie. Zur Klärung viel missbrauchter Begriffe, in: Einheit 2 (1947) 4, S. 334–342
Safranski, Rüdiger: Goethe. Kunstwerk eines Lebens. Biographie, Frankfurt am Main 2015
Schmitt, Carl: Theorie des Partisans. Zwischenbemerkung zum Begriff des Politischen, Berlin 2017
Schneider, Carsten: Sahra Wagenknecht. Die Biographie, Frankfurt am Main 2019
Schütt, Hans-Dieter: Zu jung, um wahr zu sein? Gespräche mit Sahra Wagenknecht, Berlin 1995
Stalin, J. W.: Werke, 13 Bde, Berlin 1950–1954
Ulbricht, Walter: Die Bedeutung des Werkes »Das Kapital« von Karl Marx für die Schaffung des entwickelten gesellschaftlichen Systems des Sozialismus in der DDR und den Kampf gegen das staatsmonopolistische Herrschaftssystem in Westdeutschland, Berlin 1967
Wagenknecht Sahra: Antisozialistische Strategien im Zeitalter der Systemauseinandersetzung. Zwei Taktiken im Kampf gegen die sozialistische Welt, Bonn 1995
Wagenknecht Sahra: Vom Kopf auf die Füße? Zur Hegelkritik des jungen Marx oder das Problem einer dialektisch-materialistischen Wissenschaftsmethode, Bonn 1997
Wagenknecht, Sahra, Elsässer, Jürgen: Vorwärts und vergessen? Ein Streit um Marx, Lenin, Ulbricht und die verzweifelte Aktualität des Kommunismus, Hamburg 1996
Wagenknecht, Sahra, siehe Schütt, Hans-Dieter: Zu jung, um wahr zu sein. Gespräche mit Sahra Wagenknecht, Berlin 1995
Wagenknecht Sahra: Die Mythen der Modernisierer. Dingsda, Querfurt 2001
Wagenknecht Sahra: Wahnsinn mit Methode. Finanzkrise und Weltwirtschaft. Das Neue Berlin, Berlin 2008
Wagenknecht Sahra: Freiheit statt Kapitalismus: Über vergessene Ideale, die Eurokrise und unsere Zukunft, Frankfurt am Main 2012

Wagenknecht Sahra: Die PDS zwischen Antikapitalismus und Sozialdemokratie. Diskussionsbeitrag auf der Bundeskonferenz der Kommunistischen Plattform der PDS am 25./26. Februar 1995 (= Rote Hefte. H. 2). JUKO, Hamburg 1995

Wagenknecht Sahra: Reichtum ohne Gier. Wie wir uns vor dem Kapitalismus retten. Campus, Frankfurt am Main 2016

Wagenknecht, Sahra: Couragiert gegen den Strom. Über Goethe, die Macht und die Zukunft, Frankfurt am Main 2017

Wagenknecht, Sahra: Die Selbstgerechten. Mein Gegenprogramm – für Gemeinsinn und Zusammenhalt, Frankfurt am Main 2022

Wagenknecht, Sahra: Klassik und Romantik. Eine Frage des Lebensgefühls im bürgerlichen Zeitalter. Die Euphorion-Episode in Faust II, in: Weißenseer Blätter, Beilage zu Heft 5/93, Berlin 1993

Wagenknecht, Sahra: The Limits of Choice. Saving Decisions and Basic Needs in Developed Countries, Frankfurt/New York 2013

Wagenknecht, Sarah: Kapital, Crash, Krise...kein Ausweg in Sicht? Frage an Sahra Wagenknecht, Bonn 1998

Zuboff, Shoshana: Das Zeitalter des Überwachungskapitalismus, Frankfurt und New York 2018

Anmerkungen

1 https://www.zeit.de/2016/31/sahra-wagenknecht-europa-fluechtlinge-euroW
2 https://taz.de/Debatte-zur-Bewegung-Aufstehen/!5619521/
3 Hegel 1981, S. 25
4 Hegel 1981, S. 307
5 Grundgesetz der Bundesrepublik Deutschland, Präambel
6 Hegel 1983, S. 192
7 Heine, Heinrich: Band 1, 1980, S. 452
8 https://www.welt.de/politik/deutschland/article249254816/Sprachliche-Entgleisungen-sind-Gift-fuer-unser-Land-Saskia-Esken-nennt-CDU-unter-Merz-brandgefaehrlich.html?icid=search.product.onsitesearch
9 Luther 1954, S. 38
10 Gramsci, Antonio, Band 2, 2012, S. 354
11 MEW Band 1, S. 379
12 https://www.myheimat.de/schwielowsee/c-freizeit/caputher-faehre_a2771641
13 https://www.verfassungen.de/ddr/strafgesetzbuch68.htm:
§ 220. Staatsverleumdung. (1) Wer in der Öffentlichkeit
1. die staatliche Ordnung oder staatliche Organe, Einrichtungen oder gesellschaftliche Organisationen oder deren Tätigkeit oder Maßnahmen;
2. einen Bürger wegen seiner staatlichen oder gesellschaftlichen Tätigkeit, wegen seiner Zugehörigkeit zu einem staatlichen oder gesellschaftlichen Organ oder einer gesellschaftlichen Organisation verächtlich macht oder verleumdet, wird mit Freiheitsstrafe bis zu zwei Jahren oder mit Verurteilung auf Bewährung, Geldstrafe oder mit öffentlichem Tadel bestraft.
14 Lukács 1985, S. 268
15 Hegel 1975, S. 15f.
16 Wagenknecht 2022, S. 9
17 Fraser, Jaeggi 2020, S. 273
18 https://www.bild.de/politik/talk-kritik/talk-kritk/anne-will-zum-abschied-gab-es-sogar-lob-von-einem-minister-86315136.bild.html
19 Hegel 1966, S. 140
20 Deutsche Volksbücher, S. 5
21 Marlowe, 1941, S. 121,
22 GW Band 1, S. 241
23 vgl. Zuboff, Shoshana: Frankfurt und New York 2018
24 https://taz.de/Linken-Politikerin-Wagenknecht/!5033377/
25 Wagenknecht: 2017, S. 26
26 Wagenknecht: 2017, S. 27
27 Wagenknecht: 2017, S. 28f.
28 Feher, S. 16
29 Wagenknecht: 2017, S. 28
30 https://taz.de/Sahra-Wagenknecht-ueber-ihren-Rueckzug/!5654403/?goMobile2=1579392000062
31 Horaz 2006, S. 312 (akteinsich), S. 313: »mutato nomine de te fabula narratur«

32 https://taz.de/Sahra-Wagenknecht-ueber-ihren-Rueckzug/!5654403/?goMobile2=1579392000062
33 Hölderlin 1995, Band 2, S. 257
34 vgl hierzu: Wagenknecht, Sahra: »SAHRA WAGENKNECHT LIEST SAFRANSKI: Goethe sah die Gefahren einer durchkommerzialisierten Gesellschaft vor Marx«, https://www.faz.net/aktuell/feuilleton/buecher/themen/sahra-wagenknecht-liest-safranski-goethe-sah-die-gefahren-einer-durchkommerzialisierten-gesellschaft-vor-marx-12635571.html
Goethe sah die Gefahren einer durchkommerzialisierten Gesellschaft vor Marx
35 Lukács 1954, S. 6
36 Lukács 1954, S. 10f.
37 Adorno 2022, Band 11, S. 252
38 https://taz.de/Sahra-Wagenknecht-ueber-ihren-Rueckzug/!5654403/
39 https://taz.de/Sahra-Wagenknecht-ueber-ihren-Rueckzug/!5654403/?goMobile2=1579392000062
40 Lütjen, Torben: Eine Begriffsbestimmung: Populismus oder die entgleiste Aufklärung, in: FAZ vom 15.01.2019
41 Böckenförde: 2006, S. 112f.
42 vgl. Lütjen, Torben: Eine Begriffsbestimmung: Populismus oder die entgleiste Aufklärung, in: FAZ vom 15.01.2019
43 https://taz.de/Ich-war-ein-Kind-das-gern-allein-war/!442087/
44 Erinnerung des Autors
45 Malycha 2014, S. 151
46 Vgl. Mittenzwei Berlin 1979
47 Neues Deutschland, 28. Januar 1986
48 https://taz.de/Sahra-Wagenknecht-ueber-ihren-Rueckzug/!5654403/?goMobile2=1579392000062
49 Man denke nur an die Freundschaft mit Zdenek Mlynar, Mai 2005, S. 236-241
50 Spinoza 1982, S. 25
51 Spinoza 1982, S. 221
52 Spinoza 1982, S. 25
53 GW Band 10, S. 35
54 Wagenknecht 2013
55 GW Band 10, S. 77
56 Appellation 1987, S. 459
57 Wagenknecht, Sahra: »Goethe sah die Gefahr einer durchkommerzialisierten Gesellschaft vor Marx« https://fazarchiv.faz.net/payment/faznet?key=/-hp7-7ito3
58 Bernhard, Rüdiger: »Peter Hacks und der Weltgeist. Literarisches Thema und autobiografischer Anspruch«
59 Hacks 2003 13. Band, S. 310
60 GW Band 2, S. 121
61 https://hamann-ausgabe.de/HKB/Briefe/740
62 GW Band 2, S. 283
63 GW Band 2, S. 283f.
64 Johann Valentin Andreae: Tobiae Hessi immortalitas. Zitiert nach Carlos Gilly: Iter Rosicrucianum. Auf der Suche nach unbekannten Quellen der frühen Rosenkreuzer. in: Das Erbe des Christian Rosenkreuz. Vorträge, gehalten anlässlich des Amsterda-

mer Symposions, 18. – 20. November 1986. – Johann Valentin Andreae. 1586 – 1986 und die Manifeste der Rosenkreuzbruderschaft 1614 – 1616. . Bibliotheca Philosophica Hermetica. Amsterdam 1988

65 GW Band 2, S. 273
66 zit. n. Schneider S. 77f.
67 Schneider 2019, S. 80
68 Müller 2000 Band 3, S. 349
69 Geschichte der DDR 1984, S. 273
70 Ulbricht 1967, S. 38
71 Müller 2000, Band 3, S. 393
72 MEW Band 13, S. 9
73 GW Band 3, S. 348
74 GW Band 3, S. 364
75 Bernhard, Rüdiger: »Peter Hacks und der Weltgeist. Literarisches Thema und autobiografischer Anspruch«
76 Hegel, Briefe 1970, Band 1, S. 120
77 Hacks, 2003 Band 13, S. 318
78 Hacks, 2003 Band 15, S. 97
79 Hacks 2003, S. 355
80 Schütt 1995, S. 126
81 Hacks, 2003 Band 13, S. 266
82 Hacks, 2003 Band 15, S. 95f.
83 Hauschild 2001, S. 150
84 Schütt 1995, S. 76
85 Schütt 1995, S. 74
86 Hacks, 2003 Band 6, S. 320
87 Hacks, 2003 Band 6, S. 275
88 Schütt 1995, S. 78
89 MEW Band 4, S. 474
90 Lukács 2013, S. 195f.
91 Lenin 1970 Band 1, S. 77
92 Derrida 2019, S. 76
93 Stalin Band 11, S. 68 f.
94 Schütt 1995, S. 74
95 Schütt 1995, S. 75
96 Schütt 1995, S. 77
97 Külügyminiztérium XIX-31-k 1989 82.d
98 zit. n. Malycha/Winters 2009, S. 326f.
99 Lenin, 1960 Band 21, S. 206f.
100 Berichte 1989, S. 6
101 Berichte 1989, S. 5
102 Berichte 1989, S. 5
103 Berichte 1989, S. 5
104 Berichte 1989, S. 9ff.
105 Schütt 1995, S. 77
106 Mai 2005, S. 348
107 Berichte 1989, S. 90

108 Berichte 1989, S. 90
109 https://www.spiegel.de/politik/sie-haben-uns-das-leben-gerettet-a-607aad7b-0002-0001-0000-000014906647?context=issue
110 https://www.leipzig.de/buergerservice-und-verwaltung/unsere-stadt/herbst-89/der-9-oktober-89/
111 Hein 1990, S. 164
112 Schütt 1995, S. 77
113 Malycha/Winters 2009, S. 338f.
114 Müller, André 2008, S. 355
115 Schütt 1995, S. 81
116 Müller, André 2008, S. 355
117 Hacks/Müller 2023, S. 472
118 Schütt 1995, S. 81
119 Hacks/Müller 2023, S. 598
120 Mandelstam 1986, S. 165,
121 Hacks/Müller 2023, S. 556
122 bspw.: Hacks/Müller 2023, S. 464, S. 466, 471 usw.
123 Müller, André 2008, S. 355
124 Hacks/Müller 2023, S. 570
125 Schütt 1995, S. 78
126 Hacks/Müller 2023, S. 473
127 Hacks/Müller 2023, S. 467
128 Hacks/Müller 2023, S. 475
129 Außerordentlicher Parteitag 1999, S. 38
130 Außerordentlicher Parteitag 1999, S. 303f.
131 MEW Band 8, S. 115
132 Rubiner 1947, S. 334
133 MEW Band 19, S. 28
134 Lenin 1975, Band IV, S. 358
135 Schütt 1995, S. 79
136 Müller, André 2008, S. 355
137 Hacks/Müller 2023, S. 561
138 MEW Band 3, S. 535
139 https://taz.de/Sahra-Wagenknecht-ueber-Kapitalismuskrise/!5167185/
140 Luxemburg 1974, Band 4, S. 359 Anm. 3
141 LW, Band 33, S. 195
142 Stalin 1955, Band 13 S. 80f.
143 Oelßner: 1952, S. 211
144 https://www.spiegel.de/politik/deutschland/berliner-kommunistin-ellen-brombacher-wagenknechts-ziehmutter-a-9cace1ee-e4b0-4e6c-87d4-a85c223a1049
145 Schütt 1995, S. 64
146 Schütt 1995, S. 134
147 Schneider, 2019, S. 95
148 Schütt 1995, S. 64
149 Benjamin 1991, S. 701
150 https://de.wikipedia.org/wiki/Liste_der_Nebeneink%C3%BCnfte_der_Mitglieder_des_Bundestags_in_der_19._Wahlperiode

151 Schneider 2019, S. 97
152 Schneider 2019, S. 98
153 https://www.rosalux.de/fileadmin/rls_uploads/pdfs/Utopie_kreativ/119/119_Benjamin.pdf
154 Schneider 2019, S. 99
155 https://www.mdr.de/geschichte/ddr/politik-gesellschaft/hilde-benjamin-juristin- gericht-sed-diktatur-100.html
156 https://taz.de/Ehrung-der-DDR-Richterin-Hilde-Benjamin/!5506976/
157 Hacks/Müller 2023, S. 560
158 Weißenseer Blätter 4/92 S. 57ff.
159 http://www.glasnost.de/pol/wagen.html
160 Schütt 1995, S. 79
161 Hacks/Müller 2023, S. 5592
162 Wagenknecht: Antisozialistische Strategien 1995
163 Wagenknecht: Antisozialistische Strategien 1995, S. 46
164 http://www.glasnost.de/pol/wagen.html
165 http://www.glasnost.de/pol/wagen.html
166 Schütt 1995, S. 89
167 http://www.glasnost.de/pol/wagen.html
168 http://www.glasnost.de/pol/wagen.html
169 Mandelstam 1986, S. 163
170 Schütt 1995, S. 89
171 https://www.sahra-wagenknecht.de/de/article/618.bis-heute-habe-ich-die-solidaritaet-nicht-vergessen.html
172 Schütt 1995, S. 57
173 https://www.sahra-wagenknecht.de/de/article/618.bis-heute-habe-ich-die-solidaritaet-nicht-vergessen.html
174 http://www.glasnost.de/pol/wagen.html
175 https://www.knutmellenthin.de/artikel/archiv/linke/nicht-nur-stalinistisch-sondern-maoistisch-1311993.html
176 https://www.sahra-wagenknecht.de/de/article/618.bis-heute-habe-ich-die-solidaritaet-nicht-vergessen.html
177 Derrida 2019, S. 76
178 Hacks/Müller 2023, S. 577
179 Wagenknecht/Elsässer 1996, U4
180 Elsässer 2022, S. 198
181 Elsässer 2022, 198f.
182 Hacks/Müller 2023, S. 592
183 Wagenknecht: 1993, S. 29
184 Hacks 2003, Band 13, S. 260f.
185 Hacks 2003, Band 13, S. 266f.
186 Wagenknecht: 1993, S. 14
187 Lukács 1955, S. 57
188 Wagenknecht: 1993, S. 14
189 Wagenknecht 1993, S. 21
190 Wagenknecht 2017, S. 34
191 Neruda 1978, S. 428f.

192 Wagenknecht: 1993, S. 24
193 Schütt 1995, S. 126
194 Hacks 2003, Band 13, S. 318
195 Wagenknecht: 1993, S. 25
196 Lukács 1955, S. 254
197 Lukács 1955, S. 253
198 Lukács 1981, S. 729
199 Wagenknecht 2017, S. 33f.
200 Wagenknecht 2017, S. 40f.
201 Luther 1996, Band 4, S. 175
202 Luther 1954, S. 223
203 Luther 1954, S. 217
204 Wagenknecht, Sahra: Goethe sah die Gefahren einer durchkommerzialisierten Gesellschaft vor Marx, FAS, 27.10.2013
205 Wagenknecht, Sahra: Goethe sah die Gefahren einer durchkommerzialisierten Gesellschaft vor Marx, FAS, 27.10.2013
206 Safranski 2015, S. 96
207 GW 1993, Band 1, S. 460
208 Safranski 2015, S. 92
209 GW 1993, Band 1, S. 27
210 GW 1993, Band 1, S. 28
211 Hacks/Müller 2023, S. 559
212 War der Sozialismus '89 noch verteidigenswert? Neudenken – gegen die unbelehrte Wissenheit mancher Zeitgenossen, Neues Deutschland vom 11./12.12.1993, S. 10.
213 Hacks/Müller 2023, S. 584
214 https://www.faz.net/aktuell/wirtschaft/viele-ostdeutsche-haben-sich-nicht-integriert-15225712.html
215 http://www.zeit.de/gesellschaft/201–10/deutsche-einheit-migranten-ossis-tuerken-wessis
216 https://www.faz.net/aktuell/wirtschaft/viele-ostdeutsche-haben-sich-nicht-integriert-15225712.html
217 https://www.spiegel.de/politik/wir-von-gestern-a-a096ff33-0002-0001-0000-000013687313
218 Adorno 2018, S. 42
219 https://www.spiegel.de/politik/wir-von-gestern-a-a096ff33-0002-0001-0000-000013687313
220 https://www.nd-aktuell.de/artikel/527987.stalins-geist-und-die-pds.html?sstr= Reiner|Oschmann|Stalins|Geist
221 https://www.spiegel.de/politik/stalins-geist-a-f8712b3c-0002-0001-0000-000009157564
222 https://taz.de/!1523026/
223 https://www.spiegel.de/politik/ein-klarer-rueckschritt-a-26275489-0002-0001-0000-000009295019 aufgerufen am 12.01.2024
224 https://taz.de/!1523294/
225 https://www.spiegel.de/politik/stalins-geist-a-f8712b3c-0002-0001-0000-000009157 564?
226 Vgl. Lotman, Juri M.: Kunst als Sprache, Leipzig 1984, Lotmans Arbeiten wurden im Osten wie im Westen mit großer Anerkennung rezipiert.

227 Schütt 1995, S. 117
228 Schütt 1995, S. 95
229 https://www.telepolis.de/features/Sahra-Wagenknecht-und-die-Philosophie-3819698.html
230 https://www.telepolis.de/features/Sahra-Wagenknecht-und-die-Philosophie-3819698.html
231 Wagenknecht 1997, S. 10
232 Wagenknecht 1997, S. 10f.
233 Wagenknecht 2017, S. 68
234 Hacks/Müller 2023, S. 605
235 Hacks/Müller 2023, S. 612
236 Müller, André 2008, S. 418
237 Müller, André 2008, S. 375
238 MEW Band 21, S. 270
239 Lukács 2021, S. 450
240 https://www.telepolis.de/features/Sahra-Wagenknecht-und-die-Philosophie-3819698.html
241 Lukács 1954, S. 24
242 MEW Band 21 S. 293
243 Wagenknecht 1997, S. 29
244 Lukács 1985, S. 63
245 Lukács 1985, S. 65 f
246 Müller, André 2008, S. 364
247 Hacks/Müller 2023, S. 612
248 Hacks/Müller 2023, S. 612
249 Hacks/Müller 2023, S. 613
250 Hacks/Müller 2023, S. 618
251 Müller, André 2008, S. 364
252 Georg Fülberth. Ästhetischer Kommunismus. In: konkret, Hamburg 2000, Heft 11, S. 63
253 Hacks/Müller 2023, S. 577
254 Müller, André 2008, S. 364
255 Schneider: 2019, S. 125
256 Schneider: 2019, S. 132
257 Schneider: 2019, S. 126
258 Schneider: 2019 S. 126
259 Müller, André 2008, S. 375
260 Müller, André 2008, S. 375
261 GW 1993 Band 3, S. 66
262 Hacks/Müller 2023, S. 626
263 Hacks/Müller 2023, S. 628
264 Müller, André 2008, S. 418
265 Hacks/Müller 2023, S. 630
266 Lukács 1985, S. 59
267 Lukács 1985, S. 57
268 Hacks 2004, S. 12
269 https://taz.de/Der-Ex-von-Sahra-Wagenknecht/!5065475&s=Ralph+T+Niemeyer/
270 Hacks/Müller 2023, S. 639f.

271 Hacks/Müller 2023, S. 640
272 Hacks/Müller 2023, S. 640f.
273 Hacks/Müller 2023, S. 647
274 Hacks/Müller 2023, S. 658
275 Wagenknecht 1997, S. 10f.
276 Hacks/Müller 2023, S. 666
277 Hacks/Müller 2023, S. 683
278 Hacks/Müller 2023, S. 1147f.
279 https://taz.de/Der-Ex-von-Sahra-Wagenknecht/!5065475&s=Ralph+T+Niemeyer/
280 https://taz.de/Der-Ex-von-Sahra-Wagenknecht/!5065475&s=Ralph+T+Niemeyer/
281 https://www.spiegel.de/politik/madonna-des-neokommunismus-a-05839e5d- 0002-0001-0000-000007933345
282 https://www.gala.de/stars/news/interview/sahra-wagenknecht---oskar-ist-mein-bester-freund--20141378.html
283 https://www.spiegel.de/politik/madonna-des-neokommunismus-a-05839e5d- 0002-0001-0000-000007933345
284 https://www.sahra-wagenknecht.de/de/article/8.mich-kann-man-nicht-kaltstellen.html
285 https://www.spiegel.de/politik/deutschland/pds-vorsitz-wagenknecht-sagt-pauden-kampf-an-a-74837.html
286 https://www.freitag.de/autoren/marina-achenbach/die-vorsitzende-fussball-und-ein-vollmond
287 Hacks 2004, S. 14f.
288 https://www.spiegel.de/politik/deutschland/pds-erklaerung-gysi-isoliert-kommunistische-plattform-a-143009.html
289 https://www.sahra-wagenknecht.de/de/article/8.mich-kann-man-nicht-kaltstellen.html
290 Alo Presidente. Hugo Chavez und Venezuelas Zukunft, Berlin 2004
291 Gysi 2017, S. 532
292 https://www.tagesspiegel.de/politik/die-grossten-sozialen-untaten-hat-die-spd-zu-verantworten-6773572.html
293 Schneider 2019, S. 152
294 https://www.linksfraktion.de/parlament/reden/detail/wir-brauchen-einen-politischen-neuanfang-und-perspektivisch-eine-andere-wirtschaftsordnung/
295 https://www.bunte.de/panorama/oskar-lafontaine-das-verstoerende-polit-unikum-27837.html
296 Wagenknecht 2022, S. 41f.
297 Wagenknecht 2022, S. 43
298 Wagenknecht 2022, S. 43
299 Wagenknecht 2022, S. 45
300 Wagenknecht 2022, S. 46
301 Wagenknecht 2022, S. 46
302 Wagenknecht 2022, S. 46
303 Wagenknecht 2022, S. 47
304 Wagenknecht 2022, S. 172f.
305 Vom Regen ... 2017, S. 78f. und 80f.
306 https://www.deutschlandfunkkultur.de/absage-an-ein-vereintes-europa-warum-die-linke-die-nation-100.html

307 Der Abschnitt fußt und besteht aus früheren Analysen zum Thema, wie sie in den letzten Jahren von mir durchgeführt und teilweise schon publiziert worden sind.
308 Descombe 1981, S. 15
309 Eribon 1999, S. 58
310 Peeters 2013, S. 644
311 MEW 1965 26.1, S. 363f.
312 Foucault 1983, S. 122
313 Peeters 2013, S. 658
314 Peeters 2013, S. 811f.
315 Butler 1991, S. 61
316 Butler 2006, S. 46f.
317 Althusser 2016, S. 98
318 Peeters 2013, S. 692f.
319 Pluckrose, Lindsay 2022, S. 32
320 Pluckrose, Lindsay 2022, S. 32
321 Pluckrose, Lindsay 2022, S. 39
322 Pluckrose, Lindsay 2022, S. 41
323 Lukács 2013, S. 173
324 Lukács 2013, S. 247
325 https://www.welt.de/vermischtes/article239387811/Tom-Hanks-Warum-er-seine-Rolle-aus-Philadelphia-heute-nicht-mehr-spielen-wuerde.html
326 MEW 1989, Band 23, S. 788
327 https://www.faz.net/aktuell/politik/fluechtlingskrise/linkspartei-und-asylpolitik-duo-provocatore-14011547.html
328 https://twitter.com/jan_vanaken/status/757845109815644160?lang=ar
329 https://taz.de/Kleine-Kulturgeschichte-der-Tortung/!5308175/
330 Schmitt 2017 S. 87